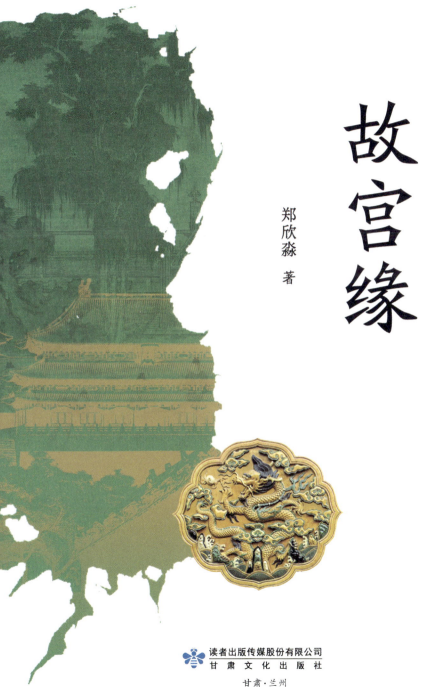

雅学堂丛书·第二辑·刘进宝 主编

故宫缘

郑欣淼 著

读者出版传媒股份有限公司
甘肃文化出版社
甘肃·兰州

图书在版编目（ＣＩＰ）数据

故宫缘 / 郑欣淼著. -- 兰州 : 甘肃文化出版社,
2024.6
　　（雅学堂丛书 / 刘进宝主编. 第二辑）
　　ISBN 978-7-5490-2981-5

　　Ⅰ. ①故… Ⅱ. ①郑… Ⅲ. ①故宫－文集 Ⅳ.
①K928.74-53

中国国家版本馆CIP数据核字(2024)第107303号

故宫缘
GUGONG YUAN

郑欣淼丨著

策　　　划丨郧军涛　周乾隆　贾　莉
项目负责丨鲁小娜
责任编辑丨张莎莎
装帧设计丨石　璞

出版发行丨甘肃文化出版社
网　　　址丨http://www.gswenhua.cn
投稿邮箱丨gswenhuapress@163.com
地　　　址丨兰州市城关区曹家巷1号丨730030(邮编)

营销中心丨贾　莉　　王　俊
电　　　话丨0931-2131306

印　　　刷丨兰州新华印刷厂
开　　　本丨880毫米×1230毫米　1/32
字　　　数丨225千
印　　　张丨11
印　　　数丨1~5000册
版　　　次丨2024年6月第1版
印　　　次丨2024年6月第1次
书　　　号丨ISBN 978-7-5490-2981-5
定　　　价丨88.00元

学术的传承与人格的养成 （代序）

　　甘肃文化出版社 2023 年 7 月出版的"雅学堂丛书"共 10 本，即方志远《坐井观天》、王子今《天马来：早期丝路交通》、孙继民《邯郸学步辑存》、王学典《当代中国学术走向观察》、荣新江《三升斋三笔》、刘进宝《从陇上到吴越》、卜宪群《悦己集》、李红岩《史学的光与影》、鲁西奇《拾草》、林文勋《东陆琐谈》。由于这套丛书兼具学术性、知识性和可读性，从而得到了学界和社会的认可。2023 年 7 月 27 日，在济南举办的第 31 届全国图书博览会上，读者出版传媒股份有限公司举行了"雅学堂丛书"新书首发暨主题分享会。全套丛书入选"2023 甘版年度好书"；丛书之一的《当代中国学术走向观察》入选 2023 年 9 月《中华读书报》月度好书榜，并被评为"2023 年 15 种学术·新知好书"。《光明日报》《中华读书报》《中国新闻出版广电报》《中国出版传媒商报》《甘肃日报》等，都发表了书评或报道，认为"雅学堂丛书""直面一个时代的历史之思"，被誉为"系统呈现了一代学人的学术精神"，"真实反映了一代学人把个人前途与国家命运紧密联系在一起严谨治学的点滴，诠释了一代学人的使命与担当"。"雅学堂丛书""既是视角新颖的学术史，也是深刻生动的思想史，更是一代学人的心灵史"。"丛书坚持'大家小书'的基本思路，将我国人文社科领域学术大家的学术史、思想史、学术交流史及其最新成果，以学术随笔形式向大众传播，让大众了解学界大家的所思、所想、所悟。"

一

鉴于"雅学堂丛书"出版后的社会影响，以及在学术界引起的关注，出版社希望能够继续编辑出版第二辑。经过仔细考虑和筛选，我们又选了十家，即樊锦诗《敦煌石窟守护杂记》、史金波《杖朝拾穗集》、刘梦溪《东塾近思录》、郑欣淼《故宫缘》、陈锋《珞珈山下》、范金民《史林余纪》、霍巍《考古拾贝》、常建华《史学鸿泥》、赵声良《瀚海杂谈》、李锦绣《半枰小草》。这些作者都是有影响的人物，他们的研究成果分别代表了各自领域学术研究的前沿。

在考虑第二辑作者的人选时，我想既要与第一辑有衔接，又要有不同。在反映一个时代的学术走向时，还要看到学术的传承，乃至人格的养成。

已经出版的"雅学堂丛书"10位作者是以"新三级"学人为主，而"新三级"学人在进入学术场域的20世纪70年代末80年代初，随着"科学的春天"到来，大学及研究生招生和教学逐渐走上正轨，加上学位制度的实施，到处洋溢着积极向上的氛围。我们的老师中既有20世纪初出生的老先生，也有30年代出生的中年教师。

老一代学者，由于从小就受到比较严格的家学熏陶或私塾教育，在民国时期完成了系统的学业，他们都有比较宽广的视野，学术基础扎实，格局比较大，因此在学术方法、理念和格局上，无意中承传了一个良好传统。"新三级"学子与他们相处，可以得到学识、做人、敬业各方面的影响。尤其是跟随他们读书的研究生，直接上承民国学术，站在了巨人的肩膀上。

为了反映学术的传承，我特别邀请了樊锦诗、史金波、刘梦溪、郑欣淼4位80岁左右的学人。他们的研究各具特色，樊锦诗先生的敦煌石窟保护与研究、史金波先生的西夏历史文化研究、刘梦溪先生以学术史和思想史为重点的文史之学、郑欣淼先生的故宫学研究，都代表了各自领域学术研究的前沿。

由于有了第一辑出版后的社会影响，第二辑约稿时，就得到了各位作者的积极响应，很快完成了第二辑的组稿编辑。

二

樊锦诗先生的《敦煌石窟守护杂记》收录了作者有关敦煌文化的价值、敦煌石窟保护研究的历程，敦煌石窟的保护、管理与开放和向前贤学习的文章26篇。作者写道："此生命定，我就是个莫高窟的守护人，故此我把这本书称为《敦煌石窟守护杂记》。希望本书能为后续文化遗产保护、研究、弘扬和管理事业起到一点参考的作用。"

刘梦溪先生的《东塾近思录》，按类型和题意，收入了4组文章：一、经学和中国文化通论；二、魏晋、唐宋、清及五四各时期的一些专题；三、对王国维、陈寅恪、马一浮的个案探讨；四、序跋之属。刘梦溪先生说："'雅学堂丛书'已出各家，著者都是时贤名素，今厕身其间，虽不敢称雅，亦有荣焉。"

郑欣淼先生是"故宫学"的倡导者，他曾任故宫博物院院长，并于2003年首倡"故宫学"。到2023年编辑本书时，恰好是整整20年。郑先生提出："故宫学是以故宫及其历史文化内涵为研究对象，集保护、整理、研究与展示为一体的综合性学问和开拓性学科。故宫学的提出有其丰厚而坚实的基础与依据。它的研究对象不仅丰富深邃，而且研究对象之间存在着不可分割的紧密关系，即故宫是一个文化整体，或者说故宫遗产的价值是完整的。正是基于对故宫是个文化整体的认识，故宫学的学术概念才有了更为丰富、厚重与特殊的内涵。这也是故宫学的要义。"又说："我与故宫有缘。因此我把这本小书起名为《故宫缘》。"

热爱考古的霍巍先生说："就像一个大山里来的孩子初见大海，充满了蔚蓝色的梦想，却始终感觉到她深不可测，难以潜入。更多的时候，只能伫立在海边听涛观海、岸边拾贝。——正因为如此，这本小书我取名为《考古拾贝》，这一方面源自我在早年曾读到过一本很深沉、很有美感的著作，叫作《艺海拾贝》，这或许给了我一个隐寓和暗示。另一方面，倒也十分妥帖——我写下的这些文字，时间跨度前后延续了几十年，就如同我在考古这瀚海边上拾起的一串串海贝一样，虽然说不上贵重，但自认为透过这些海贝，也能折射出几缕大海的色彩与光芒，让人对考古的世界浮想联翩。"

常建华先生说："我从事历史普及读物的写作，出版过《中国古代岁时节日》《中国古代女性婚姻家庭》《清朝大历史》《乾隆事典》等书。本书的首篇文章就是谈论如何认识普及历史知识的问题。我写过一些学术短文，知道此类文字写得深入浅出不易，引人入胜更难，自己不过是不断练笔，熟能生巧而已。""我的短文随笔成集，这是首次……内容多为学术信息类的书评，也有书序、笔谈、综述、时评等，题材不同，但尽量写得雅俗共赏，吸引读者。"

赵声良先生1984年大学毕业后志愿到莫高窟研究敦煌，他说："我在敦煌工作了40年，我的工作、我的生活都与敦煌石窟、敦煌艺术、敦煌学完全联系在一起了，不论是写文章还是聊天，总免不了要说敦煌，可以说'三句话不离敦煌'。"他刚到敦煌时就想写一本有关敦煌山水画史的著作，没想到30多年后的2022年，才在中华书局出版了《敦煌山水画史》。他感叹道：这本书的写作过程，"似乎也见证了：由'看山是山，看水是水'，发展到'看山不是山，看水不是水'，最后，又终于回归到'看山还是山，看水还是水'的历程。我在敦煌的40年的历程又何尝不是这样"。

"雅学堂丛书"第二辑的10位作者，年龄最大的樊锦诗先生，出生于1938年，已经是86岁的高龄；最小的李锦绣先生，出生于1965年，也接近60岁了。虽然他们已经或即将退休，但都以"时不我待"的紧迫感，仍然奋斗在学术前沿，展现了这一代学人的使命与担当。这代学人遭遇了学术上的重大转变，即20世纪80年代，是一个思想的时代。90年代初，思想淡出、学术凸显，王国维、罗振玉和傅斯年派学人、胡适派学人成为学界关注的重点，然后又提出有思想的学术与有学术的思想，还遇到了令史学界阵痛的"史学危机"。这些作者，经历了现代学术发展或转型的重要节点和机遇，既是"科学的春天"到来的学术勃兴、发展、转型和困顿的亲历者、见证者，又是身处学术一线的创造者、建设者。可以说，他们既在经历历史，又在见证历史、创造历史，还在研究历史，将经历者、创造者和研究者集于一身。这种学术现象，本身就值得我们思考和探讨。

三

从"雅学堂丛书"第二辑的内容可知，20世纪80年代初，伴随着"科学的春天"和改革开放的到来，束缚人的一些制度、规章被打破，新的或更加规范的制度、规章还没有建立。尤其是国家将知识分子从"臭老九"中解放出来，成为工人阶级的一部分。要"向科学技术进军"，实现四个现代化，就要充分发挥知识分子的作用。虽然当时经济落后，生活待遇不好，但老教授的社会地位高，有精气神，当时行政的力量还不强化，甚至强调就是服务。在这种背景下，20世纪初出生的老教授，在高校有崇高的地位。如武汉大学1977级的陈锋，1981年初预选的本科论文是《三藩之乱与清初财政》。历史系清史方面最著名的老师是彭雨新教授，陈锋想让彭先生指导论文，"不巧的是，在我之前已有两位同学选定彭先生做指导老师，据说，限于名额，彭先生已不可能再指导他人"。

陈锋经过准备后，就直接到彭先生府上请教。此前他还没有见过彭先生，到了彭先生家，"彭先生虽然很和蔼地接待我，但并没有像后来那样让我进他的书房，而是直接在不大的客厅里落座。我没有说多余的其他话，直接从当时很流行的军用黄色挎包里掏出一摞卡片，说我想写《三藩之乱与清初财政》的毕业论文，这些卡片可以说明什么问题，那些卡片可以说明什么问题，我自己一直讲，彭先生并不插话。待我讲完后，彭先生问：'这个题目和这篇论文是谁指导的？'我说没有人指导，是自己摸索的。彭先生说：'没有人指导，那我来指导你的毕业论文怎么样？'我说：'就是想让先生指导，听说您已经指导了两位同学，不敢直接提出。'彭先生说：'没有关系，就由我来指导。'再没有其他的话"。

"拜访彭先生后的第三天，系里主管学生工作的刘秀庭副书记找我谈话，问我想不想留校，我说没有考虑过，想去北京的《光明日报》或其他报社。刘书记说：'彭先生提出让你留校当他的助手，你认真考虑一下。'经过两天的考虑以及家人的意见，觉得有这么好的老师指导，留校从事历史研究也是不错的选择，于是决定留校工作"。"老师与学生之间这种基于学术的关系，对学生向学的厚爱，让我铭感终身。那时人际关系的单纯，也至今让我感叹，现在说来，似乎有点天方夜谭"。

南京大学1979级的范金民，1983年毕业时报考了洪焕椿先生的研究生。由于此前范金民还没有见过洪先生，也与他无任何联系，所以5月3日下午，是"吕作燮老师带我到达先生家"面试的。洪焕椿先生既未上过一天大学，当时又已是胃癌晚期。"如果按现在只看文凭和出身的做法，是不可能指导研究生的，又重病在身，不可能按现在的要求，在固定的时间和固定的地点上固定的课程。但先生指导研究生，一板一眼，自有一套，考题自出，面试自问，课程亲自指导，决不委诸他人。一年一个研究生，每人一本笔记本，记录相关内容。先生虽不上课，但师生常常见面，虽未定规，但学生大体上两周一次到他家请益，先生释疑解惑，随时解决问题。需查检的内容，下次再去，先生已做好准备，答案在矣。"

　　笔者也是1979级的甘肃师范大学学生，1983年毕业前夕，敦煌学方兴未艾，西北师范学院（甘肃师范大学1981年恢复原校名西北师范学院）成立了敦煌学研究所，我非常幸运地被留在新成立的敦煌学研究所。1985年我报考了金宝祥先生的研究生，当初试成绩过线后，有一天历史系副主任许孝德老师通知，让我去金先生家面试。由于金先生给我们上过课，平时也曾到先生家问学，先生对我有一定的了解。当我到金先生家时，先生已在一张信纸上写了半页字的评语，让我看看是否可以。我说没有问题，先生就让我将半页纸的复试意见送到研究生科，我就这样被录取为硕士研究生了。这种情况正如陈锋老师所说，在今天根本是不可能的，简直就是天方夜谭。

“雅学堂丛书”的宗旨是学术性、知识性、可读性并具。要求提供可靠的知识，如我们读书时曾听到过学界的传言，即在“批林批孔”时，毛泽东主席说小冯（冯天瑜）总比大冯（冯友兰）强，但不知真伪，更不知道出处。陈锋的书中则有明确的记述：“当时盛传毛泽东主席的指示‘小冯比老冯写得好’。据后来出版的正式文献，当年毛泽东主席指示原文为：‘要批孔。有些人不知孔的情况，可以读冯友兰的《论孔丘》，冯天瑜的《孔丘教育思想批判》，冯天瑜的比冯友兰的好。’”“我对当时冯先生在而立之年就写出《孔丘教育思想批判》（人民出版社1975年出版），感到好奇；对毛主席很快看到此书，并作出指示，更感到好奇。”

范金民老师笔下的魏良弢先生，不仅对学术之事非常认真，还活灵活现地展现了20世纪90年代中期的学术生态。“20世纪90年代中期，我们明清史方向有位硕士生论文答辩，我请他主持。临答辩时，他突然把我叫到过道对门的元史研究室，手指论文，大发雷霆道：‘你看看，你看看，什么东西，你们明清史是有点名气的，可照这样下去，是要完蛋的！’我一看，原来是硕士学位论文中有几处空缺。当时论文都是交外面的誊印社用老式中文打字机打印，有些冷僻字无法打印，只能手书填补。我曾审读过某名校的博士学位论文，主题词郑鄤之‘鄤’，正文中几乎全是空缺，我好像还是给了‘良’的等级。答辩时，我结合论文批评了那位学生做事不求尽善尽美而是草率粗放，而且论文新意殊少，价值不大，学生居然感觉委屈，犟在那里不愿出场回答问题。本科生、研究生批评不得，至迟从那个时候就开始了，世风日下，遑论现在！"

这样知识性、可读性兼具的文字在各位作者的论著中比比皆是，自然能得到大家的喜爱。

"雅学堂丛书"的作者都是一时之选，各书所收文章兼具学术性、知识性和可读性，可谓雅俗共赏。希望第二辑的出版不辜负读者的期待。这样的话，可能还有第三辑、第四辑，乃至更多辑。

最后，感谢各位作者的信任，将他们的大著纳入"雅学堂丛书"；感谢具有出版魄力、眼光的郧军涛社长的积极筹划，感谢周乾隆、鲁小娜率领的编辑团队敬业、认真而热情的负责精神，既改正了书中的失误，还以这样精美的版式呈现给读者。

刘进宝
2024 年 4 月 24 日初稿
2024 年 5 月 9 日修改

目　录

第一辑

回首寻鸿爪，明月心头常照
　　——我的问学之旅 ……………………………………003
探索故宫学的几点体会 …………………………………018
故宫学：故宫的学问 ……………………………………041
我看"清代宫廷包装艺术展" ……………………………047
故宫是一个文化整体 ……………………………………053
书写紫禁城的整体史 ……………………………………057
故宫学的视野和建设 ……………………………………062
故宫学与故宫七年文物清理 ……………………………066
故宫维修五年 ……………………………………………072
故宫学与通识教育 ………………………………………079
故宫文学史：激活明清宫廷文化遗产的新视角 …………085
人间毕竟晴方好
　　——两岸故宫博物院交流随想 ……………………093
清宫佛音与治国方略 ……………………………………098

第二辑

故宫藏传佛教研究的前驱：钢和泰 ·············· 107

马衡先生不朽 ································ 122

马衡先生的学术成就 ······················ 127

文物珍藏今古传 ···························· 134

沈从文与故宫博物院 ······················ 143

徐邦达的古书画研究 ······················ 155

"蜗居"中的奉献 ·························· 160

此身曾是故宫人 ···························· 166

纪念饶宗颐先生 ···························· 173

斯文长存　饶公长在 ······················ 177

从丹青大家到临摹神手 ···················· 186

短简小诗忆旧游 ···························· 192

张忠培先生对于故宫学术人才培养的贡献 ······ 205

李敖的捐赠 ································ 212

诗赠霁翔 ·································· 217

第三辑

故宫的联匾 ································ 227

"盛世华章"展：故宫对外交流的新篇章 ········ 239

不古不今　亦古亦今 ······················ 248

故宫古琴 ……………………………………… 252

单士元的学术贡献 …………………………… 259

周绍良的藏墨 ………………………………… 265

《故宫博物院藏品大系》总序 ……………… 271

推荐《故宫文物避寇记》 …………………… 284

宏伟问学 ……………………………………… 288

略评"明代宫廷史研究丛书" ……………… 294

探索故宫治学之道 …………………………… 314

《武英殿工程报告》的意义 ………………… 317

要把古书画鉴定传承下去 …………………… 322

后记 …………………………………………… 335

第一辑

回首寻鸿爪，明月心头常照

——我的问学之旅

2017年6月，北京出版集团的窦广利、刘路等同志衙门见访，提出拟为我出版文集，接着就开始着手，进行了持续五年的整理、编辑工作；到2022年8月，21卷22种、700余万字的《郑欣淼文集》终告编讫，我以《贺新郎》一阕纪此事：

　　回首寻鸿爪。总难忘、秋风渭水，垄间寻道。幸得迅翁相陪伴，明月心头常照。算大抵、缘分天造。紫阙九重重重秘，二十年、一帜扬精要。几多事、未曾了。

　　累然卷帙方编好。且存留、鱼书蝶梦，往时沤泡。岂是孜孜名山业？莫敢韶华草草。但惴恐、灾梨祸枣。堪慰今生平仄乐，漫推敲、快意长吟啸。笑此叟、不知老！

从1981年我在《人文杂志》发表《略论鲁迅杂文的题目》起，到2022年出版《太和充满——郑欣淼说故宫》《紫

《问学之旅》书影

禁城——一部十五世纪以来的中国史》两书，我的问学之旅已跋涉了四十来年。在整理文稿过程中，回顾自己的学术、创作之路，我也生发出不少感想。

——

1966年"文革"爆发时，我在陕西临潼县华清中学读书。这是陕西的一所重点中学。后来我就成了所谓的"老三届"。1970年，我在原籍陕西澄城县参加工作。从1971年到1975年前半年，我在澄城县委从事通讯报道工作。我的第一篇文章发表在1971年4月6日《陕西日报》，是关于一个公社加强经营管理的消息报道。这四年间，《人民日报》《陕西日报》等共刊登我的稿件30篇。比较有影响的是发表在1974年7月17日《人民日报》上的一篇3000余字的通讯，题目是《工人群众有伟大的创造力——记澄城县农机厂工人批"上智下愚"制成半连续井壁管的事迹》。《人民日报》还配发了署名"公冶平"的题为《充分估计群众的积极性》的评论文章。当然现在看，这篇文章受当时政治环境影响，存在着偏颇的，甚至错误的观点。

2021年，澄城县党史办与我联系，说县上拟把《人民日报》登过的有关本县的文章汇编起来，要收这篇文章，征求作为作者的我的意见。我当然同意，其实当时报纸的署名是"本报通讯员"。报纸上署有我名字的第一篇文章，是载于1975年5月7日《陕西日报》的我读鲁迅《习惯与改革》一文的感想，该报8月25日刊登了我学习和研究鲁迅的另一篇文章，约3000字。1975年我调到中共渭南地委（今渭南市委），1977年底又调到中共陕西省委，仍然是在机关从事与文字相关的工作，但没有想到此后还会与学术研究、文学创作有关联。

二

多数人的学术研究都是自己规划设计的，但于我而言，特别是鲁迅研究，从喜欢鲁迅到步入鲁迅研究者行列，则有很大的偶然因素。这与我的经历有关。20世纪70年代末，西北大学中文系教授、鲁迅研究专家单演义先生招收鲁迅研究的硕士研究生，我拟以同等学力报考。报考研究生的一个目的，是解决我的学历问题，因为当时我还是高中文化程度。恢复了高考，我的不少同学上了大学，我也有一种危机感。但是要上大学，我的年龄已经过了，便决定走这一条路。我也认为自己已有一定的应考基础，遂试写了一篇1.5万余字的《论鲁迅关于改造国民性的观点》的文稿，向单先生请教，得到他的鼓励。这篇文稿原件我至今还保存着。1982年，我因研究生报名未获单位批准，失去了那个机会。于是我参加了陕西省统一组织的自学考试，1985年获得了大专文凭。

无缘忝列单演义先生门墙，但却有幸能趋前求教。在单先生的鼓励与指导下，我继续就鲁迅的国民性问题进行研究，写出了《文化批判与国民性改造——鲁迅思想研究》一书，并于1990年获陕西省社会科学成果二等奖。以后我又有《鲁迅与宗教文化》（1996年）一书面世。有关鲁迅的论文、访谈、讲话等，则收录在《鲁迅是一种力量》（2018年）中。2001年至2008年，我曾忝任中国鲁迅研究学会会长8年。21世纪初，青岛大学成立了鲁迅研究中心，聘请我为学术委员会主任，同时由我与孙郁、刘增人二位先生主编《鲁迅研究年鉴》。

研究鲁迅是我的业余爱好。但我感觉收获的不仅是文学上的享受与学术研究的成果，而且对我所从事的文博工作也有重要作用。人们一般不大了解，其实鲁迅也是中国文博事业的开拓者、先行者。鲁迅从1912年8月直至1926年，一直在民国政府教育部社会教育司工作，担任第一科科长，该科主要职责是筹建博物馆、图书馆，管理美术馆及美术展览等。鲁迅参与创建了京师图书馆、京师图书馆分馆、京师通俗图书馆，并参与了历史博物馆的筹设。在他的日记中，就有他到故宫午门的记载，因为午门于1917年便划归历史博物馆作为馆址。

鲁迅的工作实践与其学术研究是同时进行的。在教育部，他一边进行着文物博物馆等中国新文化的建设工作，一边开展中国古代文化的学术研究。他以世界性的宏阔视野对中国古典文学乃至文化进行了深层次的反思、批判与革新，力图挖掘我们民族固有的民魂，发掘中华民族传统文化中富有创造性的精神特质，探索中国社会文化发展的方向，贯彻其中的精要是"外不后世界思潮，内弗失固有血脉"。这也是鲁迅遗留给我们的宝贵的精神遗产。在文化遗产的保护、研究中，就是既要有优秀传统文化的基础与定力，也要有世界性的视野与发展理念。也许是巧合，在中华人民共和国成立后的四十多年间，主持中国文物博物馆事业的郑振铎、王冶秋二位先生，都曾直接受到鲁迅的教诲。他们继承了鲁迅的精神血脉，也像鲁迅一样为文博事业尽职尽责，贡献良多。因此，我到文物局、到故宫工作后再读鲁迅，就别有一番感受。

三

与鲁迅研究不同，我的政策研究、文化研究与故宫学研究，则是结合工作进行，也是比较自觉的。

1978年年底召开中共十一届三中全会后，中共陕西省委政策研究室（1983年后改为中共陕西省委研究室）组建成立，我在这个部门工作了整整15年，先后任过副处级研究员、处长、副主任、主任以及省委副秘书长。我的工作任务主要是参与省委一些文件、报告、讲话的起草，与此有关的是自己或与他人合作完成有关专题的调查研究，其成果是调研报告。这个时期，我参与了原中共陕西省委常委、省委副秘书长、省委研究室主任朱平同志主持编写的《调查研究概论》（1984年）一书的撰写，全书共12章，我承担了其中7章的撰写任务（这7章收入《畎亩问计：郑欣淼陕青调查撷拾》）。当时全国进入拨乱反正新时期，中国共产党强调恢复实事求是、一切从实际出发的思想路线与工作作风，作为党的优良传统的调查研究，对它的弘扬、发展就尤为必要。《调查研究概论》是对调查研究重要性及其方法等的系统研究与理论探讨，是一本普及性的理论读物，对党政干部的工作也具有指导意义，中共陕西省委组织部曾发文要求各级党组织积极征订此书。参与《调查研究概论》的写作，也为我写作《政策学》打下了基础。

　　《政策学》一书的写作，与我的政策研究实践结合在一起，两者是相互促进的。中国的改革开放首先是在农村突破、开展的。陕西是个农业省份，推动农业的改革与发展是当时的重要任务。我有幸投身到了这一历史的洪流中。1985年10月，我带领陕西省委研究室王同信、吴长龄、王宏斌三人，到志丹县周河乡蹲点一年。他们三人，年轻且受过良好的大学教育，都有着很好的经济学基础；又思想敏锐，勤于研究，我从他们身上学习了不少东西。后来，我与王同信、吴长龄合作，或我们几人又与其他同志合作，承担了陕西省农村发展研究中心的多项科研课题，例如农村私营经济发展、城乡关系协调、中低产田改造、农村剩余劳动力转移等课题，有的还获过奖。这时期我和其他人还对工业、金融进行过一些研究。《畎亩问计：郑欣淼陕青调查撷拾》（2015年）一书就收录了这些调研报告。

正是多年的政策调研实践，使我深切认识到，我们工作中一些重大政策失误的原因之一，是没有建立一整套严格的政策制定系统，以及完善的政策咨询系统、评价系统、监督系统和反馈系统，这就使政策制定的科学性无从检验，一旦有失误也难以受到及时有效地监督。《政策学》（1989年）一书将政策作为一个动态的系统过程来考察研究，在形成一套适应社会主义政策学发展需要的概念、范畴和方法上，可以说进行了独创性的尝试，初步形成了一个具有特色的政策学知识体系。该书1991年获陕西省社会科学院优秀科研成果奖。

《社会主义文化新论——市场经济与文化建设》（1996年），是我在中共中央政策研究室任文化组（现改为文化局）组长时写的。当时中国青年出版社约请国内著名专家学者撰写一套12种的"社科新论丛书"，选择与当代社会生活关系密切的社会主义政治、经济、文化等重大课题进行阐发。"文化新论"约我撰写，我开始推辞过，后来感到课题重要，职责攸关，应该承担。

我是1992年后半年调到北京工作的，这一年的重大事件是10月召开的中共十四大，大会明确提出把社会主义市场经济作为我国经济体制改革的目标。这一目标的确立，标志着中国社会进入重大的转轨时期。其实，党的十一届三中全会以来，我国大力发展商品经济，积极推进经济体制改革，社会经济生活便一步步在向社会主义市场经济的目标渐进。经济体制改革必将而且已经对社会生活的各个方面产生有力地冲击和影响，其中自然包括文化领域。文化领域中的许多情况和问题，例如市场文化、文化市场、文化产业、雅俗之争等，就是在这个过程中出现的。这个情况我在陕西工作期间就深有感触。于是我把社会主义文化之"新"聚焦在"市场经济与文化建设"上，即探讨市场经济条件下文化领域出现的新问题，并提出解决的思路、方法，对构建社会主义文化理论新体系进行了积极探索。中央政策研究室文化组的"文化"，是包括教科文的大文化，我的"社会主义文化"，也是"大文化"概念。差堪自慰的是，虽然此书出版已26年，但其中的主要观点，仍然是站得住脚的。

四

1995年我调到青海省工作，1998年年底因严重的眼疾调回北京，被安排在国家文物局工作。这个调动为我开辟了人生新天地，影响了我的后半生。

在文物局近四年的时间，我有幸参与了《中华人民共和国文物保护法》的修订，在反复研讨、争论中对文物工作的法规政策有了较为深入的认识；对于文化遗产保护与博物馆建设的调研，使我在增长专业知识的同时也有了新的探索；走出国门，多样化的世界遗产与国际著名博物馆，使我在借鉴学习中眼界更为开阔，也对中华古老文明有了更为深刻的了解；向文博界老前辈以及许多专业人士的请教，使我这个半路出家者获益不少。在文物局工作期间的研究文章、调研报告等，收录在《从红楼到故宫：郑欣淼文博文集》（2016年）里。关于文博方面的其他文章，则收录在《文脉长存：郑欣淼文博笔记》（2017年）中。

2002年9月我到故宫博物院工作。在故宫近十年，根据党和国家的有关要求，在文化部的领导下，在国家文物局的指导下，故宫进行百年大修，开展七年文物清理，推动两岸故宫博物院的合作与交流，在完整保护故宫理念下收复被占用的故宫古建筑物，提高展陈水平，加强与国内外博物馆、科研机构的交流合作等，我与故宫同人在一步步地推动着各项事业的发展。2003年10月，我提出了"故宫学"的学术概念，结合工作实践建构理论框架。我于2012年初离开工作岗位以后，更是倾力于故宫学的研究。我在故宫学之路上已走过了20年。对于故宫学，我从未动摇过，也未松懈过。因为我充分认识到故宫学的博大精深，深切体会到故宫学的价值与意义，强烈感受到故宫学的生命力。我坚信"吾道不孤"。故宫学研究队伍在不断壮大。高校的积极参与，使故宫学有了更为广阔的发展空间。故宫学从无到有，从点到面，从文化自省走向文化自觉，这是时代赋予我们的历史使命，也是新时期中国学术界、文化界的担当与自信。

我的故宫学研究，着重在故宫学理论与故宫博物院院史方面。长达3.5万字的《故宫学述略》（2004年）是我全面论述故宫学的第一篇文章。从2005年至2015年的十年中，我撰写的关于故宫学文章，有9篇被《新华文摘》转载。《故宫与故宫学》（2009年）、《故宫与故宫学二集》（2018年）、《故宫与故宫学三集》（2019 年），汇编了我的论文、讲演等。我出版的第一部有关故宫的著作是《天府永藏：两岸故宫博物院文物藏品概述》（2008 年），《故宫学概论》（2017 年）则是我潜心十余年的殚精竭虑之作，《紫禁城：一部十五世纪以来的中国史》（2022 年）是我对于故宫整体史的书写。此外，还有访谈录及介绍、研究故宫的著作，如《守望经典：郑欣淼谈故宫》（2008 年）、《故宫纪事》（2013 年）、《故宫识珍》（2014 年）、《太和充满：郑欣淼说故宫》（2022 年）等。《天府永藏：两岸故宫博物院文物藏品概述》《故宫与故宫学》《故宫学概论》在港台出版过繁体版。《天府永藏：两岸故宫博物院文物藏品概述》与《故宫识珍》二书入选该年度全国文化遗产十佳图书。

五

伴随我大半生的爱好是旧体诗词创作。1965 年，我还是一名高中学生，平时喜欢古典诗词，买了王力先生的《诗词格律十讲》和中华书局上海编辑所出版的《诗韵新编》，开始学习写作。《郑欣淼诗词稿》中，就收有 1965 年及"文革"初期的多首诗。十年内乱，此后工作又多次调动，庆幸的是，虽然断断续续，这一爱好还是坚持了下来。我的第一本诗词集是《雪泥集》（1994 年），还托人请赵朴初先生题了书名，后有《陟高集》（2000 年）、《郑欣淼诗词百首》（线装，2006 年）、《郑欣淼诗词稿》（2013 年）、《卯兔集》（线装，诗画版，2013 年）、《浣尘集》（雕版，2017 年）等面世。《郑欣森诗词稿·庚子修订本》（2020年）汇集了我创作的全部诗词曲约1200首。我有关诗词的研究论文、演讲、访谈等，收录在《诗心纪程》（2018年）、《中华诗词之美》（2022年）二书中。从2010年至2020年，我曾担任中华诗词学会第三、第四届会长十年。在第四届会长任内完成的一件大事，是制定新中国语言体系中的第一部新韵书《中华通韵》，并由教育部、国家语委颁布全国试行。

我还出版过《紫禁内外》（2008年）、《山阴道上》（2010年）、《游艺者言》（2011年）等。作家出版社推出《周赏集——郑欣淼散文》（2014年）后，我感到这些书原来都可称为散文集。散文作为一种文学体裁，表现形式多种多样，我的这些文章似乎可归入散文行列。但散文毕竟是文学的一种样式，作为语言艺术，对它的创作又有一些要求，我在写作时，只是想把要说的写出来，并没有想到我是在"创作"，是在写"散文"。这样来说，我的这些东西好像又算不上散文。

摄影也是我坚持了四十来年的爱好。20世纪70年代初，因为工作需要，单位配备有照相机，我逐渐懂得了调节色温，掌握了光圈与快门之间的关系，也学会了冲胶卷及扩印照片。后来工作岗位多变，但我对于摄影的热情却保留了下来。我出版过两本影集。第一本是《高天厚土：印象青藏高原》（2009年）。我的大半生是在我国西部度过的，其中又有几年在青海省工作。我两次去西藏，58岁时去了阿里，翻越竖着标有"海拔6700米——区界碑"的界山达坂，并沿着新藏线冒了一次险。四川、云南、甘肃的藏区我也都去过。影集所选照片，试图反映我对青藏高原的审美感受，即天高地迥、境界开阔、豪气充盈、气象万千的"壮美"。第二本是《紫禁气象：郑欣淼的故宫摄影集》（2016年）。我所拍的故宫照片，倾注着我对故宫的感情，反映了我的个人视角，以及我的兴趣、关注与认知。《太和充满：郑欣淼的故宫印象》（2017年）是雅昌文化有限公司印行的对开影集。

我的政策研究、文化研究与故宫学研究，都不是自己预先规划设计的，而与我的工作有关，是在什么岗位干什么事，是为了搞好工作并结合工作进行的。我的一个特点，是喜欢就自己所从事的工作本身进行研究，并认真学习相关理论与知识，综合分析，努力从感性上升到理性，即琢磨出其中的"道道儿"，进行创造性的理论探索，从而提出新的认识、思路或方法来。这也可看作是我独特的学术道路。由于涉及多个领域，从做学问来说，有点"杂"，杂了自然就很难"专"，很难深入。我因此有着清醒的自知之明，知道自己存在的不足。

我有一个体会，知识是相通的，人的素养是需要全面培育与发展的。我们固然要有专业知识，要搞好业务工作，但同时有一些兴趣爱好，"游于艺"也很有必要。对我来说，鲁迅的热烈与冷峻、清醒与深刻，使我学到了怎样观察社会、认识人生及把握自己。我也在诗词的欣赏与创作中，感受到精神的超越、灵魂的飞扬以及生活中诗意的愉悦。同样，摄影也是一件乐事，用镜头把自己的审美变成永恒的记忆，就是充满无穷魅力的艺术创造。人们不仅需要有道德上的修养、心智上的开发，还应有审美能力的培育、精神情感的陶冶，这样才能促进人性的全面提升，使人生变得丰富多彩。

六

在我的问学之路上，获得过许多中肯的批评，受到过热情的鼓励，这就是对我的著作的评论。

1986年10月，我在北京参加中国社科院召开的"鲁迅与中外文化"学术讨论会，带着刚刚完成的《文化批判与国民性改造》书稿，拜见了与会的鲁迅研究奠基者李何林先生，详细汇报了本书思路及要点，请先生赐序，获得慨允。张华先生在《中国社会科学》1989年第6期发表了题为《第一本关于鲁迅国民性思想研究的专著》的评论。孔祥贵先生强调今天的国民性研究应该重视弘扬新时代的"民族脊梁"。孙郁先生在中国当代鲁迅研究的大格局中，从地域精神与文博事业两方面着手评论我的鲁迅研究特点，并指出鲁迅精神对中国现当代文博事业的深远影响，反映了宽广的学术视野。

在《政策学》评论中，张海潮先生对本书特点及创新做了全面介绍；吴瀚飞先生强调坚持用马克思主义指导政策科学研究的意义；三位长期生活和工作在基层的县级领导同志的《政策学》读后感，让我很欣慰，因为这也是我撰写本书的一个目的。对于《畎亩问计：郑欣淼陕青调查撷拾》，孙浩先生对其时代背景有着深刻的把握与论述，王建领先生的评论则突出了它的当代价值。

对于《社会主义文化新论》，朱成甲先生认为本书反映了我国文化建设从实践到理论的新成果并对构建社会主义文化理论新体系进行了积极探索；阎焕东先生强调了在文化建设中总结经验、探索规律的重要性；楚昆指出本书围绕经济、政治、文化三者辩证关系来把握市场经济下文化建设规律的意义。楚昆是熊元义的笔名。熊元义同志是著名的青年文艺理论家，是21世纪初我在华中师范大学指导过的博士研究生。他以极大的热情推介故宫学以及我的鲁迅研究、诗词创作等，2015年因病在《文艺报》理论部主任任上去世，英年早逝，令人扼腕！

我的《天府永藏：两岸故宫博物院文物藏品概述》《故宫与故宫学》等出版以来，受到文博界、学术界的广泛关注，评论文章不少。李文儒、王素、武斌三位先生本是故宫学研究同道，皆有故宫学专著问世，他们的评论自有其真切体会。吴十洲、何孝荣、高志忠三位教授都是大学故宫学研究的积极组织者、倡导者，他们的评论带有学院派的特点。从单霁翔院长的两篇文章，可见故宫学与故宫保护、博物院发展的密切关系。孙浩先生是20世纪80年代我在陕西时学术理论界的老朋友，主要从事经济研究，后到南方工作。《故宫与故宫学》出版后我寄他一本，只是说随便翻翻，不想他竟写了篇读后感，还颇有见地，大概是学问相通的缘故吧。后来他又为《故宫学概论》《太和充满：郑欣淼说故宫》写过书评，评《故宫学概论》的文章还被《新华文摘》转载。

评论《雪泥集》的第一篇文章出自房日晰先生之手，发表在1996年的一个省级学术刊物上。房先生是陕西师范大学教授，著名的古典文学研究专家，我久闻大名，但可惜缘悭一面。《陟高集》等出版后，评论多了起来，最早的几位作者如王科、古耕、郑伯农、张德祥等，当时我都不认识，其中前两位至今也不清楚是谁。我由衷地感谢他们的关注，这种温情成为我继续努力的力量。在我的诗词创作中，故宫博物院的王素先生与中华诗词学会的高昌同志给了不少帮助，我常与他们切磋、推敲。我曾委托王素先生代编《郑欣淼诗词百首》，他的《情缘物动　物感情迁》代序对拙作评论的剀切，为人所称许。2006年6月，《中国文化报》刊载了高昌与我的题为《旧体诗创作：从复苏走向复兴》的访谈录，此文又为《新华文摘》转载，引起较大反响。高昌后来一直关注着我的创作。

　　感谢故宫出版社出版《问学之旅》，这部序跋评论集为我四十来年的探索研究做了个小结。感谢章宏伟社长亲任主编，感谢王志伟、纪希萱同志的付出。感恩故宫！一息尚存，我还会继续努力。

（原载章宏伟主编《问学之旅》，故宫出版社，2023年）

探索故宫学的几点体会

　　刚才文儒院长谈了我们举办学术讲座的一些想法。让我做第一讲，我是坚决推辞的，因为有好多我院专家，包括今天在座的一些老先生，他们在故宫的研究上，在长期的学术生涯中，都有很高的造诣，并且以他们的道德文章，成为我们故宫重要的旗帜。由一些老先生，或者近几年崛起的一些中青年学者来讲，可能更为合适。所以，我跟文儒同志推辞了几次。文儒同志讲，你作为院长还是来讲一下，因为这几年你一直在"唠叨"故宫学，说一说，大家可能会有兴趣的。我说，我在《故宫学刊》上刊发的那篇长文章，该说的已经说了。他说，你就不要讲那个了，主要讲讲你是怎么考虑这个问题的，怎么形成这么个思路的，具体过程怎么样，不是说拿来一篇文章给大家念念或者选择一些方面进行阐发。我想这也有道理。关于故宫学我正在探索，正在研究，并且会坚持下去，把我的真实的思想过程说出来，和大家交流，可能会引起大家的共鸣。所以，今天的开讲真正是抛砖引玉，因为搞学术讲座也是我提出来的。故宫学术研究的气氛越来越好，但还要继续推动，创造更为宽松与活跃的环境。要重视学术交流，扩大视野。既要有比较重要的学术讲座，也应有专题性的学术报告，还可围绕一个专题组织几个人来讲，或者集中一点时间让不同研究领域的人来讲等多种形式。我一直提倡，在我们故宫，思想要更活跃一点。思想活跃了，聪明才智才能更好地发挥出来，才能新见迭出，议论风生。这是我们所期盼的一个局面。讲座是要认真准备的，国家图书馆搞了一些定期讲座，有很好的经验值得我们借鉴。今天让我来开这个头，确实有点惶恐，但也不好再推辞，就答应了。我今天讲的题目是《探索故宫学的几点体会》。我想谈以下四个问题。

一、故宫学思路的提出和形成

对我来说，故宫学思路的提出和形成，是立足于对故宫及故宫博物院的认识和定位、对故宫学术研究的现状以及80年来故宫研究历史的调查与考察。

我想说一个情况，我刚到故宫工作，就和文儒同志一起拜访了我们文物部门的一位老同志，请他谈对工作的希望。这位同志指出应该加强故宫的学术研究，他认为故宫的学术研究不如某兄弟博物馆。这对我很有震动。因为听院负责学术研究的领导讲，我们故宫学术研究的整体状况还是好的。后来我想，之所以会有不同的看法，大概是着眼点不同。两个博物馆，因为历史、藏品、人员构成等方面的不同，在学术研究上自然会各有其特点。这类问题有时不大好比较，但博物馆同行会有基本的共识。应该说，当时我对故宫的学术研究状况并不很清楚。但无论如何，使我受到很大的触动：

你到故宫来，不光是要搞大修，还要抓故宫的长远发展，抓它的全面建设。故宫作为一个大型博物馆，既有收藏保管文物的责任，也有陈列展示文物的职能，还有学术研究的任务。博物馆和大学当然有区别，大学是要出思想的，但博物馆也是出研究成果的地方。所以在我的认识上，一来故宫，就感到要重视学术研究，这是关系到故宫博物院长远发展的大事。

我在《故宫博物院院刊》2003年第4期上发表了《故宫的价值和故宫博物院的内涵》一文，这是2003年3月我在上海博物馆举办的一次国际博物馆馆长高层论坛上讲演的内容。从文章题目上就可看出这是在对故宫与故宫博物院进行定位。这个定位很重要，它决定着故宫博物院的发展方向及学术研究的重点，对我形成故宫学思路及对故宫学的内涵的认识有很重要的意义。

我认为，故宫与故宫博物院密切相关，对故宫价值认识的程度，影响着对故宫博物院内涵的理解与功能定位。通过对文物认识的深化、对古建筑的重视、对宫廷历史文化的挖掘、对无形文化遗产传承等四个方面的探讨，认识到故宫不只是"中国最大的文化艺术博物馆"，而且是世界上极少数同时具备艺术博物馆、建筑博物馆、历史博物馆、宫廷博物馆等特色，且符合国际公认的"原址保护""原状陈列"基本原则的博物馆和文化遗产，是一座博大精深的中国历史文化宝库。这是半年多调查研究的收获。当然这几年的继续调研，我对故宫的了解也不断加深，但2003年得出的这一结论基本上还是站得住的，是符合实际的。

从2003年年初开始，我又着重对故宫的学术研究状况进行调查。陆续召开了几个座谈会，一次是召集各部门在职的，特别是业务部门的负责同志开过一个会，请大家谈故宫的学术研究问题。之后我记得在研究室又开了一次老专家座谈会，与会者提了很多很好的意见，谈到了我们的优势，谈到了我们的不足，谈到了我们今后应该加强的方面。同时我请各个业务部门对这个问题进行认真讨论，提出建议，给我提供一个书面材料。这些材料我现在还珍藏着。大概也就在这个时候，朱诚如副院长跟我讲，院学术委员会经过研究，提议成立故宫博物院研究院，搞几个研究所，而且有了一个框架性的构想。当时我也表示同意成立，但是感到有一些问题不易解决。例如，故宫研究院和故宫博物院名称都叫院，弄不好容易混淆，研究所和其他部门的关系怎么处理，研究所如何开展工作，等等。我感到还不甚清楚，心里没底。这件事虽然暂时放下了，但从中可以看出故宫同仁对推进故宫学术研究的热情，也表明故宫学术研究有一定的实力和基础。前不久肖燕翼副院长对我说，成立研究院的条件他认为差不多了，我说再等等，不必着急。也就在2003年春季，北京大学文博学院来找我们，说有一个财政部支持的科研项目，文博学院想和我院以合作的方式，共同承担。故宫博物院从筹备到成立以来，与北京大学就有着密切的关系，要提高故宫学术研究水平，需要和包括北京大学在内的一些高等院校及科研机构合作。

以上所说的对故宫、故宫博物院的定位以及故宫学术研究的调查，都是旨在加深对故宫的了解。切实地、全面地认识故宫、把握故宫，是做好故宫一切工作的基础。了解故宫学术研究，不能就学术研究谈学术研究，而要和对故宫博物院的历史的考察结合起来。我看了故宫20世纪30年代出版的一些刊物，印的一些书籍及一些资料性质的东西，同时看了台北故宫博物院出版的学术刊物，包括他们出的一些书。我侧重于综合性的情况介绍。另外，我还找了国外汉学家，像法国、德国的，他们的研究中与故宫有关的，与清宫历史有关的，与清宫散佚出去的文物有关的研究。当然这方面的资料并不多，但对我还是很有裨益的。我体会到，对故宫的认识是个不断加深的过程。一开始接触，似乎不过如此，认为自己早已了解了，但了解得越多越感到故宫博大精深，不敢轻言真正懂得了故宫。不了解故宫的历史，不掌握第一手资料，难免要出错。

2004年，中国社科院当代中国研究所，其实就是我们的国史研究所，搞了一个规模盛大的国际学术研讨会，其中有美国华盛顿大学教授沈大伟（美国人）提供的一篇论文：《1949年以来的故宫博物院：国宝与政治对象》，这是他与人合著的《中国皇家艺术宝藏：收藏史》中的一节。这篇论文认为，北京故宫博物院在中华人民共和国成立的半个多世纪的时间里发挥了重要的政治作用，它是把党和国家与其民族历史联系在一起的一个纽带。政府也通过故宫及其馆藏巩固其在国际上的合法地位与声望。对于这一观点，人们可以赞同，也可不赞成。我看了他的文章，发现史实方面，特别是1949年以来故宫博物院的历史、院负责人的情况等方面的错误甚多。我也见到了他，他表示对故宫了解不多，问了我很多情况。用了很多与史实不符的资料，势必会影响研究结论。这对我们搞研究也是个教训，一定要有第一手的资料，不能道听途说。例如，在研究文物南迁时，我看了不少院藏档案、文献，又到南京的中国第二历史档案馆看了有关档案，发现一些流行的说法并不准确。因此调查研究很重要，我在故宫学的探索中就非常注意掌握第一手的资料。

向社会公众正式提出"故宫学"是在 2003 年 10 月，当时南京博物院庆祝建院 70 周年，有一个博物馆论坛，我有一个讲演，就是"故宫学"。有的报纸对此也作了报道，但是还很粗浅。因为我当时只说了它大概的研究范围、研究对象，它们之间是一个什么样的关系，现在研究的状况怎么样。那个时候我还了解得很不够，只是提了这么一个概念，感觉到应该这样提，但我还没有来得及认真研究。

半年之后，也就是 2004 年的 4 月，中国紫禁城学会在国家图书馆办的"紫禁城文化"系列讲座，安排由我讲第十一讲。因为当时安排得较早，春节一过就准备了，我想借这个机会再把故宫学的认识深化一下。题目定为《紫禁城与故宫学》，因为是紫禁城学会办的讲座，我也认为紫禁城在故宫学研究的范围中有着特殊的地位。当时我只列了个讲座提纲，但快到讲演时我却有个出差的任务，还非去不可，这怎么办呢？和组织者联系商量，能不能把我的这个讲座时间给调换一下？回答：不能，他说我这个讲座是卖了票的。还把票附了一张寄给我。人家说，虽然不能调换，但可以让人代讲。我就劳驾晋宏逵副院长代我讲。我又考虑晋院长代我讲，不能只拿个提纲，晋院长怎么能完全知道我的具体想法？我想老晋是建筑专家，在有关古建方面他会讲得比我更好，但我的整个思路和想法他了解得未必完全。这样，我就只好写得再细一点，这就写了有六七千字，老晋也有一些修改、补充。这次讲座第一次谈了故宫学研究对象有六条，这六条里边的重点是什么，对故宫学研究近80年的历史有个阶段的划分，同时对故宫学的研究方法也有所论及，还谈了紫禁城研究在故宫学中的地位。当然，我也讲了我不赞同用"紫禁城学"代替"故宫学"，并阐述了几条理由。

2004年我又倡议办《故宫学刊》，大家都表示赞成。文儒副院长要我写篇论述故宫学的文章，我说时间太紧，恐怕第一辑赶不上。他说，你必须写，你倡导故宫学，最好在第一期发表。这话是有道理的。我就加班加点，抓紧完成，这就是现在大家看到的在《故宫学刊》创刊号上发表的《故宫学述略》。我算了一下大约有38000字，这应该是我截至去年年底以前，对故宫学探索的成果。我当时所能得到的认识都体现在那里面了。在这篇长文中，我觉得对有些问题的探索和研究还是下了功夫，颇有些新意。例如，我提出了故宫学与故宫文化的关系，这对认识故宫学的性质和特点是有意义的。又如故宫学的价值与意义，这里也有我自己的体会和认识。还有我对学科性质的解释，即故宫学到底是一门学问还是学科？是门什么样的学科？我认为故宫学就其所研究的以古建筑、宫廷藏品及宫廷历史文化为重点的皇家文化来说，它是一门学科，而其内涵再扩大一点，研究的对象再宽一点，应该是一种学问。我当时就举了个例子，像明清档案，合起来大约有一两千万份，档案对故宫学研究很重要，但所有的档案不仅仅是故宫学的。我还谈了一个故宫学从自发到自觉的观点。以前有没有故宫学？我认为是有的，但属于自发阶段。我们现在明确提出故宫学，说明故宫学的研究进入新的阶段，即自觉的阶段。鲁迅先生1927年提出，曹丕的时代即魏晋时代是中国文学从自发到自觉的时代。魏晋时期出现了中国文学理论史上几部有名的典籍，有了基础、有了实践才有理论的概括，有了新的理论就能对以前文学的成败得失进行评判，为以后的发展指出路向。同样，故宫没有80年的历史，没有80年的学术研究，没有这些成果和基础，突然提出一个故宫学是不可能的。正因为有了80年的研究，故宫学已到一个关键时期，故宫的研究能不能迈开大步有新的发展，需要明确它的学科地位，重视它的建设。有了80年，水到渠成，你才可能提出故宫学；你如果不提出，错失良机，对以后的发展就可能带来影响。这是一个必然性和偶然性的关系问题。故宫学提出是必然的，至于谁提出，则具有偶然性。这里有一个很好的机遇，就是80年的建院纪念，80年确实值得我们回顾、总结。当然对中国古代文学史上"文学的自觉时代"始于何时，现在也有不同的观点，这是学术问题，但我却受鲁迅先生这一提法的启发，认为故宫学正处于从自发到自觉的重要时期。还有对于故宫的学术研究与故宫学研究，我认为是要有所区分的。我们故宫从事各方面研究的人很多，从不同方面，包括考古等多方面的，大多是按照自己的学术基础进行研究的，但这些研究不一定都属于故宫学范畴。有的研究范围虽与故宫有关，却显然不属故宫学研究，有的甚至和故宫没多大关系。作为故宫学人，他们的研究成果都是故宫博物院的研究成果，都很重要，所以我认为有这个区分也是必要的。我们现在重视故宫学，是不是其他研究就不需要了？当然不是。在重点进行故宫学研究的同时，其他各方面的研究也都应支持、提倡，在学术研究上每个人都应有自己的一块天地。

二、故宫学与敦煌学的比较

故宫学与敦煌学相比，有三点是相同或相近的。

一是研究的范围在不断扩大。敦煌学研究开始主要集中在新发现的文书及相关的问题上，后来范围逐渐扩大，凡与敦煌石窟所发现的文献以及敦煌石窟建筑、壁画、雕塑以至敦煌的历史文化等有关的问题，都成了它的研究对象；在研究的空间上，敦煌学又延伸到与敦煌相关的地区，包括丝路古道上现今武威、张掖、酒泉、吐鲁番以至哈拉浩特（黑城）及青海柴达木盆地一带地区，由于敦煌和吐鲁番都是丝绸之路上的重镇，两者关系密不可分，有时候合称"敦煌吐鲁番学"。故宫学的研究重点，很长时间是铜、瓷、书、画等文物，改革开放以来故宫古建筑日渐为学界关注，最近十多年来宫廷史的研究也提上重要日程。过去研究多局限在紫禁城内，20多年来故宫已与沈阳故宫、承德避暑山庄、明十三陵及清东陵、西陵等的研究都结合上了，大家一起研究。

二是海内外的广泛参与。当然，敦煌学在很早就成为一门国际性的学科。大量的敦煌文献被劫掠到国外，国外学者较早地进行研究，中华人民共和国成立前，我国有的学者就到国外寻访流失的文献，长期有一句令中国人深感耻辱的话：敦煌在中国，敦煌学在国外。王国维称之为"吾国学术之伤心史"。现在情况有了根本改变。但也应看到，敦煌文物的流散促成了中外学者共同保护与研究，推动了学术交流，促进了文化交流。因清末国势日衰，外患频仍，清宫文物珍藏多次遭到劫掠或毁损，许多被抢到异域，不少流落民间，新中国成立后，又把一部分宫廷藏品及珍贵文物、图书调拨给一些博物馆、图书馆及其他机构，这在客观上也为海内外更多的机构和个人参与故宫研究提供了条件，尤其在国内，这方面的合作研究近年来有了较快的进展。

三是在发展阶段上大致相同。敦煌学已100多年了，故宫学也80年了，从发展阶段上划分，大致分为三个阶段：中华人民共和国成立之前；中华人民共和国成立至"文化大革命"结束，进入改革开放新时期；20世纪80年代改革开放以来。当然每个阶段又可细分为几个时期。这是和我们国家、社会的重大发展阶段基本一致的。敦煌学在新时期发展中，1983年中国敦煌吐鲁番学会的成立有着重大意义，而1990年倡议、1995年正式成立的中国紫禁城学会，虽不等同于故宫学会，但在故宫学发展历程中仍具有里程碑的意义。

另外，两者都重视文献的整理、公布。明清档案虽已由我院划出成立了中国第一历史档案馆，但对它的整理仍为学界所关注，我院现正抓紧文物藏品的清理，并要向社会公布。

从以上比较中，可以开阔我们的思路，加深对故宫学的理解。两者确有不少相近或相似的地方，但我以为，还有不同之处，其中之一就是对学科性质的认识。对敦煌学是什么性质的学科，学界至今看法不一。有的学者认为，敦煌学是不成系统的，没有规律的，因为藏经洞藏的东西，来自各个方面，来自不同时代，这是一门学问，不是一门学科。有的学者认为，敦煌学在其研究对象、范围、方法及学科特点、学科理论等方面，还有许多不确定性、不规范性，在某种程度上它还是一门"模糊学"。在国际汉学界，对敦煌学的学科界定似乎还处在"说不清、道不明"的状态。当然，说现在还比较"模糊"，不是说以后不会清晰。反过来看故宫学，它的特点很明确，它的古建筑，规模宏大的宫殿群，都含有深刻的中华传统文化的意蕴，封建礼制，阴阳五行，都有生动的反映。宫中的藏品，好多是自宋以来封建帝王收藏的承袭，是中国历代艺术品的精华。到清代乾隆年间，皇宫收藏达到鼎盛。这些藏品为皇帝所有，乾隆帝曾摩挲把玩，许多书画有他的题跋，他写了无数吟咏各类艺术品的诗歌，北京图书馆出版社把这些汇编在一起，书名就叫《乾隆御制文物鉴赏诗》。宫中的重要藏品都放在一定的殿堂，并有明确的完整的记录，例如历时74年编撰的《石渠宝笈》《秘殿珠林》两部著作，著录了清乾嘉两朝的宫廷书画。每件书画一经编就，除在本幅加盖"乾隆御览之宝""嘉庆鉴赏"等"五玺"或"八玺"外，还在书中分别注明该件收贮处所，以重典守。宫中有专门制造工艺品的造办处，皇帝下令制作什么样的物品，档案上有着详细记载。我们刚出了一本朱家溍先生编选的《养心殿造办处档案辑览》"雍正朝"部分，书中附了一些照片，就是至今保存的物品。因此故宫学的最主要研究对象——古建筑、文物藏品（包括图书、档案）及宫廷历史文化，三者不可分割，有着内在的逻辑联系，是一个文化整体，反映的是以皇帝、皇权、皇宫为代表的皇家文化。因此，故宫学是一门学科，它的性质是明确的。

三、推进故宫学研究的一些措施

我们提出故宫学已经有两年时间了。从我个人来说，从院领导班子来说，不是把故宫学作为一个口号说说而已，而是看到它与故宫博物院长远发展的重要关系，真正当作一件大事，多想办法，切切实实去抓。这期间，已经采取了一些措施，得到了大家的支持，也是在大家的共同努力下，多数取得了明显的成效。我回顾了一下，已经做了和正在做的有六点：

一是成立科研处。这是为了加强故宫的学术研究，包括故宫学研究，而成立的一个机构。原来的研究室还在，两个牌子，一套人马。长期以来，故宫的学术研究处于自发状态，缺乏规划，研究人员没有学术档案，举办学术活动随意性大，研究室主要是为老专家服务，这些年虽然也组织了一些学术研究项目，但承担不了统管全院科研工作的任务。现在有了科研处，明确了统管科研的任务，对外对内名正言顺。现已开始做学术档案了。我一再说没有学术档案是不行的。建立了学术档案，有档可查了，这也是考核干部、考核业务人员的一个重要的基础工作。科研处还要统筹我院的学术研究、制定学术规划、举办学术活动等等，当然为老专家的服务要继续做好。

二是加强中层干部的配备。在德才兼备的基础上，把一些懂业务，有学术成就的，还有学历高的，像博士等推到领导岗位上来。

三是注意人员结构调整。近两年，我们每年招的应届大学生都在30人左右，这是以前所没有的，其中1/4是博士，用不了10年，许多人就是业务骨干了，这也是为故宫的研究，为故宫的未来事业打基础。我们提出对科研人员进行考核管理，这也是一项改革。但对学术成果、学术水平的评价，一定要坚持科学标准，实事求是，不可简单化。有些人虽然现在写的文章不多，但是他们的学术成就或专业造诣已很了不起，往往像旗帜一样，影响力很大，不能要求他们每年写几篇文章，故宫要有"养士"的胸襟和气度，尊重他们，在更高的层次上发挥他们的作用。根据事业的需要，加强某些薄弱环节。例如，我院未经整理的文献很多，光名人书札就有4万通，为了加强这方面工作，考虑成立一个文献组，请些水平高的人，让他们来牵头搞，这已在着手进行。

四是刊物的改进与出版的加强。大家也都看到了，这几年《紫禁城》《故宫博物院院刊》在文儒院长的领导下，面貌已大为改观，这其实也有个与台北故宫博物院相互竞争的问题，是弘扬祖国传统文化的事，应该把它办好。我们故宫这么大，力量雄厚，理应出好的成果，多做些贡献。双刊改版后从内容质量、价格定位，到销路情况看都还不错。新创办了《故宫学刊》，这是专门刊登故宫学研究成果的大型学术刊物，我写了"发刊词"。我们希望实实在在地办下去，一年出一本甚至两本。故宫学能不能站得住，最终是要靠成果来说话。据编刊的同志讲，大家的热情很高。要继续出版好《故宫学术文库》《明清论丛》。《故宫学术文库》规格很高，对故宫的研究人员来说，这是你一生学术的总结，是最精华的部分，一个人只能出一本。《明清论丛》是我院与北大合办的刊物，会继续出下去。还有一些学会的论文集等，我们也给予支持。去年年底又策划、推出了《紫禁书系》《故宫文丛》系列丛书，书的质量不错，介于学术与普及之间，是件好事。既要有阳春白雪，也需要大量普及性的东西。已激发了院里研究人员尤其是中青年研究人员的积极性，院里采取补贴措施予以支持，保质保量继续做好。资料的整理，诸如1949年前故宫出版的书目的索引等，凡属于这一类的都准备编纂出版，更好地为社会提供服务。

五是筹建研究中心。研究中心思路的产生，应该是在2003年，朱诚如副院长提出成立故宫研究院与几个研究所时对我的启发。我认为，成立研究所似与体制不符，需斟酌，还下不了这个决心，因此决定成立研究中心。研究中心一定要突出我们的特点，其实我们的强项，也为社会所公认。从我院古建筑、藏品优势及已有的科研基础出发，决定成立四个研究中心，一个是古书画的，一个是古陶瓷的，一个是古建筑的，一个是明清宫廷史的。当时我的思路是这样的，古建筑和明清宫廷史是故宫的绝对优势，旁人没有办法和你争，只有我们故宫能牵头；古书画和古陶瓷目前我们也占优势，但面临挑战，因此先搞古书画研究中心与古陶瓷研究中心，目的也是加强这方面的实际工作。我不主张一下子就成立四个研究中心，仓促成立，成立之后怎么干？我们还没有经验，需要探索，所以先成立两个研究中心。这两个研究中心，在2003年的中国宫廷绘画国际研讨会上就拿出了方案，征求与会的海内外专家的意见，许多专家都很激动，认为故宫应该牵这个头，表示支持。前不久，谢方开副院长到台湾去，我说你给台北故宫博物院石守谦院长捎个话，说我们要办这两个研究中心，听听他的反应。谢院长说他给石守谦院长说了后，石很高兴，认为是好事，问有什么课题，表示要参与研究。现在筹办的这两个中心，各聘请了台北故宫博物院两名研究人员，他们也已同意受聘。这两个研究中心已经得到了海内外的共识，大家觉得由故宫来办是好的，都积极参与。这两个研究中心不是挂个牌子，弄几个人就完事，而是实实在在，要有学术规划，聘请人来要有课题做。古陶瓷研究中心需要一套最新的现代检测设备，我们花了1000多万元购买，进展比较顺利。还要培训掌握这些机器设备的专业人员。整个筹建工作抓得很紧，延禧宫作为两个中心的所在地，改建维修在抢工抢时。今年的10月10日两个研究中心将正式揭牌，包括两个国际研讨会同时召开。两个中心的活动要有规划，要出成果，要发简报，要有章程。这里我要特别说一下我院所收集的全国100多个窑址的3万多陶瓷资料片的问题。这是我院陶瓷研究人员从20世纪50年代以来在全国各地陆续考察收集的，有些窑址已不复存在，所以特别珍贵。我第一次知道这件事，还是2003年在研究室的会议室里，听杨伯达先生讲的，他大声疾呼，说如不抓紧解决，这些瓷片就会混淆起来，前人的辛勤努力就会变得没有意义，后果将很严重。当时我即表示一定抓紧解决。现在要在延禧宫搞个永久性的瓷片标本陈列室，按不同窑址陈列展出，还要出图录，我还为三套陶瓷书写了序。我们要从这两个研究中心取得经验，怎样运作心里有了数，接着再成立古建研究中心、明清宫廷史研究中心，以这些为重点，带动与推进故宫学的研究。

六是加强对外交流。这不仅是故宫学研究，而且是故宫博物院的整个工作，包括收藏、展览、科技保护、信息化建设以及管理等多个方面工作的需要。故宫博物院成立后，就有公开、开放的好风气，但后来未坚持下去。2004年冬法国卢浮宫的馆长来，谈到两馆合作，他首先就问，你们都和国际哪些博物馆有交流？不能说我们与一些著名的博物馆没有交流，但过去主动地与人家来往很少，比较多的是出国办故宫展览。这是我们一个很薄弱的环节。国家博物馆在这方面比我们搞得好，包括有些地方博物馆，如上海博物馆、南京博物院等，我认为都比我们主动。我们为什么不主动？因为我们有很独特的资源，人家不得不求我们。这么好的资源，如果不改变思路，也可能会限制我们的发展。从故宫要办成世界一流博物馆的目标出发，从故宫事业发展的需要出发，必须打破封闭，反对孤芳自赏，及时了解世界上文博事业发展的局势，吸收新的理念，放开视野。这体现在我们的学术研究上，要重视与国内外学者的交流，一方面我们的研究人员要多参加国际性的学术会议，院里一般给予支持，同时我们也要举办一些国际会议。

我来故宫工作以后，2003年举办了"中国宫廷绘画国际学术研讨会"，我们的院刊还出了一期论文专辑，因为和成立古书画研究中心有关系，所以那次会还是很重要的。我们今年有四个国际学术研讨会，一个是和国家清史编纂委员会合作开一个学术研讨会，既是清史研究，又是纪念我们故宫建院80周年，8月下旬举行；一个是结合我院古建筑维修，举办中国古建筑的国际研讨会；再一个是古书画方面的《清明上河图》国际研讨会；还有一个是中国古陶瓷的国际研讨会。后两个研讨会与我们要成立的两个研究中心有关。我们两个研究中心都聘请了国际上有关方面的著名学者。

另外，要重视与国际著名博物馆的合作、交流。今年9月，我们将和英国大英博物馆、俄国艾尔米塔什博物馆、法国卢浮宫以及日本东京国立博物馆、德国德累斯顿博物馆等的馆长，搞一个对话形式的交流，就在故宫，也是为纪念故宫建院80周年，正在联系落实。我们不仅要与皇宫博物馆进行交流，更要与国际上的著名博物馆，特别是国家博物馆加强交流。我们的思想要解放一点，我们就是国家级博物馆。不只是学术研究，还要在文物保护上加强合作。不只是博物馆，还要和一些国家的政府机构或其他组织开展合作。例如，这几年我们和意大利政府合作对太和殿的保护，他们在工作中体现出的严谨的作风，体现的一些先进的理念，对我们是有启发的；还有与美国IBM公司合作开展的"跨越时空的紫禁城"项目，与日本凸版公司合作建立的数字化应用研究所，和美国世界纪念建筑基金会合作的倦勤斋内装修复原工程等，都有重要进展。我们一定要有大的气象，故宫博物院的工作一定要从世界性的视角来看待。

同时，我们要重视与国内同行的合作与交流。在这点上，一定要克服"龙头老大"的思想。这些年全国博物馆事业发展很快，许多新建的省馆甚至一些地方馆，都办得很有特色，可以学习借鉴之处很多。我们要谦虚谨慎，与兄弟馆保持经常的联系，学习他们的经验。学术团体这些年发展也很快，这是一支重要的专业队伍，我们的故宫学研究，我院各项事业的发展，社会团体、学术团体都能起到积极的作用。像中国紫禁城学会，活动一直就很规范，又搞紫禁城文化系列讲座，对我们的维修工程很有帮助。中国博物馆学会，我们给予经费支持，学会刊物上写着"故宫博物院协办"，我们的文儒副院长是它的常务副会长。还有中国文物保护科技协会，虽然挂靠在中国科协，但会长、秘书长都是故宫的工作人员，也为我院的文物保护做了不少事。还有古陶瓷、玉器、宫廷史等专业学会，和我们都有密切的联系，今后要继续加强。

最近有三件事，都与故宫学研究有关。我们召开院学术委员会会议，充分讨论之后确定下来：一是与江西省文物考古研究所和景德镇陶瓷考古研究所联合发掘丽阳镇元明青花瓷窑遗址。大家认为意义很大，我还请耿宝昌先生和李辉柄先生专门去考察。对故宫来说，20世纪五六十年代我们收集的那几万陶瓷片，就是老先生去现场调查考古得到的。这是故宫学术研究的一个好传统，应该恢复，加之我们有一支专门学考古的力量，有的人多年来就在景德镇参与陶瓷考古，应该说比以前有了更好的条件，相信会做得更好。这应该是一个开头。第二个是与四川省文物考古研究院联合考察甘孜地区藏传佛教及松格嘛呢石经城。据罗文华同志讲，这是相当重要的。第三个是受美国世界纪念建筑基金会委托，维修西藏夏鲁寺。这个项目我们同意做，正与西藏夏鲁寺以及美国方面协商。故宫在古建筑方面是一面旗帜，是不可小看的，有人说这件事对故宫在经济上没有多少好处，我认为不能这样看，一定要看它起的示范作用，对故宫形象的提升，对故宫学术长远的意义是相当大的。故宫不能光在小圈圈里活动，要走向全国。我是支持的，我是从这个角度来看待这三件事的，今后有可能还会多搞这类合作。

四、故宫学的建立是一个长期的不断探索的过程

　　故宫学提出才两年，虽然在社会上引起一定反响，但作为一门学科的建立，还是才开了个头，需要长时期的努力，不能浅尝辄止，不能沾沾自喜，结合我院实际，我感到有以下几点应引起注意。

　　一是把故宫学研究与业务工作结合起来。从故宫博物院来说，故宫学研究并不是纯粹的学术问题，而是和全院的各项工作密切联系，互相促进。比如，这次故宫古建筑维修，是百年来规模最大的一次，它不是简单地解决宫殿的破旧问题，而是进行全面整修，有五项具体的任务，还要传承传统的工艺技术，编纂出版维修档案，现已着手编写"武英殿"分卷，这本身就是故宫学研究，同时要利用已有的研究成果。再如，文物的清理，已经进行好几年了，现在更明确地提出来，就是要和自身的研究结合在一起，包括信息化建

设、文物展览、文物保管等问题，都是紧密结合在一起的，这也是故宫博物院的特点。这种研究不是纯书本的、纯文献的，只坐在屋子里边是出不了大家的。因为博物馆是藏"物"的，要给人看东西的，每办一个展览，角度不同，就会有一个新的成果；一件物品，在一般情况下和在特殊情况下理解是不一样的，不同的组合，不同的主题，就有进一步挖掘的必要。

二是依靠各方力量深化故宫学研究。故宫学有着丰富的内涵，它的框架结构，它的理论体系、方法论体系等等，都需要进一步探索。这种探索，靠我一个人不行，靠我院的研究人员也不行，要靠社会的参与，靠各有关方面的共同努力。6月10日，我院将召开一个比较隆重的关于故宫学研究的座谈会，我们邀请了李学勤、徐苹芳、苏东海、高崇礼等名家，他们起点高，视野开阔，会谈到他们的认识和意见，会提出好的建议。

三是全面推进故宫学研究。我们拟成立几个研究中心，但成立得再多也不能涵盖故宫学的全面内容。除这四个研究中心，故宫学的其他方面研究也要重视。前边说过，成立四个研究中心，因为这四个方面是故宫的优势，但对优势要辩证地看，不可绝对化。故宫的青铜器、玉器等，长期以来是故宫的优势，但现在急需加强，不然缺少挑大梁的领头人物，弄不好也会变成薄弱环节。有的过去不是很在意，像明清宫廷史等，从20世纪80年代初成立清宫史学会以来，活动不断发展，但这方面门类太多，可研究的方面也很多，潜力很大。有些方面，比如我刚才提到的藏传佛教，其实故宫的藏传佛教研究过去并不是什么强项，但有一批人钻研下去，成果多了，水平提高了，社会日益关注，也就成了我们的强项。这就得到一个启发，强项和弱项是相对而言的，有好的资源未必一定是你的强项，如果你能抓住某个并不突出的方面，利用得好，出了成果，弱项也能变成强项。优势、弱势我们一定要辩证分析，这方面也牵涉到我们的学术规划问题、人才规划问题。前边说到，在重视故宫学研究的同时，切不可忽视故宫的整体的学术研究，不可顾此失彼，这里再强调一下。

四是研究人员科研能力的提高问题。近几年来，我院对业务人员的培训还是重视的，采取了许多措施，比如说鼓励年轻人上学，给予一定的补助，包括我们现在组织的学英语等。故宫学术研究水平的提高主要靠我们现在的人，不能寄希望于从外面大量调人，这不现实；也不能仅仅寄希望于接收大学生，毕竟每年进人有限，而且没有十年八年的适应、磨炼，他们是很难成为骨干的。因此必须立足于当前的研究人员，加强对现有人员的培养。如何培养？没有固定的办法。我想，院里当然要创造条件，有一个好的环境，但无论如何，还是靠个人，靠个人的刻苦钻研。现在工作都很忙，一般不会让一个人脱产几年去上学。这其实也是竞争，同样的条件，有的人下功夫很大，悟出了道道，有了成果，就脱颖而出了。当然也有个门径问题，有个方法问题，要注意向老专家学习求教。朱家溍先生的《故宫退食录》，我读了很有启发。朱先生曾对北京故宫和沈阳故宫的年轻同志讲过如何进行清宫史的研究，他说，最好把一部《清史稿》共四十多本都能读一遍，订个计划，半年也就读完了；《大清会典》需要看一遍，《大清会典事例》也能比较顺利地利用了。与《大清会典事例》一同参考的，就是《大清会典图》，各种器物、各种事情、吉礼、嘉礼、大朝等站的位置，都有图和图说，还有《皇朝礼器图》都可供查阅。朱先生指出，在上述基础上就可以读《国朝宫史》《国朝宫史续编》，掌握了这些，就可以由整个清代史转入宫史部分了。我希望我们的同志能有计划地多读一些书，基础知识一定要有，没有基础知识就可能犯常识性的错误，要重视资料的收集与运用。现在我们有了电脑，检索什么都方便了，但不管用哪一种办法，实实在在的功夫是要下的。为研究人员创造有利于学习、提高的条件，主要是鼓励参加学术交流活动，参加一些有组织的业务培训，承担研究课题，并在出版方面给予扶持，当然要保证质量，达到一定的水平，还拟组织评选优秀论著的活动等。对研究人员的国内、国外业务考察，院里也会给予支持。以前因为经费等多方面原因，研究人员都是随展览出国，而主动组织的、有目的性的出国考察不够。现在我们下决心改变这个状况，从工作需要出发，组织科研人员、相关人员到国外进行必要的、有成效的考察和研究。比如，我们的藏传佛教研究还不错，就应该到印度和尼泊尔去，看看早期佛教的重要遗址，看和不看是大不一样的；搞陶瓷的人，可到伦敦大学亚非学院的大卫德博物馆、土耳其的伊斯坦布尔老皇宫去考察，肯定会有收获；搞书画的，欧美一些大博物馆所藏的中国书画作品，也应该看一看。见识广了，对我们的研究工作是大有好处的。当然要有准备，要认真考察，要有考察报告。

今天，我谈了自己在故宫学研究上认识发展变化的过程以及一些感受，毫无保留地说出来，和大家交流，不妥之处，请批评指正。

谢谢大家！

（本文为作者2005年5月27日在故宫博物院第一期学术讲座上的讲演，收入故宫博物院编《故宫学术讲坛》第一辑，故宫出版社，2011年）

故宫学：故宫的学问

我与故宫的结缘，始自1999年10月参观在故宫斋宫举办的"清代宫廷包装艺术展"。由于认识上的原因，故宫博物院过去往往把文物与其包装物区分开来，对包装不甚重视。这引起我对文物概念以及文物内涵的思考，为此写了篇《我看"清代宫廷包装艺术展"》，提出要加深对文物内涵的了解，拓宽文物的概念。此文先后发表在2000年3月1日《人民日报》与3月19日《中国文物报》。

当时我在国家文物局工作，由此开始关注故宫博物院。后来我又了解到，故宫有为数不少的宫廷历史遗存和遗物，过去长期不被作为文物对待，或仅列为"文物资料"，其原因主要是考虑到这些遗存遗物存在缺乏艺术性、不完整性、重复性、时代晚近性、材质普通性等问题。2002年9月我有幸任故宫博物院院长，就与时任文化部部长的孙家正同志谈到清理故宫文物的打算，这主要得益于我来故宫之前的这些准备。

我于2003年8月提出"故宫学"的学术概念，结合工作实践建构理论框架。2012年初，离开工作岗位以后，我更是倾力于故宫学的研究。岁月匆匆，不知不觉已走过了20年。

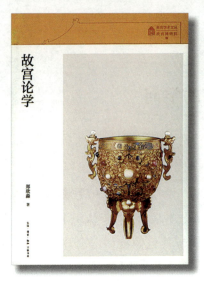

《故宫论学》书影

　　故宫是什么？故宫有宏伟的古建筑、丰富的文物藏品及深厚的宫廷历史遗存，这些方面之间有着紧密的内在联系，是一个文化整体，共同构成了宫廷历史文化多彩多姿的场景与长卷。离开了宫廷历史文化整体性视野的故宫文物研究，就可能出现故宫研究的"碎片化"，文物意义、故宫价值的认识就会受到影响。如果我们不把故宫仅仅看作一个藏宝之所，而把它作为一个特定时期的完整的文化体来看待，把它放在中华文明的发展历程中来看待，它的一砖一瓦、一草一木就都没有多余的，既是典章制度和宫廷生活的载体和反映，也蕴含着丰富生动的内容和故事，因此就有了重要的历史文化价值。正是基于对故宫是个文化整体的认识，故宫学的学术概念才得以形成并提出。

　　对故宫价值认识的逐步深入，伴随着故宫保护理念的不断提升。从历史上多次出现的"废除故宫""改造故宫"争论的教训到作为世界遗产故宫所具有的突出的普遍价值的飞跃，从"古玩""古物"观念到宫廷历史文化遗存的珍护，从物质文化遗产到非物质文化遗产的拓展，从故宫本体以至周边环境的保护，都是故宫保护理念发展提升的过程。这也使得故宫的内涵更为丰富，并进一步突出故宫遗产的文化价值，发挥故宫在当代社会的重要作用。

故宫博物院依故宫而产生，"宫"与"院"的合一是其特点。如何看待故宫的价值，就影响到对故宫博物院地位和性质的认识。为什么20世纪50年代要把大量的明清档案以及珍贵的"天禄琳琅"等善本特藏调拨出去？就因故宫被定为艺术性博物馆。对故宫价值及对博物院定性的认识偏颇以及文物观念的局限，特别是以阶级斗争为纲指导思想的影响，曾将故宫与博物院置于十分危险的境地。

这些问题的发生，既有"左倾"思潮的影响，也有思想方法上的片面性，但其根本原因都是没有从文化整体来看待故宫价值，没有认识到故宫博物院的性质是由故宫的特点决定的。"宫"与"院"的合一，是故宫博物院与生俱来的身份。今天来看，故宫博物院因此成为一座同时兼具宫廷史迹、古代建筑、古代艺术和清宫藏书档案几大特性的博物馆，是世界上极少数同时具备艺术博物馆、建筑博物馆、历史博物馆、宫廷文化博物馆等特色且符合国际公认的"原址保护""原状陈列"基本原则的博物院和文化遗产。

故宫学是一个理论问题，也是一个工作实践问题。这就是学理性与实践性的结合。世界遗产视野中"故宫真实性和完整性的结合"与故宫学视野中"故宫文化价值的整体性"
诸多理念是相互启发、补充甚至有所交融的关系。故宫学从
文化整体的角度来评估和界定故宫的价值和博物院的性质，
并指导和推动故宫保护和博物院建设。2002年我到故宫工
作，组织上明确指示，故宫大修是首要任务。这是故宫百年
来规模最大的一次维修。大修坚持"不改变文物原状"的总
原则，采取具体问题具体分析的方法，对每一座建筑物的修
缮，都要仔细地审慎地实测、研究，从而决定维修方案，其
中最重要的，是最少干预，尽最大可能保存原构件并尽可能
地多保留原有建筑历史信息。为了保持故宫的真实性，对后
代人为的不恰当改变作了修复。故宫博物院自2004年至2010
年的文物藏品7年清理工作，更是在故宫学理念指导下进行
的。

　　清宫文物在海内外的大量散佚，客观上为更多的机构与
个人参与故宫学研究提供了条件，因此故宫学从一提出就强
调其开放性的特点。从故宫学的视野来看，这些流散文物不
是孤立的个体，而与故宫及其他文物有着一定的联系。这些
文物从而也就有了生命，其内涵也才能被深刻地发掘出来。
学术为天下公器。我们一直倡导"故宫在北京，故宫学在中
国、在世界"的学术理念。故宫学不只是两岸两个故宫博物
院，或是海内外收藏有关清宫文物的机构或个人的事，而应
该是海内外学术界的共同事业。多年来，故宫博物院全力拓
展与国内外知名博物馆、高等院校、科研院所及其他学术机
构的学术交流与合作，拓宽学术研究的视野与渠道，取得了
一系列成果。

我深知，理论的产生与实践的发展有密切关系。故宫学学科的构建，不能拔苗助长，不能提出不切实际的要求。它需要历史的积淀，需要现实的探索，需要更多人的共同努力，一步一个脚印，实实在在地推进。在我个人的持续研究中，从《故宫学述略》（2004年）、《故宫学纲要》（2010年）到《多维视域中的故宫学——范畴、理念与方法》（2014年）再到《故宫学的再认识》（2016年）等数十篇文章，以及《天府永藏——两岸故宫博物院文物藏品概述》（2008年）、《故宫学概论》（2016年）专著，作为构建故宫学学术大厦的一砖一石，既是我对于故宫学学术基础及学科体系架构的持续探索，也是对于故宫博物院事业发展所积累的经验和智慧的阶段总结。

"近年来孜孜于故宫价值发掘与故宫学的探索，个中甘苦，'如鱼饮水，冷暖自知'。但囿于对故宫认识的程度以及学养的制约，对故宫这座学问的大厦来说，仍难窥见其中奥妙。所谓'夫子之墙数仞，不得其门而入，不见宗庙之美、百官之富。得其门者或寡矣'。"这是我写于2009年《故宫与故宫学》出版时序言中的话。一刹十余年，跬积步进，如果说好不容易进入故宫学的围墙，那登堂并且能够入室，就是进一步的目标了。更何况，故宫长存，充满活力的故宫博物院的事业在不断发展，故宫学研究没有尽头。我还将继续努力！

本论集共收入10篇文章，先后发表于2004年至2021年的17年间。其中分别选自《故宫与故宫学》（2009年，2篇）、《故宫与故宫学二集》（2018年，4篇）、《故宫与故宫学三集》

（2019年，3篇）及《故宫博物院院刊》2021年第11期。有3篇曾被《新华文摘》转载。

（本文为《故宫论学》前言，有删节，写于2022年1月24日。《故宫论学》年由生活·读书·新知三联书店，2023年）

我看"清代宫廷包装艺术展"

　　包装是一门学问，包装是一种艺术，历史上留下来的许多包装物也是文物，而且其中不乏美不胜收的艺术精品，这是我在故宫博物院参观了"清代宫廷包装艺术展"后留下的深刻印象。

　　包装与我们的生活紧密联系。我们使用的商品，一般都有包装，诸如匣、柜、笼、函、套、盒、袋等，而包装的材料也多种多样，主要有金属、木材、皮革、纸张等。包装以其造型、文字、图案、色彩等特殊的"语言"，起着联系消费者与商品的媒介作用。良好的包装，给人以美的享受，能吸引消费者的注意力，从而让其产生购买欲望。古代"买椟还珠"的寓言，常用来讥讽人舍本逐末，但是你如果面对"薰以桂椒，缀以珠玉，饰以玫瑰，辑以羽翠"的"木兰之柜"（《韩非子·外储说》），难道不怦然心动吗？

　　包装有两方面含义，一是指盛装产品的容器及其他包装用品，即"包装物"；二是指把产品盛装或包扎的活动。"清代宫廷包装艺术展"指的是第一方面的含义。它所展示的包装，不是一般器物的包装，而是与珍贵的文物结合在一起；这些器物不是用于流通的商品，而是专为皇室或皇帝制造的

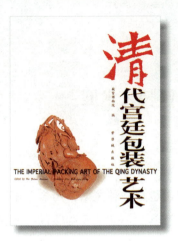

《清代宫廷包装艺术》书影

用品；器物制造者虽然既有宫廷造办处，又有民间工匠，但都争奇斗巧，精美绝伦，应该说是我国包装艺术在当时的最高体现，凝结着人民群众的智慧和创造力。展览分三个部分，共114件文物。第一部分以26件文物，反映了从原始社会到唐宋元明时期的包装发展概况；第二部分为清代宫廷包装，是展览的主题，包括书画、文玩、宗教经典与法器，以及生活与娱乐用具等方面的包装。第一部分虽然简略，但对了解第二部分很有必要，是第二部分的铺垫或导言。第三部分为民间包装，是宫廷包装的对应与补充，借以较全面展示中国传统包装的民族特色。三部分连贯起来，使观众对中国包装历史庶几有所了解。

看了这个展览，我的最大收获，是增长了包装方面的知识，或者说对平时不甚留意的包装有了进一步的认识。第一件展品是原始社会的灰陶鬲，通身饰绳纹，腹部堆一圈绳纹泥条。据介绍，先民发明陶器，主要用于饮食和盛物，为了方便提拿，他们就用绳子包缠陶器。在制陶过程中，这种绳包装逐渐演变为陶器上的绳纹，形成了丰富的绳纹图案，同时增加了陶器强度。所展示的青铜绳纹壶、灰陶布纹罐等都是这种情形。而作为礼器的商代青玉戈两面残存的织物痕迹，更是我国目前已知最早的原始包装的实物例证。这说明包装历史久长，也告诉人们包装如何从纯粹实用的功能一步步演变为装饰性的艺术。

展览把清代宫廷包装定位在"艺术"的角度来展示，反映了主办者对包装认识的深化，是很有意义的。好的包装不仅讲求实用，而且注重美观，把科学与艺术结合了起来，是创造性劳动的结晶。我国不同时期因财力、文化和时尚的不同，形成了各具特色的包装风格。这一展览选的器物以康熙、雍正、乾隆时期的较多。这一时期由于政局比较稳定，经济迅速发展，财富大量积聚，各类工艺美术品均达到精益求精的水平，宫廷用品的包装亦复如是。包装材料多为紫檀、漆器、珐琅、竹雕、银累丝、织绣品等，包装物的制作则采用雕刻、绘画、镶嵌、烧造、编织等诸种工艺，器物与包装可谓红花绿叶，相得益彰，处处体现出皇权思想和皇家气派，同时氤氲着深厚的中华文化底蕴，反映了中国人特有的审美情趣。

艺术的特征是创新，是匠心独运。我们看到，同样是黑漆、红雕漆、紫檀等制成的书画包装物，但因为造型各异、图案不同，都颇显个性，而用一大块老竹根雕成的葫芦形册页盒，外形蔓叶相掩、瓜蒂相连，有的叶片甚至还刻有虫蚀之痕，在众多庄重典雅的册页盒中，如出水芙蓉，给人清淡高雅之感；一个黑漆描金的长方形漆盒，上描包袱纹，在银灰色底上用红、黄、赭、黑、绿等色描绘菊花"寿"字锦纹，其褶皱和蝴蝶结表现得自然逼真，如不仔细观察，会以为它是用包袱皮裹着的漆盒，难怪雍正皇帝爱不释手；由数张小分图组成的折叠式升官图，展开为一棋盘，即可搏戏，折叠则是小书函，十分精致，散发着浓郁的书香气，令人叹绝；楠木刻的"雨前龙井"茶箱，四个字阴刻填绿，点出了茶叶的嫩绿和珍稀，使人未曾品茗已神清气爽，说明制作者对心理学的深谙。展品中一些生活用品的传统包装，如彩绘龙凤酒坛、箬竹叶坨形茶包、普洱茶团五子包、黄绫"人参茶膏"瓷罐等，在见惯了许多过分包装的今天，这些久违了的实用包装，如山野小花，平添了一份意趣，它貌似简单，其实也是集实用与美感于一体，透露着古拙的情趣。正因为这些包装物是工匠们富有个性的创造物，它就有了灵气，有了生命力，既是器物不可或缺的一部分，也自有其本身可资欣赏、研究的价值。而这种欣赏、研究、借鉴，对我们今天提高包装设计水平，增强商品竞争力，无疑是有积极作用的。

清代宫廷包装艺术展是个并不大的专题展。我认为，从文博工作角度来看，还可得到以下三点启发：

其一，加深了对文物内涵的了解，拓宽了文物的概念。故宫藏品中不少是稀世珍品，据故宫的同志介绍，由于认识上的原因，过去往往把文物与其包装物区分开来，对包装不甚重视。例如著名的乾隆"一统车书"玉玩套装，是利用日本漆匣作为外包装，匣内错落有序地摆放10层锦盒，锦盒内有造型各异的古玉及为之彩绘的山水、花鸟、诗词咏颂。为防止套匣置放顺序混乱，特将层数顺序与吉祥祝愿的名字合二为一，如一统车书、二仪有像、三光协顺、四序调和、五采章施等，使枯燥的数字成为体现美好意境的重要角色，把实用与博大精深的中华文化底蕴结合起来。这套精美的套匣，无疑也是文物，但长期以来只是把匣中的玉器作为文物保藏，而把套匣弃放它处，这次为了搞展览，费了好大劲儿才让它与玉器合在了一起。举一反三，我们应该扩展文物的概念。文物不只限于传统的青铜器、瓷器、玉器、字画等方面，也不应简单地按某一年代作界限。近年来我们对文物的认识在深化，许多具有科学、艺术、历史价值的东西，或是反映当代某些重大历史事件的物品，以及反映特定地区、时代、民族的图片、实物，当代的一些有代表性的艺术品等，都应作为文物开始收藏、抢救。这是个大问题，可做的工作很多，我们的思路应该更开阔，早一点动手去抓。

其二，发挥各地博物馆的藏品优势，多办一些独具特色的专题展览。故宫博物院拥有上百万件文物，品类繁多，过去办过不少专题展，这次包装艺术展则独辟蹊径，给人们认识故宫文物提供了一个新的视角。其他一些博物馆包括省级，甚至不少地市级博物馆，虽然藏品与故宫难以相比，但亦自有特色，完全可以多办专题展，或围绕一个专题，多家联合举办。这种专题展小大由之，只要创意好，内容则可经常翻新。最近美国纽约大都会博物馆亚洲艺术部配合一个奇石展，拿出一批与石头有关的馆藏中国书画和漆器雕刻进行专题展，规模不大，但别出心裁，亦是一例。这样做的好处，一方面促使博物馆对藏品经常进行研究，多动脑筋，工作更能充满生气，且费用一般不会太高，容易举办；另一方面可使观众较为系统地了解某一方面的知识，常有新鲜感，密切与博物馆的关系。

其三，这个展览是故宫博物院与法国吉美博物馆合作举办的，也很有意义。法方筹资解决了展览经费。展览还附有吉美博物馆收藏的反映中国包装的8件文物，从西周青铜装饰物到清乾隆的袱系瓶；而法国收藏家杜泽林的34件藏品，则全是中国民间传统包装，且多是从当代小城镇收购的，例如成捆的竹扦、装稻谷的麻包以及河南的柳条筐、广东的陶姜罐、内蒙古清水河腌菜缸的外包草绳等，反映了一个外国人钟情中国包装艺术的独特视角，对我们也当有所启发。与这些重视包装的外国博物馆同行合作举办展览，有利于我们扩大交流，开阔视野，提高学术研究水平。据悉，这个展览将与国外具体洽谈，一旦落实，还要远涉重洋，赴日本、法国、比利时等国展出。愿更多海外观众领略和喜爱中国包装艺术的风采，从而进一步了解中国传统文化，了解中国。

（原载《中国文物报》2000年3月19日）

故宫是一个文化整体

　　故宫是重要的世界文化遗产，故宫有着丰富的内涵，只有把故宫作为一个文化整体来看待，才能加深对故宫价值及意义的认识。

　　人们一般对故宫并不陌生，或多或少都知道一些。在有些人印象里，故宫就是雄伟壮丽、举世无双的紫禁城建筑；而在另一些人的脑海中，故宫等同于奇珍异宝，本身就是一个藏宝之所。

　　这些认识都有依据，但不全面。故宫古建筑与故宫珍宝是看得见、摸得着的，然而在长达491年中有明清两代24位皇帝在故宫生活与执政，清宫遗存的这些文物藏品，又与古建筑、与宫廷历史文化有着这样那样的关系。把故宫古建筑、文物藏品及宫廷历史文化联系起来，故宫就是一个文化整体。所谓故宫是一个文化整体，也就是说故宫遗产价值是完整的，不可分割的。

　　故宫是一个文化整体，可从空间和时间两个方面来认识。从空间来看，紫禁城的千门万户，院藏的各种文物，以及宫殿与文物藏品后面曾发生过的人和事，种种秘辛内幕，宫廷的文化生活，是一个鲜活的统一体。很显然，离开了宫

航拍故宫

阙往事，没有了附着其中的历史内涵，那些宫廷旧藏的意义和价值势必受到影响。同样，要保护完整的故宫，不只是72万平方米以内的紫禁城，还要保护与它有密切关系的一些明清皇家建筑，以及它的保护区、缓冲区。从时间来看，故宫藏品虽为清宫旧藏，但其中文物则包括了中国古代文化与艺术的各主要门类，而且反映了五千年的文明史。又以紫禁城为例，它虽然建成尚不足600年，但却是中国几千年来宫殿建筑的集大成，是历史悠久的中国传统官式建筑的结晶和典范。

故宫作为文化整体的价值，使故宫成为中国传统文化精神的物质载体，体现了中华文明的精华，也成为中国传统文化最有代表性的象征物。故宫的地位是历史形成的。故宫文物藏品过去具有国宝意义，在20世纪民族危难时期，这些文物又与中华民族共命运，其中倾注着民族的感情。因此，故宫具有特殊的价值。中华人民共和国成立以来，考古发掘时有宝器出土，全国各地的博物馆也有一批稀世珍宝，但是，故宫作为一个文化整体的价值，使它与民族文化血脉的传承联系在一起，并为人们所普遍接受。它是不可代替的。

正是基于对故宫是个文化整体的认识，故宫学的学术概念才得以形成并提出。故宫学是以故宫及其丰富的收藏为研究对象的一门学科。故宫学不仅把故宫古建筑、宫廷文物珍藏及宫廷历史文化当作一个整体，而且还包括了故宫博物院成立以来的80多年历史。故宫文化的这一整体性，也使流散在院外、国外的清宫旧藏文物、档案文献、宫廷典籍，都有了一个学术上的归宿。基于此，两岸两个故宫博物院在学术研究上的交流与合作就是不可避免的，人为的阻隔只能是暂时的，事实上这种交流也在不断地发展。2009年2月中旬与3月初，两个故宫博物院院长互访，商谈交流合作事宜，取得了丰硕成果，这不仅是两院事业发展的需要，是两岸同胞的福祉，也是故宫价值得以进一步发掘、故宫学研究提升到新的水平的极好机遇。

把故宫当作文化整体看待，全面认识故宫的价值，在认识上有个过程，其实质是文物保护理念的不断提升。如对文物概念的认识，从具体的"古玩""古物"到一切历史文化遗存的拓宽，从可移动文物到不可移动的古建筑的重视，从有形文化遗产到无形文化遗产的发展，从保护文物本体到同时重视保护它的环境等，都是不断拓展、逐步提升的。对故宫人来说，还要注意正确认识、妥善处理故宫保护与博物院发展的关系。在努力接受先进的文物保护理念、树立正确的文物观的基础上，认真探求故宫的价值，同时使博物院的内涵更为丰富，从而更进一步加强文物的保护，突出文物的文化价值，实现文化遗产对当代社会的重要作用。

（原载《文汇报》2009年3月19日）

书写紫禁城的整体史

　　历经600余年风雨沧桑的紫禁城（故宫）是中国传统文化精神最重要的物质载体，又是中国历史文化最有代表性的象征物之一，更因其地位和影响成为享誉世界的鲜亮的中国符号。

　　紫禁城是说不完的，当然也是写不完的。源源不绝的各种出版物，适应着不同层次的需要，对于传播故宫知识都起了积极作用。但现在相当多的读物采取的是一般地谈文物、讲建筑、话宫史的叙事方式，这就难免导致紫禁城书写和认识的"碎片化"。如何将紫禁城置于大历史、大文化的格局中，提纲挈领、脉络清晰地予以呈现，自然就成为亟待解决的问题。

　　笔者认为，这既是个写作方法问题、思路问题，也关乎对故宫遗产价值的认识程度问题。价值是人类评判事物的一种尺度，而紫禁城价值的评判则主要在于它所蕴含的历史文化信息。对紫禁城本身所固有的客观存在的价值的认识是发展的、不断深化的。我们今天已认识到紫禁城是一个博大精深的文化整体，它的建筑、文物与宫廷历史文化是有机联系的统一体，因此就应该书写一部体现紫禁城这一完整内涵的

《紫禁城——一部十五世纪
以来的中国史》书影

整体史。

　　整体史的紫禁城，要有明清两代的内容。这两个中国历史上的重要王朝，既处于我国封建社会行将灭亡的衰落时期，又处在封建专制主义发展的巅峰时期。从社会形态角度考察，其政治、经济、文化有诸多共同点和延续性。紫禁城作为明清两代的皇宫也充分反映了这一点。紫禁城不仅是明朝修建的，而且在明清491年的宫廷史中，220多年的明代有着丰厚的积淀；清承明制，例如宫殿建筑、典章制度、宫规习俗等都有其明晰的因革变化过程与痕迹。因此紫禁城在世界文化遗产中被称作"明清故宫"，这个名称有着特定的丰富的含义。由于清朝离我们现在比较近，清宫留下的遗存相对多，好多人似乎认为故宫就是清故宫，其实此前是明故宫，明宫的遗存也不少，明清之间的联系不能无视或者割断。整体史的紫禁城不能只有清朝而没有明朝，或者详于清而略于明。

整体史的紫禁城，不能孤立地看待这个皇宫，而要把它放在三千多年的宫殿史、两千多年的帝制史中来认识。它的建筑规制，它的设计符号等，无不是中国传统文化的活生生的体现，也以皇权最高威严的形式确认和表述了中国文化的基本内涵。应该通过丰富的细节来呈现紫禁城背后的中华文明史脉络，而非限于建筑、书画、器具等单门独类的分块叙述上。此外，紫禁城的物质呈现是帝国多元地方文化和工匠精神的精华凝聚，是帝国对全国控制力的体现，也见证着帝国的兴衰存亡，因此应有一定的反映。

　　整体史的紫禁城，应有更开阔的视野，在15世纪以来欧亚史变迁的大格局下看待紫禁城。著名世界史学家吴于廑先生曾经认为：古代世界各国编撰的史书，实际都是世界史。[1]紫禁城的形成史既是文明史、政治史，也是世界史的一部分。紫禁城与永乐皇帝定都北京的选择紧密相关，而永乐定都北京与北京在当时欧亚的地缘政治格局中的重要地位又息息相关。紫禁城的建立及其功能运转与明清帝国在世界史特别是在欧亚史的地位紧密相关。一部紫禁城史就是一部活的15世纪以来的欧亚史。帝王是紫禁城曾经的主人，是帝国运转的中枢，应该从这个角度去看待彼时帝王的审美爱好、治理方式等，这是实实在在的活的紫禁城。紫禁城丰富的文化艺术遗存反映了明清帝国曾有过的开放性、世界性和多民族性的特质。

---

　　①吴于廑：《关于编纂世界史的意见》，原载《武汉大学学报》（哲学社会科学版）1978年第5期，收入《吴于廑文选》，武汉大学出版社，2007年。

整体史的紫禁城，自应有多姿多彩的故宫史、博物院史。紫禁城改称故宫已100多年。20世纪的故宫是紫禁城整体史的重要组成部分。应该站在20世纪的中国变迁史的角度看故宫，站在20世纪中国人命运的角度看故宫。20世纪中国的方方面面发生了剧烈的变化。这些变化既是世界格局变动造成的，也是中国内在问题发展的必然结果，而故宫的变化、发展就是这个大历史变迁的一个缩影。最明显的一个变化，就是故宫由皇宫成为博物馆，功能上由政治的转向文化的，准确地说是公共文化的。这是20世纪的新概念。以前中国没有博物馆的概念，博物馆的出现担负了一种新的共和公民的人文素质养成的责任。而故宫人，无数故宫的典守者、管理者、文物修复者，他们的努力和奉献，也体现出20世纪中国人可贵的精气神和历史感。

基于以上的一些思考，笔者遂拟通过对丰富的紫禁城内涵的梳理，书写一部新的紫禁城史。这部书从四个方面着眼，即紫禁城作为皇宫的建设史、紫禁城作为朝廷的政治史、紫禁城作为宫廷的生活史、紫禁城作为故宫的博物院史。笔者以为，这四方面视点的综合考察，庶几就是紫禁城的整体史，或者说是完整的紫禁城史。每方面围绕主题又分设为几个部分，部分下又有若干节，有人，有故事，有文物，人、事、物又结合在一起，力图呈现出一个生动的、立体的、传承变化着的紫禁城，使读者对其600余年沧桑有个头绪比较清楚而内容相对丰富的了解。当然，这也许只是笔者的奢望。是否达到了预期，只能请读者诸君评判了。

笔者认为，本书虽是一本面向大众的普及性读物，但能否写得更有新意，最重要的还是材料的运用，包括材料的搜寻、新材料的挖掘以及材料引用的准确性。笔者在这方面不敢偷懒，抱着严谨的态度，也下了一定功夫。当然，关于紫禁城史的材料浩如烟海，做得不够、有待加强的地方一定还有很多。其他不足之处恐怕也有不少。敬祈方家一并指正。

2021年4月20日于故宫御史衙门

（本文为《紫禁城——一部十五世纪以来的中国史》后记，漓江出版社、故宫出版社，2023年）

故宫学的视野和建设

今年是故宫博物院成立85周年，紫禁城建成590周年，这是一个值得庆贺、值得纪念的日子。

85年来，一代又一代故宫人，在社会各界的积极支持下，为了故宫博物院的生存、发展，为了故宫的保护、国宝的典守，付出了极大的努力，推进着事业不断进步。在经历85个春秋后，故宫博物院也进入了一个新的发展阶段，其中一个重要标志就是故宫学的确立和建设。

故宫包含着丰富的内涵，最主要的是紫禁城古建筑、文物藏品和博物院三个方面。故宫的地位是历史形成的，其价值是不断积累的，是不可替代的。故宫是中华文明的重要载体和体现，也具有重要的象征意义。故宫的重要组成部分之间不是杂乱的、零碎的、毫无关联的，而是有着紧密的内在联系，是一个文化整体，其遗产价值是完整的，不可分割的。故宫是一个文化整体，这是故宫学得以形成的重要基础。

故宫学的概念是2003年10月提出来的，但是对于故宫的研究从1925年故宫博物院成立就开始了。80年来有关故宫的研究成果是提出故宫学的基础，而故宫学的提出并确立将使这种研究由自发进入自觉阶段，从而整体提高故宫的研究水平。

提出故宫学，总的目的是不断推进故宫的综合研究，努力挖掘故宫文化的深邃内涵。故宫学的提出，也将使流散海内外的清宫旧藏有个"学术归宿"，它们的文化精神是故宫学的一部分。

作为依托于故宫古建筑并以宫廷收藏及遗存为基础建立起来的故宫博物院，负有保护世界文化遗产故宫和发展博物馆事业的责任，"宫"和"院"是一而二、二而一的问题。故宫博物院因有故宫古建筑与最为宏富的清宫旧藏以及80余年来的丰富的研究成果，在故宫学的建构和发展中负有重要的历史使命。

七年来，故宫博物院与关注故宫学的专家一起探讨故宫学，取得了不少共识，一些基本思路正在厘清，作为学科的框架正在初步形成。故宫博物院在故宫学学科建设上作出了不懈的努力，故宫学也作为故宫工作指导思想新的、重要的内容之一，促进着文化遗产的保护和博物院的发展。

故宫学涉及诸多学科。学术为天下公器。故宫在中国，故宫学在全世界。故宫学研究不只是两个故宫博物院以及有故宫藏品的机构与个人的事，而是学界的共同事业。故宫博物院近年来为此在三个方面作了努力。其一是加强对外学术交流与合作，拓宽学术研究的视野与渠道。故宫博物院全力拓展与国内外知名博物馆、高等院校、科研院所及其他学术机构的学术交流与合作，如签署战略合作协议、合作开展文物保护项目和科研课题项目、合办学术会议、合办学术刊物、联合办学等。其二是编写出版有关故宫的大型丛书或资料汇编，为海内外故宫学研究者提供方便。主要有《故宫博物院藏品大系》《故宫博物院藏品总目》《故宫博物院学术成果总目》（1925—2005）、《故宫研究论著索引》（1925—2005）、《故宫百科全书》《明清宫廷建筑大事编年》《明清宫廷建筑图集》等。其三是重视本院学术成果的整理、出版，并为中青年学者创造良好的发展条件。

故宫学不只是个学术概念，它也成为指导故宫保护和博物馆事业发展的一个重要理念。建立在故宫学基础上的文物保护观念，要求深化对文物的理解与认识，把故宫作为一个"大文物"来看待，对历史文化遗产进行全面保护。从故宫是个文化整体的观念出发，故宫开展了文物清理工作；从全面保护故宫的要求出发，故宫重视非物质遗产的保护；从弘扬传承中华文明的使命感出发，故宫重视办好陈列展览，重视开展故宫知识进课堂、进军营、进社区等活动。

两岸故宫博物院同根同源，都是故宫学研究的重镇，其交流合作对于故宫学意义重大。2009年，两岸故宫博物院打破60年的隔绝状况，迈开了交流合作的步伐，并且达成了一系列互利双赢的协议。2010年6月份，两岸故宫开展了"温故知新：重走故宫文物南迁路"的活动，以"重走"的方式共同回顾这段不寻常的历史，追寻先辈足迹，让个人记忆变成集体记忆、民族记忆，不仅对文物南迁的精神和意义加深了认识，也进一步增加了两岸故宫的相互了解，有利于继续推进交流与合作。

85年来，经过故宫几代专家、学者的努力，故宫学研究已有了一定的基础。当前故宫学面临良好的发展机遇，继续努力，切实推进故宫学研究再上一个新的台阶，是当代故宫人新的任务。要加强故宫学学科建设，确立故宫学学科体系；加强故宫学资料整理，推进故宫学图书出版；加强故宫学人才培养，搭建故宫学学术平台；加强故宫学资源整合，把握故宫学发展方向。故宫学的进一步构建和发展，不仅对于故宫博物院的发展，而且对于中华文明的复兴，对于中华传统文化的弘扬，都有着重要的意义。我们对故宫学的发展前景也充满信心。

（原载《中国文物报》2010年10月13日）

故宫学与故宫七年文物清理

前不久，故宫博物院对外公布，从2004年至2010年经过7年认真清理，故宫已经彻底弄清了家底，文物藏品总数为1807558件（套）。这是故宫博物院成立85年来首次在文物藏品数量上有了一个全面和科学的数字。故宫作为中华文明的重要载体，这一消息也引起社会广泛关注。七年奋斗，来之不易，这次故宫文物清理有诸多有利因素，其中故宫学作为一个指导思想、一种理念，起了重要的作用。

故宫博物院的文物藏品开始全部来自清宫，清宫的物品有两类：一类是传世的铜瓷书画及供赏玩的工艺品等，这些是公认的文物；另一类是与衣食住行、典章制度及文化活动有关的物品，如宫廷家具、帝后服饰、皇帝玺印以及唱戏用的戏衣道具剧本、宗教活动的法器造像等，这些当时都不是文物，而是实用之物，还有仓储物品，如茶叶就有7个库房存放。对传世文物及工艺品等，一般来说，账目是比较清楚的，所谓底细不清楚，主要是指第二类。

故宫博物院成立以来，故宫文物经过多次清理，重点也在这些宫廷遗存。这里的关键是如何区分文物与非文物？20世纪30年代，故宫就对金砂、银锭以及部分茶叶、绸缎、皮货、药材、食品、布匹等进行过公开处理。50年代，曾处理各种"非文物物资"70万件又34万斤。这次处理，履行了严格的审批程序，现在看绝大部分确实应该处理，但也有许多物品的处理，使人感到很惋惜，例如那些以年代晚近、材质不好、艺术性差或重复品太多为由所处理的物品，如乾隆以后的假次书画、宗教画、近代书画，同治、光绪时期的粗制硬木家具，嘉庆后的大量瓷器重复品，民国时期的小钟表，大批八旗盔甲等。今天从文化遗产的视角看，这些无疑都有一定的文物价值，有些甚至是重要价值，是反映宫廷历史文化某些方面的实物见证。即使重复品多，也只是对清宫而言，而从全国范围看，又是极其稀有的。当然今天来看，当时对这些物品的处理，不只是某个部门或少数人的认识，而是当时中国文博界与整个社会文物保护认识程度的一个反映。从20世纪80年代后期，故宫对此开始了反思，陆续将院里现存的原已注销的一些文物又收库保存。随着全社会文物保护意识的空前提高，故宫人的文物观念在拓宽和深入，认识到宫廷遗存是反映故宫历史不可分割的活见证，与古建筑、宫藏历代文物密不可分，并具有同等的重要性。这一共识也是故宫学得以产生的重要思想基础。

2003年我们提出了故宫学的学术概念。故宫学是以故宫及其历史文化内涵为研究对象，集整理、研究、保护与展示为一体的综合性学科。故宫的古建筑、文物藏品、宫廷遗存与作为皇宫期间紫禁城的历史文化是有机联系的文化整体。从故宫学的角度看待故宫，我们对故宫的价值有了更加充分的认识，看到了宫廷历史遗存的重要意义。在故宫学的影响下，我们的文物保护观念有了新的变化，对文化遗产概念的理解逐步深化。同时，故宫学所体现出的故宫博物院对传承弘扬中华文明的强烈责任感、使命感，也要求我们更加自觉地对故宫进行全面的保护。

故宫学不只是个学术概念，也成为指导故宫文物清理的一个理念。可以说，这次文物藏品清理是在文物认识视野不断开拓并日益取得共识的基础上，是在故宫学理念的指导下具体进行的。当然，这次文物藏品清理也是故宫学自身深入发展的需要，是一项促进故宫学研究的基础性工作。

在故宫学理念指导下，我们这次强调要全面、彻底地清查全院的文物藏品。过去对待文物往往以"艺术性"为标准来评判，许多珍贵的宫廷遗存长期被忽略，从未进行过系统点查与整理，或没有真正纳入文物账进行管理。这次我们不放过库房的任何死角，逐一进行登记。古书画馆完成了2万余件帝后书画、1700余件秋醒楼遗漏的近现代书札的整理，从历年积存的碑帖藏品中提升3000余件文物。古器物部新增13万件历代钱币文物。另外，图书馆所辖大量的古籍善本特藏、20万余件书版，古建部所辖大量建筑构件、"样式雷"烫样等也首次纳入文物账进行管理。

审慎地整理"文物资料"是这次文物清理的一项重要内容。"文物资料"是故宫博物院当年评定文物等级时，对于认为不够三级文物而又有着文物价值，即介于"文物"与"非文物"之间藏品的称呼。古器物部、古书画部、宫廷部、古建部都有，约10多万件，门类繁杂。列为"资料"有多种原因：有的因为有些伤残，例如3800多件陶瓷资料，从新石

故宫博物院2010年12月28日召开七年文物清理工作总结
表彰大会，院领导与获奖人员合影

器时代到民国，时间跨度长达4000年之久，品种应有尽有，特别是明清两代的官窑瓷器，有许多弥补了完整器物的空白，更有一批珍品，代表了各个历史时期瓷业制作的最高成就，只是由于流传过程中产生伤残而列入资料；有的是对文物认识上的局限，例如过去只重视皇帝、后妃的成衣，而把相当数量不同级别的官服"补子"，其中也有皇帝服饰上的"补子"，都作为服饰的"配件"来对待。

这次清理中对文物资料重新进行鉴定、研究，完成了共计180122件（套）资料提升文物的工作。新提升的文物里，有许多价值极高，如织绣类文物里来源于"文化大革命"时期从房山上方山、云居寺中收缴的数千件经书的封面，它们绝大多数是纪年准确的明代织物，且品类众多，织工精细，纹样精美，保存完好。这在全国博物馆同类藏品中也十分罕见和难得，对于研究明代丝织品具有重要意义。又如888件盔头、鞋靴，从戏曲演出的形态看，盔头和鞋靴与身上的戏衣一样，都是传统戏装"行头"的有机组成部分，同样具有历史价值。

正是在故宫学整体保护、全面保护理念的指导下，这次文物藏品清理不只完成了摸清家底、账物相符的任务，而且与加强文物的科学管理、安全管理等工作结合起来，使文物管理水平得到很大的提高。七年以来，故宫博物院的文物信息化管理日渐成熟，文物库房整体面貌发生了重大的变化，部分文物藏品得到了及时的修复与抢救。同时，在此次清理工作伊始，我院即着眼于探索、完善文物管理新体制，设立了业务职能部门——文物管理处，逐步实现了账物分开，推行文物库房不定期抽查制度，开展了长年外借文物的清理和催还，规范人员入库和观摩文物等各项规章制度。这些新举措在我院的文物管理工作中，查遗补缺，堵塞漏洞，取得了显著的成效。

故宫学是个开放的学科，需要全社会乃至海内外的广泛参与。编写出版有关故宫的大型丛书或资料汇编，为海内外故宫学研究提供方便，是故宫博物院义不容辞的责任。集中反映文物清理的重要成果——500册左右的《故宫博物院藏品大系》（以下简称《大系》）和规模浩大的《故宫博物院藏品总目》（以下简称《总目》）的编辑出版，既是博物馆的基本建设项目，也是故宫学研究的重要基础。《大系》是首次基本完整、系统、大规模地出版院藏文物珍品。作为故宫藏品七年清理工作的延续，《大系》和《总目》的编撰出版必将为公众更好地了解北京故宫，满足人们观赏、研究故宫的需要提供便利。《大系》已出版30册。《总目》试编本已供专家讨论。

故宫博物院丰富的文物藏品是中华民族珍贵的文化遗产，也是全人类共同的财产。故宫博物院代表国家进行保管，对它们进行妥善的保护与研究，是故宫博物院对国家、对民族应该承担的责任。这次清理工作的顺利结束标志着我院的文物管理工作进入一个新的阶段。但是我们不能满足，还要不断努力，继续完成文物清理的后续工作，继续完善文物管理体制，加强故宫的保护与博物馆的建设，接受来自社会各方面的监督，切实担负起传承和发扬中华优秀文化的重任。

（原载《文汇报》2011年3月14日）

故宫维修五年

　　故宫维修工程从2002年至今已经五年了，五年来，修缮进展比较顺利，也可以说完成了一个重要阶段，取得了明显的成绩。李岚清同志讲过，故宫维修是国家的事。2007年9月新任文化部党组书记、副部长于幼军同志在故宫调研时指出，故宫维修不仅是国家的事，也是民族的事，是功德无量的事。国家作出故宫整体维修的决定是基于故宫古建筑的地位以及故宫所蕴含的无与伦比的价值。故宫维修所规划的时间之长，投资之多，成为一百多年来故宫最大的一次修缮工程，它不仅反映国家综合实力，更是全社会文物保护意识不断增强的体现，是中国对世界文化遗产保护的承诺的庄严履行，也是故宫古建筑本身的需要，是故宫多年来保护经验的发展，所以这一决策是慎重的、是正确的。故宫在维修理念上坚持"祛病延年"，这是指导思想；"最少干预"，把干预减少到最低程度，"最大限度地保存它的真实性"，这都是我们始终坚持的。

　　故宫博物院有一支专业维修队伍，五十多年来，培养了一批批古建筑专业人才，但对于我们来说，这么大规模的维修毕竟是第一次，谁也不敢夸海口，说什么问题都没有。我们始终抱着谦虚谨慎、如履薄冰的态度。按照国家文物局的要求，制订了《故宫保护总体规划大纲》。《故宫保护总体规划大纲》由专业机构与故宫合作制订，对故宫进行了大量扎实的调查研究工作，并且与故宫几十年的保护经验结合在一起。国务院委托国家文物局作了批示，对大纲进行了充分肯定也提出了要求。《故宫保护总体规划大纲》是维修的依据，几年来我们始终坚持。有了规划大纲，就使维修的决策更加系统化，更加科学化。

2008年2月20日，故宫修缮工程专家咨询委员会第五次全体会议合影（第一排左起吕济民、傅连仲、傅熹年、罗哲文、郑欣淼、孙家正、单霁翔、谢辰生、张文彬、张忠培、徐苹芳，第二排左起王丹华、王世仁、王仲杰、黄景略、王健平、李季、王宏钧、苏东海、徐启宪、郭旃、张克贵，第三排左起柴晓明、陆寿麟、裴焕禄、王景慧、孔繁峙、晋宏逵、纪天斌、郭旃、段勇、吴家琛）

为适应故宫维修需要，故宫博物院成立了故宫修缮工程领导小组。在陈至立同志视察故宫时要求加强对故宫维修的领导以后，文化部成立了以孙家正同志任组长的故宫维修工程领导小组。孙部长作为故宫维修工程领导小组组长对故宫的维修给予了极大的关注，提出了一系列重要的要求和指示。几年来，我们先后召开了四次故宫修缮工程专家咨询委员会，在第一、第三、第四次会上孙部长都有精彩的讲话，而且他的讲话得到了专家的广泛好评，对故宫的维修起到了重要的指导作用。我们还成立了由多方面专家组成的专家委员会，有古建筑、文物保护、考古和博物馆方面的，有北京和外地的各方面专家，都有相当的代表性。我们坚持对每项工程进行分析评估，准确判断，进行必要的专家论证和审定。由于专家组成是各方面的人，对一些具体问题我们更多的是采取请相关的专家去论证。同时加强工程的组织管理，保证质量第一。

这次故宫维修强调的是整体维修和原状保护，它和故宫的基础建设、陈列展览和整个发展结合在一起。不光是保护问题，还有利用问题。故宫是一个整体，不能简单突出单项。为此我们制订了故宫博物院的七年发展规划，使维修和故宫博物院的工作有机结合起来。故宫维修还有一个任务，就是做好传统官式建筑技术的传承。故宫是一个大文物，是个物质文化遗产，同时故宫还蕴涵了许多非物质文化遗产。对古建筑技术的传承，我们的自觉性还是比较高的。工程一开始，孙部长就明确提出要把故宫维修的全过程作为资料进行跟踪摄像。我们专门购置了相关的设备，在信息资料中心

故宫维修

成立了一个科室，专搞记录和拍摄工程。为了传承工程技术，我们坚持"师承制"，开了拜师会，瓦作、木作、彩画作老先生都收了徒弟。同时我们重视科研工作，召开了一系列的研讨会，使用一些成熟的、先进的现代科学技术，坚持把科研贯穿维修工作的整个过程。我们成立了古建筑保护研究中心，建立数据库，整理古建文献档案。

故宫是世界文化遗产，它的价值为全世界所共享。故宫的保护不仅是中国人自己的事。我们在接受国际社会监督的同时，也接受国际社会及海内外的参与。我们先后与意大利政府、美国建筑基金会以及清华大学建筑学院、北京理工学院等建立了广泛的合作关系，共同研究古建的科学保护，在理念和技术上都有很大的收获。

2007年5月国家文物局在北京组织召开了有世界遗产委员会等多个国际遗产组织参加的国际研讨会，讨论了东亚地区的历史建筑保护与修复的原则与做法，其中包括对北京天坛、颐和园、故宫等三处世界遗产地维修的考察。会议形成了《北京文件》以及附件《关于北京世界遗产地保护与修复的评价与建议》。总的来说，对故宫的维修给予了充分的肯定和客观的评价。这不仅是对我们故宫，其实是对中国遗产保护事业的一个评价，也是对中国文物保护实践给予的应有的尊重。

世界文化遗产反映了文化的多样性，各个地区、各个国家的建筑，由于不同的自然地理条件，不同的文化背景，不同的发展历史，在文物保护上也应有不同的方式和方法。世界文化遗产的基本精神就是尊重世界文化的多样性，尊重不同文化背景的世界文化遗产的保护方式。这次会议还给我们一个重要启示，就是文化需要交流，只有交流才能消除误解，只有交流才能沟通，交流是相当重要的。《北京文件》附件中要求故宫等继续与东亚地区建立联系，这是我们需要坚持的。

我们在维修的实践中还认识到，必须认真听取意见，不断改进工作。维修过程中会有好多不同的意见，这是完全正常的，我们在许多方面也是缺乏经验的，这就要多方面地听取意见，特别是不同的看法、反对的意见，防止自以为是。要集思广益，尽量少走弯路。

我们还体会到，修缮工程中的不同方案，如果就原则谈原则，有时候在会上讨论几天，谁也说服不了谁。在故宫武英殿的试点工程中，对维修方案的看法开始也不一致，最后请专家们坐在一起讨论，意见很快就统一了。具体问题具体分析是马克思主义的灵魂，也是我们实际工作中行之有效的方法。由于看问题的角度、重点和方法的不同，对问题自然会有不同的争议，但是放在具体的实践上、具体方案上，大家就容易形成一个基本的认识、基本的原则，取得一致的意见。

故宫维修五年来很不容易。每年365天我们没有关过门，参加维修工程的民工最多时达到3000多人。我们还有相当一批人在院里搞经营，有临时工，还有部队及中国第一历史档案馆在里面办公，这给古建筑维修和文物保护带来很大压力。由于大家共同努力，我们克服了这些困难，推动了工程的顺利进行。我们的工作有成绩，有进步，但是还有许多不足之处，也有过教训。今后维修的任务还很重，需要我们谦虚谨慎，继续努力，稳步前进。

回顾故宫五年的维修历程，我们清楚地看到，整个工程凝聚着众多参与者的心血，今天我特别感谢在座的各位专家和领导。许多专家已届耄耋之年，他们出于对中华文化遗产深厚的感情，出于对故宫的热爱，不辞劳苦，殚精竭虑，参与了许多方案的评审和研究，对工程提出了许多中肯的建议和批评意见，坚持原则，一丝不苟，为故宫的维修做出了不可磨灭的贡献。同时我也要衷心地感谢，对故宫维修给予具体指导和管理的北京市文物局孔繁峙局长和北京市文物局，感谢对故宫维修始终给予关心和支持的国家文物局单霁翔局长和国家文物局，单局长经常到故宫来考察工作，来检查和督促。特别要感谢文化部，虽然我也是文化部的领导者之一，但对故宫来说，我们确实要感谢文化部，文化部做了大量的工作，包括办公厅、计财司和其他各个部门，包括他们和国务院的协调。特别要感谢孙部长，孙部长以政治家的胆略，以对文化建设和文化遗产保护事业的卓识，以及丰富的领导经验，对故宫的维修给予了精心的指导，提出了好多忠告和要求。正是在国务院和各级领导、相关部门的支持下，才使故宫这几年的维修工作不断推进。任重而道远。在今后的故宫维修上，在故宫博物院的发展中，仍然需要各方面的支持，需要各位专家的参与。让我们共同努力，善始善终地完成这一光荣而艰巨的历史任务。

（本文为作者2008年2月20日在故宫修缮工程专家咨询委员会第五次全体会议上的讲话，收入郑欣淼著《故宫纪事》，故宫出版社，2014年）

故宫学与通识教育

大家好，我代表故宫研究院向会议的召开表示祝贺！故宫学能作为通识教育的课程进入高校，这是一件大事，也是我们多年来和高校合作的成果，值得认真研讨。

故宫学的学科概念，自提出以来逐渐得到学界和教育界的认可和重视，故宫博物院也十分重视与各有关研究机构尤其是高等院校的交流与合作。多年来，故宫博物院先后与一些院校联合培养硕士、博士研究生，支持有关院校招收故宫学研究方向的硕士生，协助或合作成立故宫学研究机构，召开国际性的故宫学研讨会，坚持8年连续举办故宫学高校教师讲习班，等等。我们很重视高校，因为高校是传授知识的地方，是出人才的地方，故宫博物院的学术如果不和高校结合，发展就会受到相当的影响，这是我们多年来坚持的一个理念。

令人注目的是，海内外一些大学陆续开设了传播故宫知识、故宫文化的故宫学通识课程，有的还被评为精品项目，受到学生的欢迎。当然，我们不能忘记最早开设故宫学的学校。10年前，即2009年秋季，台湾新竹清华大学谢敏聪先生开风气之先，设立了"故宫学概论"选修课程，而且给予学

2009年秋季，台北清华大学谢敏聪老师开设了
故宫学概论课程

生正式学分。清华学生对故宫知识十分渴求，每学期80个的选课名额，约有2000名学生踊跃申请。为此，校方特增加15个选课名额以满足学生的报名需求。从那时以来，故宫学作为通识课进入高校已有整整10年的历程。这10年来，故宫学进入高校的方式也发生着变化，出现了新的特点。刚才王院长谈到了"智慧树"。"智慧树"策划与制作的"走进故宫"课程，由故宫与院外的14位专家讲授，28个学时，2.0学分。作为高校通识教育的在线教程，两三年来累计已有469015名大学生修读并获得学分。开设故宫学课程的选修学校为1007所，学生满意度达96%。目前我国高校共2631所，"走进故宫"课程已覆盖38%。这是令人深受鼓舞的信息。也

使我们看到新媒体技术的力量。当然我们还要感谢"智慧树"。

最近，我们的单霁翔院长由于年龄的原因卸任了，王旭东同志继任院长。王院长此前是敦煌研究院院长，在敦煌工作过28年，在文物科技保护领域有着突出的成就与贡献，是我国刚刚公布的两院院士的有效候选人，这也是文物界的殊荣。敦煌与故宫，都是我国最为重要的世界文化遗产。敦煌的学术名气在国际上更大，我相信，故宫也会走到这一步的。

单霁翔院长"一手抓平安故宫，一手抓学术故宫"，筹划成立故宫研究院，这是故宫学术建设的一件大事，具有标志性意义。这几年来，故宫研究院的发展，都是在单霁翔院长的具体指导、在院里的大力支持下进行的。故宫现在拥有25个研究所。如何继续加强研究院建设，不断提升研究水平，是一个需要长期努力的任务。现在我们有了来自敦煌学故乡的王院长，我认为这是刚刚他说的"冥冥之中，自有天意"，也是故宫学之幸。王院长出席今天的研讨会，说明这个会的重要性，也是他对故宫学的支持；他刚才的讲话，为故宫学术进一步发展提出了新的要求。

对于通识教育，大学的老师比我们体会更多，认识也会更深。依我粗浅的理解，通识教育就是育人教育，现在大学都强调专业，通识则重视通才、通人，是人的全面发展问题。大学通识教育传统是东西方文化演化的产物。在西方可以上溯到希腊的自由教育，或称博雅教育。以牛津、剑桥为代表的传统大学，在人文传统之外，又加上了日渐有力的

"科学传统"。美国哥伦比亚大学在第一次世界大战时开设西方文明的课程，以避免美国移民社会因欧战而分裂。美国从此取代欧洲国家，成为通识教育的领航者。中国先秦儒学教育，其"六艺"就是通识教育，以弘扬"仁"之美德、培养"君子"人格为目标。中国近代大学采用西方教育制度，在通识课程建设上，则重视国学教育，在传承民族优秀文化、赓续传统人文精神、陶冶品德方面做了有益探索。民国时期，在浙江大学，竺可桢校长认为，大学"侧重应用科学，而置纯粹科学、人文科学于不顾，这是谋食不谋道的办法"。抗战西迁办学，他坚守"求是"学风，注重品行培养，创造性实践通识教育，造就大批精英人才，为浙大赢得"东方剑桥"的美誉。随着知识爆炸与社会结构的进一步变迁，通识教育在20世纪末再度受到世界各国高等教育的重视。

据我了解，我国改革开放以来虽一再强调通识教育，但是由于高等教育以专业和市场为主要导向，往往偏重学生某些专业领域能力的培养，而对于学生综合素质的培养不同程度上有所忽略，通识教育则是培养综合素质的重要举措。其实这也是一个人的全面发展，是人性健全的问题，更进一步看，关系到一个社会的全面发展。如果一个人满脑子都是自己的专业，没有丰富充实的人文素养；一个社会只有冷冰冰的科技，没有温文尔雅的人文环境，我想这样的人在人性方面是有欠缺的，这样的社会也是会出问题的。高校教育的最终目的是培养一个完整的、有价值的、具有独立人格的人，而非仅仅只是一个专业成绩突出而综合素质欠缺的人。因此，通识教育在高等教育中发挥着基础性作用，需要高度重视。

在这个大背景下讨论故宫学与通识教育的关系，自然是意义重大。那么，故宫学可以给大学生们提供什么样的裨助呢？我认为，故宫作为5000年中华文明史的重要载体与见证，故宫作为中华文化艺术最重要的宝库，故宫作为充满智慧、创造力，散发着活力、魅力的世界文化遗产，是和我们的历史、我们的今天、我们的生活联系在一起的，是和社会的发展联系在一起的。它有着多方面的内涵与价值，总的来说，有助于培养大学生的民族文化情感，陶冶品格，也拓宽其文化视野，提升传统文化学养。

以上说的是故宫学在通识教育中应该而且可以达到的效果，但是在故宫知识、故宫文化的具体讲述中，也还是要下功夫的，特别是对"故宫"的理解与认识，眼光不妨放长、放宽一点。例如，故宫是中国最后一个封建王朝清代的皇宫，清代的遗物自然多。但是必须明确，故宫是明清两代的皇宫，而且是两朝文化的结晶。就是说，通识教育中的故宫，不能只是清代的故宫，应该贯通明清两代。再进一步，故宫不仅是明清两朝的故宫，它在方方面面体现的是两千年的中华文化的沉淀，它的建筑规制、设计符号等等无不是中国文化的活生生的体现，也以皇权的最高威严的形式再一次确认和表述中国文化的基本内涵。就是说，还要站在中华两千年的文明史中看待故宫。如果再深入地去看，故宫的形成史既是文明史、政治史，也是世界史的一部分。故宫与永乐皇帝定都北京的选择紧密相关，而永乐定都北京与北京在当时欧亚的地缘政治格局中的重要地位又息息相关。故宫的建立和其功能运转与明清帝国在世界特别是在欧亚史的地位紧密相关，一部故宫史就是一部活的15世纪以来的欧亚史。因此可以站在15世纪以来欧亚史变迁的大格局下看待故宫。就是说，故宫的学问很大，站得越高，对故宫的认识会越深。

当然还有一个很重要的问题，就是要科学地对待故宫。现在宫廷戏很火，有一些片面的甚至是错误的宣传。故宫文化是帝王时代的文化，不仅有精华也有糟粕，我们不能说封建社会的等级观念是对的，不能盲目歌颂帝王。总之，不能全盘否定，也不能认为一切都好，而要创造性地转化与创新性地发展。我们的故宫通识课，应该贯彻这一原则。

我看了会上的一些论文，有不少精彩之处。刚才王院长指出，故宫学研究与通识教育是教学相长的，这是个辩证关系，高校传播故宫学的实践，反过来对故宫学的研究也会起到推动作用，这个推动是很重要的。我们会继续与高校加强联系，认真研究故宫学在通识教育中的经验，加强交流，不断有所提高。

预祝会议成功，谢谢各位！

（作者2019年5月25日在故宫学与通识教育学术研讨会开幕式上的致辞）

故宫文学史：激活明清宫廷文化遗产的新视角

　　宫廷文学是中国传统封建王朝制度下一种特殊的文学形态。到了明清时期，因为明成祖之后的以帝王为中心的文学活动基本都是以北京紫禁城为中心的，所以可以将这一时期的宫廷文学史称为故宫文学史。对故宫文学史进行整体的研究，不仅可以丰富对于宫廷文学的文化价值内涵的认识，进而为正确评价和认识传统皇权文化的意义和价值奠定理论基础，而且有助于进一步深化和全面地认识明清文学历史的基本特点和基本结构。

一、发展脉络：纵贯明清两朝、辐射宫廷内外

　　故宫文学史研究的主要对象是以紫禁城为核心空间，以皇族为核心群体所从事的文学活动及其作品。具体包括四个方面：皇族和紫禁城其他成员如妃嫔、宦官等的文学活动及作品，紫禁城中与文学活动紧密相关的档案、建筑和绘画等文物，与皇帝文学活动关系紧密的大臣的文学活动及作品，外国使臣、宫廷传教士等与紫禁城关系紧密的特殊群体的文

学活动及作品。

　　明朝建立初期，明太祖朱元璋和明成祖朱棣实行比较严厉的文化政策，这给当时文学创作的活跃程度和创新程度带来了一定的影响，但同时他们在治国实践和日常活动中又写有大量的作品，结集有《明太祖文集》《大明太宗皇帝御制集》《大明宣宗皇帝御制集》等。从这些作品中可以看出他们雅正的文学观念。在他们的影响下所形成的台阁体是明代初期最重要的文学流派。

　　在太祖和成祖之后，明代的许多皇帝都有不一般的文学成绩，明仁宗朱高炽、明宣宗朱瞻基、明世宗朱厚熜、明神宗朱翊钧等都有自己的文集，除此之外还存有许多他们与大臣之间的唱和之作，例如明世宗时期的依然存世的《宸翰录》《宸章集录》《辅臣赞和诗集》等。明代的藩王文学也颇有特色，特别是朱有燉、朱权的杂剧写作，在普遍以诗文为主的写作语境中，他们对于戏剧写作具有独特的文学史价值。

　　满族人入主紫禁城之后，故宫文学史进入了清朝阶段。清代初期首要的问题是满汉和遗民问题，这不仅影响了清初的文化政策制定，也影响了宫廷写作的结构性演变。同时，作为满人的皇帝用汉字来写作，其本身就非常具有文化和政治意味，康熙、雍正和乾隆是其中最具有代表性的。康雍乾这三个时期是清代宫廷文学的高峰期。这一时期皇帝不仅自己大量地写，有大量的文集，而且亲自编选了很多文学史选本，例如《御定佩文斋咏物诗选》《御选唐宋诗醇》等。尤其是第一次以官方名义编纂的《钦定词谱》《钦定曲谱》《佩

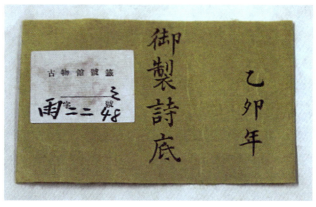

乾隆御制诗原稿

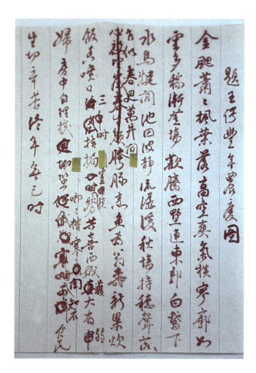

乾隆御稿

文韵府》都具有经典性意义，特别是《佩文韵府》，这是一部至今仍有使用价值的著名类书。那时，皇帝与大臣之间不仅唱和，而且有时皇帝对大臣的文学作品也有浓厚的阅读兴趣。例如，与康熙交往密切的王士祯按照皇帝的吩咐将自己300多篇作品编为《御览集》供康熙御览。这一时期皇帝的文学创作还与皇帝其他的文艺活动逐渐形成了总体性的美学风格。例如，皇帝个人不仅仅喜欢文学，还对宫廷日常生活中工艺品的制作、陈设等也颇为关注，这在雍正和乾隆两朝尤为明显。例如，雍正对于宫廷日常器物，在颜色上特别喜欢低调的黑色，在制作上不喜张扬，喜欢含蓄之美。这些留存在造办处档案之中的重要史料也构成了理解该时期的故宫文学史不可或缺的美学角度。

　　康熙和乾隆时期两次开设博学鸿词科对清代文学、学术也产生了重要影响。朱彝尊等人就是通过这个路径进入紫禁城，成为皇帝近臣的。以朱彝尊为代表的这些人不仅有机会与皇帝进行文学上的交往，而且也影响了紫禁城外的文学活动。还有，乾隆倡导编修《四库全书》，对宫廷内外的文学文化活动也产生了深远影响。以纪昀为代表的编修大臣在提要写作中对于中华文学的整体看法，显示出独特的文学史眼光。而纪昀这样的词臣文学又成为影响宫廷之外文学风尚的一个纽带。在这个时期，清代故宫文学史与明代文学还形成了连续性。这体现在宫廷戏剧对明代小说的改编上，体现在朱彝尊《明诗综》等对于明代皇族诗歌的选择和评价上。当然这不仅代表了明代皇族文学的文学史重要性，还纠缠了文化身份在清初的复杂性。清代宗室文学同样值得重视。始于康熙，历经雍正、乾隆朝始编纂完毕的《皇清文颖》，就收录皇帝御制诗文24卷，以及宗室诸王诗文和臣子颂赋100卷。

康雍乾之后，清代的皇帝依然延续了他们先祖的文学传统并且都有文集，例如嘉庆皇帝《味余书室全集》等、道光皇帝《养正书屋诗文全集》、咸丰皇帝《清文宗御制诗文》、同治皇帝《清穆宗御制诗文》和光绪皇帝《清德宗御制诗文》。但是，近代以来故宫文学史发生了一个明显的变化，即文学活动由以皇帝为中心到以名臣为中心。像曾国藩、张之洞等名臣或者地方督抚及其他们的幕府集团，对一个时期的文学和学术风貌的形成有着极大的影响，代表了故宫文学史的一种新变。在宫廷戏剧创作和演出方面，虽然有与明代宫廷戏剧的连续性，例如在礼仪功能和宫廷娱乐功能上。但是，清宫戏剧也体现出许多新的特点，主要是域外文化的元素更深入地进入了紫禁城，影响到宫廷内部的审美变化，在剧本内容和演出空间装饰上也影响到了宫廷戏剧活动的变化。其实早在乾隆六十年（1795）编写的节令承应戏《四海升平》，就取材于乾隆五十七年（1792）马戛尔尼使华之事。到了光绪时期，宫廷戏剧显示出更多的雅俗互动和宫廷内外的互动。

1911年辛亥革命爆发，1912年溥仪退位，1925年故宫博物院成立，此时故宫文学活动作为一个历史现象走向了终结，而对于故宫文学史的研究则刚刚开始。

二、研究定位：走向中华文学史

故宫文学的内涵不仅包括诗文赋，而且包括小说、戏剧，娱乐文学、匾额楹联和诏令文书等。打破文体界限、打破艺术媒介界限是书写新的故宫文学史的重要学术路径。故宫文学史应该从宫廷文学史的定位走向中华文学史的定位，进而走向世界文学史的定位。

第一，政治文化视阈中的故宫文学史。故宫文学史的发生空间是在政治最高权力机构的枢纽之中，无疑带有强烈的政治意识形态色彩，但绝非简单地为政治服务。因而，从政治文化话语的角度才能够破除对宫廷文学的单一的受制权力、强调政治应景的成见，看到其背后的文化意义。

故宫文学史是明清礼制和文教制度的一部分。故宫文学的作者群与读者群，包括帝王、宦官、馆阁和词臣等，他们之间的文学互动，本质上是一种独特的明清政治文化话语。同时，遗民、满汉等文化身份是具有鲜明时代特征的政治文化要素，它们也或隐或显、或多或少地影响了故宫文学史的形成。故宫文学的文献形态是非常丰富的，包括御定、御选和御制等宫廷出版物。这些不同的文献形态不仅包含着帝王的文学观，而且具有政治文化的意义。此外，文字狱是故宫文学史的一个独特现象，利用清宫文字狱档对故宫文学实践进行深入研究，也应是故宫文学史研究的一部分。

第二，艺术媒介视阈中的故宫文学史。不仅具有单一的书面文字写作的形态，还有大量书面写作与物质文化交错的形态，是故宫文学一个重要特点和存在方式。因此，要通过跨艺术媒介的视角来整体审视和阐发故宫文学的美学内涵。匾额楹联是故宫视觉文化的核心内容之一，某种意义上这些都是一个个艺术和政治相融合的美学装置。因而要从装饰的美学概念和理论视角来阐释其跨媒介的政治美学和文化美学的内涵。

故宫的建筑、绘画与文学往往体现出整体化的特点。宫廷戏剧是故宫文学的重要组成部分，但它不仅仅只是剧本，而且与宫廷演出的不同建筑和舞台美学空间是紧密联系的，所以宫廷戏剧研究要进一步体现出跨艺术媒介的整体性。

第三，朝野互动视阈中的故宫文学史。在一般的明清文学史书写中，宫廷文学的固执陈旧或者浮华的一面被无限放大，以此来映衬出紫禁城之外的地方文化空间和市民文化空间的文学文化活力。这样被塑造起来的朝野二元对立的文学史叙事视角，忽略了故宫文学史实践中丰富的朝野互动的层面。

朝野互动主要体现在帝王大臣对于文学的提倡进而影响到当时文学创作，而大臣与皇帝的互动也影响到了宫廷的文学创作氛围。往往由大臣主导参与的文学结社是朝野文学互动的一个重要枢纽，不同帝王主政时期对文学结社的态度松紧不一，使得不同时期的故宫文学史具有不同的风格特征。宫廷之外的文学创作，特别是小说戏剧创作中，也存有许多对宫廷生活的想象书写，这是朝野互动中外对内的一个独特层面。

第四，全球史视阈中的故宫文学史。故宫文学区别于中国历史上其他时期宫廷文学的特征之一，就是具有某种程度上的全球性，体现了中国历史发展的明清转向。无论在朝鲜、越南、琉球等来华使行人员的记录中，还是在明清帝王的文集中都有大量的相关文本。在处理这一部分文本的时候，既需要有文学的本位，又不能简单地坚持过往的纯文学观。只有抱有一种大文化史观和大文学史观，才能理解和彰显出故宫文学史的世界意义。同时，这也要求将不同媒介的文本进行整合研究。

围绕着具有世界史意义的历史事件，宫廷内部往往有大量的不同媒介的文本。例如，最为典型的明成祖时期的郑和下西洋事件，不仅有地图和绘画等图像文本，还有诏书，以及内廷戏剧《奉天命三保下西洋》等，只有将这些文本看成一个整体，才能理解故宫文学史内在的世界性。

此外，故宫文学史还应该包括对明清帝王文集中的天下观与华夷观、宫廷传教士的中国书写的研究。所以，某种意义上可以说，故宫文学史既有中国传统宫廷文学的共性特点，也有其独特的文化思想个性。此个性鲜明地体现在故宫文学的世界性上，故宫文学史是世界文学史的一部分。

综上，故宫文学史研究应打破一般文学通史的视角，超越一般文体分类或者以朝代为顺序的线性研究方法，从中华文学史的视角对明清宫廷历史档案和物质遗存进行新的阐释，在新时代按照建立中国特色学术话语创新的要求，形成具有中国文化自觉意识的文学史话语体系。

（原载《光明日报》2023年9月4日）

人间毕竟晴方好

——两岸故宫博物院交流随想

故宫南迁文物中的 1/4 运往台湾，到今年已整整 60 载；从 1965 年于台北外双溪成立台北故宫博物院（后简称"台北故宫"），两岸两个故宫博物院已并存了 44 年。沧桑一甲子，仳别的文物为一湾海水阻隔而未能再聚首，两个故宫之间也甚少来往，形同陌路。

"物无不变，变无不通"。2009 年，这一局面终于得到改变。2 月中旬，台北故宫博物院周功鑫院长率团来北京故宫访问，开始了破冰之旅，就两岸故宫交流达成多项共识，举世瞩目；3 月初，我率团回访台北故宫，深入并细化了共识，成果颇丰。两个故宫开始迈出切实的交流合作的步伐。

两岸故宫交流是个大事件，而其中的缘起则与雍正皇帝有关。今年 10 月，台北故宫拟举办"为君难：雍正时代文物特展"。这是一个精心策划的大展。"为君难"是雍正皇帝的一颗玉玺，以此为主题，主要反映雍正皇帝作为一个君主，在强化君权上，其维系父子与兄弟，以及整顿吏治时内心的矛盾感情。这颗玉玺存藏北京故宫博物院。另外，清代皇帝

2009年10月6日，两
岸故宫博物院院长郑欣
淼、周功鑫在"雍正——
清世宗文物大展"开幕记
者会上互赠两院出版物

　　的行乐图，雍正皇帝的最多，也最有特色，达110多幅。画
册中的他装扮成各种模样，包括在书房读书的文士、乘槎升
仙的道士、身披袈裟的僧人、身着西洋服饰头戴假发的猎人
等，从中不仅可窥见他隐藏而丰富的内心世界，对于清宫中
服务的西洋传教士以及中西绘画的结合等，都有研究的价
值。这些藏在北京故宫。台北故宫策展人认为，如能向北京
故宫商借若干展件，当可使此展更臻完善。

　　台北故宫的这一意愿当即得到北京故宫的积极回应，于
是你来我往，商谈更为深入，决定交流的范围也越发广泛，
开创了两岸故宫交流的崭新局面。

两岸故宫交流，虽发轫于雍正展，但有着必然性，这个必然性，就是两岸故宫的同根同源。

这个根源，首先是文物藏品都主要来自清宫旧藏。北京故宫藏品150万件，85％为清宫旧藏或遗存。台北故宫现有文物65万件，其中故宫南迁文物59.7万件，原中央博物院筹备处文物1.1万件，这两项占到现有文物总数的92％。中央博物院筹备处的文物来自古物陈列所的南迁文物，而古物陈列所的文物又是民国初年从热河行宫及沈阳故宫运来的，因此也是宫廷文物。

两岸故宫文物藏品不仅都很丰富，也有特点，而且又有很强的互补性。例如，有关雍正时期的文物，两院就都有不少，北京故宫除过雍正皇帝的行乐图外，据不完全统计，尚有雍正朝瓷器文物31521件，其中不少相当珍贵；有雍正帝的名号印、斋堂印、记事及成语印等160余方；有明确纪年的雍正武备文物5件；有雍正朝家具20余件，织绣藏品900余件，雍正帝的服装保存完好，有的还系有黄条，墨书"世宗"，表明为雍正帝的御用服装；等等。很显然，把两岸故宫所藏雍正时期的文物一起来看，才会对雍正时期的宫廷文化及雍正皇帝有较为全面的认识。

两岸故宫的根源，还在于作为博物院，它们有一段共同的历史。当年随部分南迁文物运台的人员，都是故宫南迁文物的维护管理人员，有的是从清室善后委员会点查清宫物品时就投入工作的，例如庄尚严、那志良等先生。从1925年10月10日故宫博物院成立到1933年文物南迁，故宫在文物刊布、陈列展览、档案整理、宫殿维修等方面，都取得了重要成绩，在社会上产生了重大影响。1933年文物南迁到上海，后来保存在南京；1937年11月开始西迁，文物转移储存；直至1947年6月全部东归南京，故宫这批文物经过了整整10年的分散保管时期，经历了难以想象的种种困难和艰辛，而文物没有较大的损伤，创造了第二次世界大战时期人类保存文化遗产的奇迹。从1925年至1948年的23年，是两个故宫博物院共同的历史时期。这23年的不平凡岁月，形成了热爱故宫、珍护国宝、严谨认真、无私奉献的故宫精神，并在严格管理、学术公开、社会参与等方面有很好的做法和传统，是重要的遗产。这些精神遗产在两岸故宫的事业发展中是需要继承和弘扬的。

故宫的这些特点决定了两个博物院有着割不断的密切关系。两院在主要类别文物藏品的研究上，都不能不了解对方的藏品及研究状况，这就需要交流；要在某些方面取得更大成果，则离不开合作；而交流与合作的范围，是可以不断扩大、不断深入的。当然，这也取决于人们的认识。即使不借北京故宫的37件文物，台北故宫照样可以办一个像样的雍正文物展览，但是有了北京故宫这些文物的参与，台北故宫的展览显然会办得更好，影响会更大。反过来，对于北京故宫也是如此。认识到两个故宫的特殊关系，从把事情做得更好的要求着眼，加强交流与合作，无疑是两个博物院新的发展契机。

两岸故宫合作交流，最终形成了8项共识，这是可喜的成果，但亦非易事。首先要求的是诚意，是否真的想开展两个故宫的交流。现在双方都是真心实意，有一个务实的态度，并发挥了大家的智慧，克服了困难，提出一个个具体可行的措施，从而达到互利双赢的目的。

共识的特点，多是从个案入手，形成在某个方面合作交流的意向，并建立有利于实行的机制。这样，由"雍正展"发展为建立展览交流机制，由《龙藏经》出版发展为建立使用文物影像互惠机制，由"雍正展"学术研讨会发展为建立学术研讨会交流机制，此外还有落实双方合作机制、建立两院人员互访机制以及出版品互赠机制等。

今年3月1日至4日，我率北京故宫代表团访问台北故宫，住圆山饭店。从1日到3日，台北或阴或雨，在我离开的那一天，却忽然放晴，艳阳高照，我凑了一首小诗，表达当时的心情："草自青青花自妍，别离喜见艳阳天。人间毕竟晴方好，放眼圆山云水宽。""人间毕竟晴方好"，我想这不仅是我个人的感受，恐怕也是人们的普遍意愿。

（原载《中国文物报》2009年10月2日）

清宫佛音与治国方略

2013年岁末的一天，我陪同台北故宫博物院前院长周功鑫女士参观了北京故宫的一些藏传佛教建筑与文物。

清代帝王提倡藏传佛教，宫中佞佛之风甚盛，留有大量的藏传佛教文物。这些文物，既是当时宫廷宗教文化的反映，同时又与治理国家的方针政策有关，因此有着极为重要的历史文化价值。

我们首先参观的是雨花阁。清帝在紫禁城中修建了众多藏传佛教殿堂，由于历史原因，长期以来处于封存状态，许多殿堂现在仍然较好地保存着它的历史旧貌，我们现在称之为"原状佛堂"。这是故宫古建筑群中一个重要而又特殊的部分，是世界罕见的佛教文化遗存。雨花阁就是一座有代表性的"原状佛堂"。

雨花阁其实是一个区域，包括雨花阁、梵宗楼、宝华殿、中正殿，是紫禁城中最大的，也是最重要的一处藏传佛教的活动场所。雨花阁是宫中唯一的一座汉藏形式结合的建筑。它是清乾隆十四年（1749）仿照西藏阿里古格的托林寺坛城殿，在明代原有建筑的基础上改建而成。雨花阁前东西两侧有面阔五间高二层配楼，均为乾隆年间所建，曾分别供

雨花阁

过三世章嘉和六世班禅的影像。

　　雨花阁为楼阁式建筑，按照藏传佛教的事、行、瑜伽、无上瑜伽四部设计为四层。外观三层，一、二层之间靠北部设有暗层，为"明三暗四"的格局。一层称智行层，中间部分佛龛供奉无量寿佛等事部主尊，佛龛之后有乾隆十九年（1754）制掐丝珐琅立体坛城三座。另有佛塔、供器等物，是举行祭祀活动的重要场所。二层是一层和三层之间在北侧的一个夹层，称德行层，是供奉"阿弥陀佛"的道场。三层称

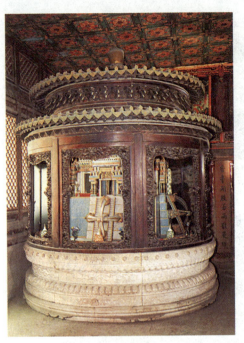

瑜伽层，供瑜伽部佛像5尊，顶层称无上层，供奉藏传佛教密宗无上瑜伽部的主尊密集金刚、格鲁派密宗所修本尊之一的大威德金刚和藏密重要本尊之一的上乐金刚。

从雨花阁向北，进入昭福门，即是宝华殿，清代宫中大型佛事活动多在此举行，清帝也每年数次到此拈香行

雨花阁内坛城

礼。宝华殿北面是中正殿。这一天没有风，天空蓝蓝的，新复建的中正殿在冬天的阳光下显得更加金碧辉煌。1923年6月26日夜，建福宫花园大火，殃及该殿，仅存遗址。21世纪初，香港中国文物保护基金会在复建建福宫花园后，又获准复建了中正殿。清代于康熙三十六年（1697）设置专门管理宫中藏传佛教的机构称"中正殿念经处"，隶属于内务府掌仪司，主管宫内喇嘛念经与办造佛像。到乾隆年间，中正殿用于专供无量寿佛，为皇帝做佛事的佛殿，因此在宫中地位很高。

中正殿现被故宫藏传佛教文物研究中心用来办展览，一

层是造像，二层是唐卡，东配殿是法器。故宫珍藏唐卡1000余幅，藏传佛教造像20000多尊，法器5000余件。展出唐卡32幅、造像34尊、法器85件。

　　故宫藏传佛教文物，具有多方面价值，特别是具有民族团结、国家统一的政治意义。作为一个多民族国家，中国历代王朝都面临着如何加强民族团结、保持边疆地区稳定的重大挑战。藏族是我国多民族大家庭中的优秀成员，藏民族聚居地区比较广阔。从元代以来，藏传佛教又广泛影响了蒙古族地区。早在入关前，满族人就同西藏、蒙古的关系密切，在政治上予以优待，经济上予以厚赐，使之与清廷保持一致，以维护北方久安无患，这是有清一代笼络藏蒙上层喇嘛集团的传统政策。作为明清两代皇宫的故宫，是皇权的中枢、政治的核心，皇宫中收藏的许多藏传佛教文物，就是当时中央政府民族宗教政策的具体反映，有重要的政治意义。例如，原贮放于紫禁城慈宁宫花园的金嵌珊瑚松石坛城，为五世达赖喇嘛阿旺罗桑嘉措（1617—1682）所献。五世达赖喇嘛成年后任哲蚌寺和色拉寺主持。1642年借助蒙古固始汗之力推翻噶玛政权，取得了格鲁派在西藏宗教中的统治地位。顺治九年（1652）五世达赖喇嘛入京朝觐时将此进献给顺治皇帝，次年清帝给达赖颁发了金册金印，封五世达赖为"西天大善自在佛所领天下释教普通瓦赤喇怛喇达赖喇嘛"，从此"达赖喇嘛"的封号及其政治地位得到正式确定，由此确立了达赖喇嘛的西藏佛教领袖地位。五世达赖朝觐，是清代西藏佛教领袖人物第一次到北京朝拜皇帝，得到朝廷的册封，标志黄教取得在西藏宗教中的统治地位。五世达赖此行为加强西藏地方与清中央政府的关系起到了积极作用。这件文物便成为见证这一历史事件的绝佳资料。此件现存台北故宫博物院。这次中正殿展出了一幅五世达赖喇嘛的唐卡，唐卡中的他左手托法轮，右手持莲花，全跏趺坐于宝座上。背景为布达拉宫。上方为其师四世班禅及修行本尊空行母，空中显现弥勒佛。下方是婆罗门护法和蒙古王固始汗。

　　中正殿的展品中，引人注目的是与六世班禅有关的文物。乾隆四十五年（1780），六世班禅罗桑贝丹益西（1738—1780）万里跋涉，从后藏日喀则到达承德避暑山庄朝觐乾隆帝，并参加了乾隆帝七旬万寿庆典，同年因病圆寂于北京西黄寺。在京期间，六世班禅曾到紫禁城中正殿、宁寿宫等处佛堂念经、做佛事。故宫现仍保存着六世班禅的奏书及贺礼，奏书以藏、汉、满三种文字写成，书尾钤朱色印"敕封班禅额尔德尼之宝"，表达了六世班禅对乾隆帝的赞颂和祝愿，衷心感谢乾隆帝对黄教的扶植、弘扬，并表达了他拥戴中央政府的心情。所献马鞍做工精细，用料考究，嘉庆皇帝曾以此鞍作御用鞍。这些文物是汉藏交流、民族团结的见证。中正殿展出了一幅六世班禅的唐卡，六世班禅左手托宝瓶，右手施说法印，全跏趺坐于龙首宝座上。上方正中为无量寿佛，两旁为大威德金刚和五世班禅。下方正中为六臂勇保护法，两旁为降阎摩尊和吉祥天母。背面有白绫签，墨书汉、满、蒙、藏四体文题记，汉文云："乾隆四十五年七月二十一日圣僧班禅额尔德尼自后藏来觐上命画院供奉绘像留弄永崇信奉以证真如。"此唐卡是乾隆皇帝为纪念六世班禅而命宫廷画师绘制的，是一幅具有历史意义的写实肖像。

法器展品中有六世班禅进献的"右旋海螺"。右旋海螺，因其螺纹呈逆时针方向旋转而得名。它除具有普通海螺弘扬佛法、驱逐恶魔之含义外，据说它还是菩萨的化身，渡江海者将其供于船头，可使江海风平浪静。因此，右旋海螺又被视为"福吉祥瑞"的定风神物。这件右旋海螺盛贮在鞔皮盒内，盒内有白绫签，墨书汉、满、蒙、藏四体文题记，汉文云："乾隆四十五年班禅额尔德尼所进大利益右旋白螺护佑渡江海平安如愿诸事顺成不可思议功德。"乾隆皇帝曾将此物赐福康安带赴台湾进剿林爽文，以祈往来渡海平安；此物又曾四次供奉于册封琉球使臣出使琉球的船中，以祈灵佑。

对于藏传佛教，清初帝王都曾与其发生过密切的关系，成为他们精神信仰的重要组成部分。中正殿展出的第一件唐卡就是"乾隆皇帝佛装像"。乾隆皇帝头戴班智达帽，身着僧衣，左手持法轮，右手施说法印，全跏趺坐在莲花托宝座上，作为曼殊室利（文殊菩萨）化现的形象。上方三个圆轮中，正中表现的是本初佛大持金刚与大成就者，左右表现的是显密诸佛，以下各组合分别表现了诸菩萨、女尊、护法及方位低级神等。此唐卡为乾隆中期佛装像，勾线工整流畅，色彩丰富，应为喇嘛画师所绘。

但是，清初的几位皇帝对藏传佛教尽管采取了支持和崇奉的政策，但对其消极一面有着十分清醒的认识，特别是乾隆皇帝，对此有过精辟而深刻的论述。乾隆五十六年（1791）清军剿灭廓尔喀（尼泊尔）对西藏的侵掠后，乾隆皇帝于次年写了《喇嘛说》一文，讲述了喇嘛教的命名、来源和发展，以及清廷予以保护的道理，总结了元朝统治者盲目信奉喇嘛教的教训，告诫子孙不要重蹈覆辙，并且讲述了他用国法惩处那些搞分裂、危害国家统一的上层喇嘛，并对活佛转世制度提出了整顿和改革的办法，从而加强了清廷对蒙藏地区的统治，加强了各民族的团结，维护了国家的统一。他说："兴黄教即所以安众蒙古，所系非小，故不可不保护之，而非若元朝之曲庇诏敬番僧也。"《喇嘛说》一文，以满汉蒙藏四种文字，勒石立碑于北京雍和宫大殿前院的"御碑亭"内，它是乾隆皇帝辑藏安边、治国安邦的重要政策和策略的体现。乾隆的这一御笔，又藏故宫博物院，上钤有清内府"石渠宝笈所藏""宝笈三编""宣统尊亲之宝"印。可见，乾隆皇帝信佛，既是一种信仰，有满足个人精神需要的一面；更是一种策略，是政治需要的表现，其核心和最终目的还在于为实现其政治统治服务。乾隆皇帝（1736—1795年）时期，是清朝中央政府治理西藏政策的成熟时期，清朝管理西藏地方的许多重大措施与制度都相继产生在这一时期，比如废除郡王制，出台《钦定藏内善后二十九条章程》，规范活佛转世程序的金瓶掣签制，等等。这些制度在当时以及后来的历史实践中，发挥了巨大的作用，也体现了乾隆皇帝杰出的政治领导和管理才能。

故宫是历史，是文化，故宫更是政治。我们这半天的参观，从故宫的建筑与文物中，看到了封建社会末期国家治理的另一种记录，看到了国家、历史、文化的相互交融。

第二辑

故宫藏传佛教研究的前驱：钢和泰

一、一位对中国学术界产生过积极影响的学者

钢和泰（Alexander von Stael-Holstein，1877—1937），出生于俄属爱沙尼亚的贵族家庭，于1900年获得德国哈勒-威登伯格大学的哲学博士学位，后游学英法等国家。1917年钢和泰来到中国北京，为北京大学讲授梵、藏文和古印度宗教史等课程，任讲师、教授。1929年，任哈佛大学中亚语文系教授，为哈佛大学燕京学社设在北京的中印关系研究所所长，直到1937年在北京去世。在此期间，钢和泰还被聘为清华大学国学研究院讲师、北京大学研究所国学门导师、北平图书馆顾问以及中央研究院历史语言研究所特约研究员。

钢和泰是蜚声国际的著名学者，并对中国学术界产生过积极影响。

1923年，钢和泰在《国学季刊》第一期发表《音译梵书与中国古音》（这篇英文文章由胡适译成中文）的学术论文，首先在中国提出应仿照西方学者推求印欧原始语言的方法，用比较语言学推求中国原始语言，并提出三条研究途径，提

示中国学术界注意欧洲学者伯希和、高本汉等人的研究进展，强调研究古译音对于中国音韵沿革史、印度史、亚洲史的重要意义，成为中国语言学史上划时代的一篇学术论文。

1926年，钢氏所著《大宝积经迦叶品梵藏汉六种合刊》由商务印书馆出版，这是钢和泰到中国后出版的第一部著作。此书将大宝积经迦叶品的梵本、藏译本和四种汉译本进行逐段排列，比较对照。这是一种看似简单实则需要深厚的学术功力的研究方法。这种文献对勘研究是一切相关研究的基础，对于厘清文献的版本和内容的真伪、沿革等都是必不可少的。推荐此书的梁启超在序中说："很盼望他的精神能间接从这部书影响到我们学界。"其对佛教文献的对勘与考证，多是直接涉及藏文佛典、藏传佛教造像以及藏梵汉文本佛教文献的对勘研究。①1934年，钢氏集中精力研究藏文《甘珠尔》，他对藏汉梵等经咒的音写材料一直具有浓厚的兴趣，并做了大量的研究工作。

二、结缘故宫十年

钢和泰更是与故宫博物院有缘。从1926年到1937年去世，他一直受聘于故宫博物院，参与故宫文物的整理、鉴定、研究工作。特别是作为故宫藏传佛教文物研究的前驱，有着重大成果及开创性的意义。

1926年6月，钢和泰受聘为清室善后委员会顾问，且是

---

①钢和泰：《大宝积经迦叶品梵藏汉六种合刊》，商务印书馆，1926年。

唯一的外籍顾问（此外尚有一德国人带书，为名誉顾问）；1928年6月16日，钢和泰被聘为故宫博物院古物馆宗教部审查员；1929年6月4日，钢和泰任故宫博物院专门委员，直至1937年3月16日去世，他一直参与故宫博物院文物审查及咨询等工作，并居住于离故宫不远的奥国使馆。

故宫博物院作为当时中国学术界重要文化机构，设立专门委员会既是故宫博物院学术发展的需要，更是直接服务于当时的文物清理审查工作。当时故宫博物院共聘任院内外专门委员40人，钢和泰为古物馆和文献馆专门委员。钢和泰具体参与了哪些审查工作，尚缺乏具体记载，但肯定不少，应主要在宗教文物的审查方面。例如，1931年11月29日故宫博物院古物馆曾专门函请钢和泰辨释一件多心宝幢上的文字：

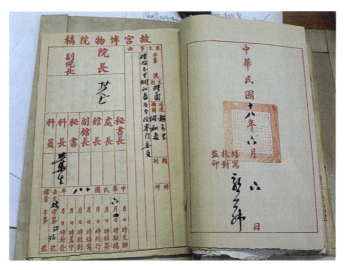

1929年6月4日，钢和泰被故宫聘为专门委员，序号为36

"敬启者：兹奉上多心宝幢影片一件，其中文字是否梵文或其他文字，特请辨释全文并请见文为荷！此致钢委员和泰。附影片一件。故宫博物院古物馆。二十年十一月二十九日。"[1]在与故宫博物院结缘的十年间，钢和泰除了参与故宫博物院文物审查鉴定及咨询指导等工作外，还对清宫藏传佛教展开了持续研究，并牵线募集资金修缮慈宁宫花园内的几座佛堂。

作为明清两代的皇宫，故宫至今仍完整地保留着一批清代藏传佛教殿堂及大量佛教文物。由于历史原因，这些藏传佛教殿堂长期处于封存状态，许多殿堂现在仍然较好地保存着它的历史旧貌，我们现在称之为"原状佛堂"。这是故宫古建筑群中一个重要而又特殊的部分，是世界罕见的佛教文化遗存。故宫原有独立佛堂35处、暖阁佛堂10处，其中雨花阁、宝华殿、宝相楼、吉云楼、佛日楼、梵华楼等20多处至今保存比较完好。而且更为难得的是，这些殿堂内所保留的清代匾联、供案、神佛造像、佛塔、供器、法器、唐卡、壁画等也基本维持原样。据统计，目前故宫博物院收藏有关藏传佛教的文物约5万多件，主要有造像、唐卡、法器、法衣、经籍以及与蒙藏相关的绘画、碑帖、书法等。这批数量巨大而极其珍贵的藏传佛教建筑和文物，是明清特别是清代民族政策、汉藏文化交流及东西交通等方面生动的见证。目前故宫博物院成立藏传佛教研究中心，以院藏文物为中心展

---

① 引自王启龙编著《钢和泰学术年谱简编》，中华书局，2008年，第160—161页。

慈宁花园咸若馆

开重点研究，取得了许多突破性的成果，并在世界藏学界产生一定的影响。然而，要追溯故宫藏传佛教研究的历史，钢和泰是不可绕过的一个重要人物。

三、慈宁宫花园"喇嘛庙"：世界博物馆"最为精美"的佛像

钢和泰于1926年6月被聘为清室善后委员会顾问，这是钢和泰与故宫结缘的开始，也是开启其故宫藏传佛教研究的契机。克拉克在《两种喇嘛教神系》序言中对此事有详细的记述：

1926年6月，钢和泰得到故宫博物院院务维持员庄

慈宁花园咸若馆明间佛像及五供

蕴宽的允许，参观了紫禁城内废置多年的几座喇嘛庙。
在其中一座名为"宝相楼"的喇嘛庙的楼上，钢和泰发
现了一组787尊铜像组成的喇嘛教众神殿。但这里似乎
已遭遇过偷盗，一些佛龛遭到破坏，31尊佛像遗失。事
实上，这些佛像及其基座上的同时代（即乾隆统治时
期）铭文（包括这些神像和人物的中文名称）组成了这
一独特的众神殿，这极大地提高了这座众神殿的价值。
意识到这些佛像对于喇嘛教图像研究的重要意义，钢和
泰立即着手佛像的拍摄工作。此项工作得到芝加哥梅
森·布罗斯夫人（Mrs. Mason Bross）的资助，照片由已

故的本杰明·马奇先生（Mr. Ben jam in March）拍摄，或者由中国助手监督拍摄。

1926年11月至1927年1月和2月期间，宝相楼楼上所有佛像拍摄完成。为了获得一份完整的宝相楼佛像记录，钢和泰开始准备宝相楼楼下佛像的拍摄工作。正在此时，故宫博物院当局向其下发一纸公文，告知他们的拍摄工作不再被允许。[①]

钢和泰所到"几座喇嘛庙"即慈宁宫花园的咸若馆、宝相楼、吉云楼和慈荫楼，其中宝相楼为六品佛楼。宝相楼位于慈宁宫花园东北部，咸若馆东侧。坐东面西，上下两层，面阔7间，卷棚歇山顶，绿琉璃瓦黄剪边。上下层均隔为既连通又独立成室的7间佛堂，楼下明间原供释迦佛立像，其余6间分置"大清乾隆壬寅年敬造"款掐丝珐琅大佛塔6座，塔顶直达天井口。塔周围三面墙壁上均挂通壁大唐卡，共画护法神像54尊。楼上明间原供木雕金漆宗喀巴像，三面墙壁挂释迪画传、宗喀巴画传唐卡。其余6间正面设供案，供显宗、密宗主尊像，每室9尊，共54尊，与楼下6室所供54尊护法神像相对应；两侧面设壁嵌式千佛龛，每间供小铜像122尊，6室共计732尊；千佛龛下为壁隔式紫檀木经柜，藏贮各种佛经。宝相楼除明间外，其余6室依显宗、密宗、事

---

①摘译自克拉克（Waltre Eugene Clark）：《两种喇嘛教神系》，纽约：派勒根图书再版公司（Paragon Book Reprint Corp.）1965年，序言第 xi 页。

部、行部、瑜伽部、无上瑜伽部父续、无上瑜伽部母续分别配供佛像、唐卡、供器，集显宗、密宗为一体，体现了藏传佛教格鲁派显密兼修的修持特色，成为清宫佛堂的一种重要模式，清宫称之为"六品佛楼"。钢和泰十分看重慈宁宫花园4座佛楼的佛像及画像，以为世界各国博物院所藏之佛像，唯此最为精美。

由克拉克所撰序言可知，1926年6月至1927年初，钢和泰用了半年多的时间完成了宝相楼楼上所有佛像的拍摄工作，即《两种喇嘛教神系》所录图像。及至1927年初，故宫博物院不再允许钢和泰继续拍摄佛像，故而宝相楼楼下佛像的拍摄计划因此搁浅。故宫由皇宫变为博物院之初，处于极为复杂的政治环境中，钢和泰在宝相楼拍摄佛像的计划也因政潮波动而受限。故宫珍藏的藏传佛教文物由此失去了一位大师进一步研究的机会，是一件憾事！

关于1926年至1927年间钢和泰入宝相楼拍摄佛像时所见室内情形，克拉克在序言中也有具体描述：

楼上由七个小室组成，中室内只供奉一尊真人大小的宗喀巴像。其余六室依次列于正室两侧，每侧为三室。第一侧室位居正北，第六侧室居正南。每个侧室内正中摆放一个供桌，两侧各供一个佛龛。每个供桌上供奉9尊铜佛像，每个佛龛（除被偷盗者损坏个别佛龛之外）内供奉61尊铜佛像。佛龛内排列5行格子，每行包括11至13个格子。以此推算，最初宝相楼上应供奉有787尊佛像（包括最大的宗喀巴像）。其中31尊佛像遗失，10个有题记的佛像底座尚存。因此，宝相楼楼上共计保存756尊佛像和766座有题记的佛像底座。（前揭克拉克《两种喇嘛教神系》，序言第 xi–xii 页。）

笔者认为，此段关于宝相楼室内陈设及供奉佛像情况的记叙，应该是克拉克根据钢和泰的介绍或是记叙而整理的。作为一名严谨的学者，钢和泰的记叙是真实准确的。根据《清宫物品点查报告》记载，1925年12月12日至1926年1月7日，清室善后委员会对慈宁宫花园各处文物进行点查，并

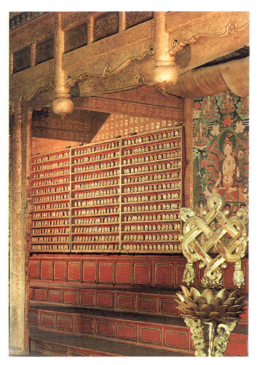

慈宁花园咸若馆内佛龛一角

编列果字号文物清册，其中果字号第75号至173号为宝相楼所藏物品及佛像。从这些记载中，我们还能够查对出钢氏所见宝相楼佛堂室内的陈设及佛像供奉情况，例如"果字七五"为"铜佛一尊"，"果字八一"为"铜佛六十一尊"，"果字八二"为"铜佛六十一尊"，三者构成一个钢氏所述侧室内的佛像情况，即"每个祭坛上供奉9尊铜佛像，每个佛龛内供奉61尊铜佛像"。此外，"果字七六至八〇"所载的"正破木八宝""长条桌""画像屏""银八宝""藏文经"应是该室内的陈设品及其他文物。（《故宫物品点查报告》第五编第二册，第4—9页，1925年。）

这里要说明一点，1933年故宫文物南迁时，宝相楼上大小佛像全部移走，而楼下的唐卡及佛塔仍存宝相楼中，目前这批佛像仍存于南京朝天宫文物保存库。查对《慈宁宫花园物品装箱簿》，1933年4月23日至29日，故宫博物院派员将慈宁宫花园宝相楼、咸若馆等处文物1046件装箱南迁，包括佛像（如铜佛、带龛佛像及铜佛塔）总数为915件，其他物品（如佛像、瓷器及藏文经等）为131件。（《慈宁宫花园物品装箱簿》，故宫博物院藏文物清册。）慈宁宫花园各佛楼所藏佛像因避战火而辗转迁徙，又因多种复杂原因而至今未能回归故宫，不能为藏传佛教研究者品鉴研究，亦是一件憾事！

尽管钢和泰及其助手在宝相楼拍摄佛像的细节已无从整理，但毋庸置疑的是，钢和泰对慈宁宫花园内几处喇嘛庙的考察、对宝相楼佛像的拍摄以及对咸若馆佛像的研究，为其故宫藏传佛教研究奠定了重要基础。而且，借助其对故宫藏藏传佛教遗址及佛像的考察研究，自1928年后钢和泰对清代宫廷宗教的研究逐渐增多，例如《两幅班禅达赖喇嘛先世图影评述》《乾隆皇帝与大首楞严经》《诸佛菩萨圣像赞》，等等。

四、《两种喇嘛教神系》的意义

值得特别提出的是，《诸佛菩萨圣像赞》的发现是钢和泰对于清代宫廷藏传佛教研究的又一个重要贡献。

宋元以来，内地受到藏传佛教的影响，藏传佛教图像学资料逐渐丰富起来。明代是藏传佛教图像学资料积累的重要时期。清代宫廷对藏传佛教神系作了最后的完善，三世章嘉若必多吉在其中做出了巨大贡献。章嘉活佛有着渊博的学识，宫中很多重要的佛教建设都是在他的主持下完成的，他为清宫所编辑的最重要的图像学著作即是《诸佛菩萨圣像赞》。

1928年，钢和泰发现了这一著作，建议国立北平图书馆收藏此书，并为其专门撰写《诸佛菩萨圣像赞跋》，其中说道：

> 而此书之最足令人注意者，尚有一事，即在北京及欧西各国博物院中所见之乾隆年间所制之喇嘛教式小神像一种，显系依照此书中画像所造是也。此等像俱系泥土所造，于正面凸出，全身贴金，于背面以四种文字标出各像名号。此外每像有"大清乾隆年制"字样及标

字、数字各一。标字系标明某像属某部，而数字乃表示某像在某部中之位置也，泥造神像及稿本中之画像，俱系分为二十三部，而以千字文中自"天"至"冬"之各字标之。每像在各部中之地位，以普通中文数字标之。余曾将数百泥像之形状、名号、标字、数字与《诸佛菩萨圣像赞》中画像之形状、名号等详加比较，两者几完全相合。因某神在同部中之位置改变，致使两者发生差异者仅数像而已。但依余所知，北京故宫中有此等泥像全套若干份。（此处自注："北京清故宫慈宁宫花园内咸若馆中有此种泥像四千余，惜此处之泥像俱无标字及数字，且亦不〔按佛、菩萨、喇嘛、护法等〕分组排列，但此外与第四图中所示者，却无甚分别，故各像之形状及名号等与《诸佛菩萨圣像赞》中之画像完全相同。"）余曾在北京古玩商店中见制造此等泥像所用之铜模百余具，余并购得两具，各铜模上所刻之文字与《诸佛菩萨圣像赞》各画像所附之四种文字完全相同。[1]

1928年，钢和泰在应邀前往哈佛大学做访问学者时，将他在故宫宝相楼所拍摄的700多张照片以及所发现的《诸佛菩萨圣像赞》交哈佛大学图书馆保管。并由哈佛大学语言系主任、梵文教授克拉克（Waltre Eugene Clark）整理，将该部分图像与钢氏所发现复制的《诸佛菩萨圣像赞》等一起整理

---

① 参阅 Borwn A, wan Stael-Holstein, Remarks on the Chu Fo P´u Sa Sheng Hsiang Tsan 以及于道泉译《馆藏诸佛菩萨圣像赞跋》，《北京图书馆月刊》，1928年第1卷，第1号，第1—9页。

出版，即 *Two Lamaistic Pantheons*（《两种喇嘛教神系》），于1937年收入哈佛大学"哈佛燕京学社丛书"之卷三、卷四（1965年出版该书的合订本）。

在克拉克对这批资料潜心整理期间，钢和泰也与克拉克保持紧密联络，并给予了指导。经过克拉克两年的艰苦努力，1932年图片得到出版，藏梵文索引也以清样的形式在美术馆展览。

1937年《两种喇嘛教神系》出版时，钢和泰刚去世不久，该书署名为"哈佛大学梵文研究威尔斯讲座教授克拉克"，在作者署名之后注明"根据已故钢和泰男爵搜集的材料"。克拉克教授对这部著作倾注了极大的心血，他将故宫宝相楼佛像以及《诸佛菩萨圣像赞》中的图片全部发表，为中国藏传佛教研究尤其是故宫藏传佛教研究保留了一份重要史料。同时，他根据当时的学术成果复原了相应的梵文名号，建立了对四部图像学资料（包括宝相楼、《诸佛菩萨圣像赞》、《三百佛像集》和《五百佛像集》）中所有诸尊的梵、藏、汉尊神名号检索，是藏传佛教图像学及神系研究领域的经典著作。

五、值得重视的几场讲演

此外，20世纪30年代前后钢和泰几场讲演应当引起我们的注意：

第一是1928年秋在美国大都会博物馆的演讲。1928年秋，钢和泰到美国访学时期，曾受纽约大都会博物馆教育部主任艾略特（Huger Elliot）的邀请，并于该年12月14日到该馆做讲演。在1928年10月31日艾略特致钢和泰的信中特别提及"我们远东艺术馆馆长普里斯特（Priest）希望阁下讲一讲……的喇嘛庙"，在信的末尾处提到"我从普里斯特先生处了解到阁下有许多幻灯片要放映，让大家看看阁下（在皇家花园）的发现"。[①]1928年11月2日，艾略特特别致函钢和泰，感谢他答应来大都会博物馆做讲演，并同意普里斯特先生提出的题目。[②]笔者推测，1928年12月14日钢和泰在美国大都会博物馆所做的讲演，内容应该涉及他在故宫所发现的藏传佛教建筑及佛像。因此钢和泰回复艾略特的信函以及钢氏在该馆讲演时所用的幻灯片，极有可能尚存藏于大都会博物馆，有兴趣的学者可以关注。

第二是1928年至1929年间钢和泰在哈佛大学的演讲。由于哈佛大学所藏钢和泰档案资料未经系统整理和影印出版，钢和泰在哈佛大学期间的具体情况尚不得而知。但据1929年《哈佛校友会刊》所刊布《佛教研究》的讲演内容可知，钢和泰在哈佛大学曾以北京城内的北海白塔及琼华岛为案例介绍佛教对中国文化的影响，并谈及了中国哲学家、明清两朝皇室以及民国政府官员在信守一些佛教理念方面的具体行为和西方社会对中国佛教艺术品的关注及研究。

第三是钢和泰在北京大学的系列演讲。根据《北京大学日刊》记载，钢和泰在北京大学做过多场有关藏传佛教的演

①前揭王启龙编著《钢和泰学术年谱简编》第99—100页。
②前揭王启龙编著《钢和泰学术年谱简编》第101—102页。

讲，其中最为著名的是 1922 年钢氏在北京大学成立 25 周年大会上发表的《近年新疆考古学上的发明》。本次演讲由胡适担任口译，并引起叶瀚教授关于《般若经》的两点质疑。此外，1930 年 11 月，北京大学研究所国学门重新恢复月讲，并请钢和泰担任第一讲的主讲人。1930 年 11 月 20 日，钢和泰在北京大学研究所国学门做题为《故宫咸若馆宝相楼佛像之考证》的演讲。

可以说，钢和泰开故宫藏传佛教研究之先河，其成就至今仍有着重要的价值。由此亦可见，20 世纪 30 年代钢和泰对故宫慈宁宫花园内数座藏传佛教建筑及其佛像的考察、研究已经引起了世界汉学界的重视与关注。笔者相信，随着有关档案资料进一步整理和解读，钢和泰在故宫藏传佛教研究方面的成就与贡献将会得到更为准确的界定和表述。

（本文节选自《钢和泰与故宫博物院》，原载《中国文化》第 41 期，2015 年春季号）

马衡先生不朽

马衡（1881—1955），浙江鄞县人，字叔平。早年在南洋公学读书。1922年被聘为北京大学研究所国学门考古研究室主任兼导师。

我到故宫工作的第三年即2005年，是故宫博物院成立80周年，也是马衡先生逝世50周年。从1924年进入故宫点查清室文物直至1952年调离，马衡先生在故宫博物院服务了28年，其中19年担任院长之职。马衡还是著名的学者，金石学大师，中国近代考古学和博物馆事业的开拓者。为了饮水思源、不忘过去，并礼敬前贤、激励后人，我决定写一篇纪念马衡先生的文章。

从1937年8月故宫文物西迁以至抗战胜利，北平本院与西迁文物处于隔绝状态，故宫决策机构理事会议的记录及有关文档存放在南京中国第二历史档案馆，故宫博物院并没有上述存藏。为此，我专门去二史馆看了几天档案，又结合其他能收集到的资料，拟写了文章初稿，并奉送几位与马院长有交往的老先生过目。原拟的题目是《其功甚伟 其德永馨——纪念马衡先生逝世50周年》，王世襄先生建议可把第一个"其"字改为"厥"字，因为"厥功甚伟"是个成语，我接受了他的建议。

这篇 1.6 万多字的《厥功甚伟　其德永馨——纪念马衡先生逝世 50 周年》一文刊登在 2005 年第 2 期《故宫博物院院刊》，《新华文摘》于同年第 14 期作了转载，而且题目醒目地出现在封面目录上。"马衡"，这个沉寂了数十年的名字随着故宫博物院的一段峥嵘岁月引起社

马衡像

会的关注，更引起故宫同仁的怀念。这一年，故宫举办了马衡逝世五十周年纪念活动，在景仁宫举办了马衡捐献文物特展，接着紫禁城出版社出版了《马衡日记：一九四九年前后的故宫》《马衡捐献卷》《马衡诗抄·佚文卷》等书籍。

马衡是因易培基被诬盗宝被迫辞职后继任院长的。故宫博物院院长是令社会关注并为一些人所觊觎的职务。但等待马衡先生的却是沉重的担子。此时文物南迁基本告一段落，文物的整理、存储为首要任务；十四年抗战中，南迁文物又在西南后方辗转疏散，备受艰难。从 1933 年后半年到 1945 年抗日战争胜利的 12 年中，马衡先生带领故宫同仁，在社会有关方面有力支持下为保护文物安全竭尽心力，做出了伟大

的贡献。

　　例如，在文物疏散即西迁过程中，行政院只是提出文物储放的大致地区，具体的地点则由马衡院长通过实地考察来选择、确定。第一批文物运到长沙后，他即赴长沙视察，作出了在湖南大学后方岳麓山爱晚亭侧开凿山洞以存贮文物的决定。山洞按期凿成后，因形势骤变，又奉令将这批文物运往贵阳。运到贵阳的文物，开始在北门内租屋存储。后马衡院长亲往贵阳视察，觉得不够安全，最安全的是山洞，但凡山洞无有不潮湿的，费了七八天工夫，看了几十处山洞，才知道洞口轩敞的，相对来说不太潮湿。结果在安顺县南门外五里找到一个华严洞，洞外还有庙，有公路直达洞口，是比较理想的地方。便请了工程设计师，在洞内搭盖两所板房，

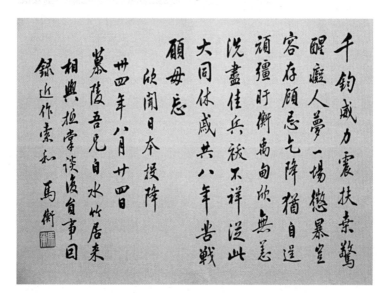

马衡诗稿

上盖瓦顶以泻滴水，下铺地板以隔潮气。正是这种踏踏实实、不惮劳苦的作风，才使西迁文物找到了较好的存放地。

马衡院长还是诗人。但他"能为诗而不常为。违难入川，感时兴怀，遂斐然有此。其间与亲故往还之什尤款款见至性"（沈尹默语）。他存留至今的87首诗歌，全部写于1938年至1945年故宫文物西迁期间。感时抒怀，慷慨悲歌。这些诗作，使我们进一步认识了先生的才情和心绪，看到了他朴茂笃实性格的另一面。

马衡先生1952年离开了他"以身相许"的故宫博物院，心情当是很复杂的。但他对故宫的挚爱不仅没有改变，反而得到了升华。也就在这一年，他将珍藏的包括宋拓唐刻颜真卿《麻姑仙坛记》在内的甲骨、碑帖等400多件文物捐献给了故宫博物院。在他去世后，子女遵其遗愿，又把1.4万余件（册）文物捐给了故宫博物院，有青铜器、印章、甲骨、碑帖、书籍以及法书、绘画、陶瓷、牙骨器等，种类众多，数量惊人，精品不少。这是马衡先生日积月累收购来的，花费了他一辈子心血，现在全部捐给了国家，捐给了与他的生命联结在一起的故宫博物院。这批文物不仅有着巨大的价值，而且其中表现出的马先生的品格和襟怀更是培育故宫人精神和形成故宫传统的宝贵的精神财富。

2017年，我又一次到南京二史馆查阅故宫文物西迁期间理事会档案，看到马衡院长为文物播迁到处奔波，竭尽心力，心潮澎湃，遂写小诗一首。

纸上犹闻杀伐声，八年典守鬼神惊。

劬劳踵顶西迁记，礼敬心香马叔平。

值得庆贺的是，马衡先生的哲孙马思猛先生，十多年来致力于马衡著作及资料的整理，在编出《王国维与马衡往来书信》《马衡日记（1948—1955）》后，135万字的《马衡年谱长编》又于2020年公开出版，这既告慰于先人，也为马衡研究、故宫研究以及中国现代学术文化研究提供了重要的资料。

"凡德业足以盖人者，人不能忘之。马先生虽颇自谦，然其所成就，已应归于不朽。"[1]故宫人永远感念马衡先生，全国人民也没有忘记他。在马先生逝世50周年时，故宫博物院特举办马衡先生捐献文物展，选出200多件珍品，以飨世人，同时出版其佚文集，以缅怀他的不朽功绩，并决心大力推进他曾为之奋斗的事业，把故宫博物院建设得更加美好，以此告慰马先生及海内外所有关心故宫的人士。

（本文选自《太和充满——郑欣淼说故宫》，"故宫人·院长侧影"，大百科出版社，2022年）

---

①马衡：《凡将斋金石丛稿》郭沫若序，中华书局，1977年。

马衡先生的学术成就

马衡先生作为故宫博物院第二任院长，在抗战烽火中，组织故宫文物南迁、西迁，为保护珍贵的中华历史文化遗产做出了重要贡献。同时，他又是一位治学谨严的学者，有着重要的学术贡献。郭沫若先生对其学术成就给予了中肯的评价，他说："马衡先生是中国近代考古学的前驱。他继承了清代乾嘉学派的朴学传统而又锐意采用科学的方法，使中国金石博古之学趋于近代化。他在这一方面的成就是有目共睹的。"①

马衡先生是金石学大师。1922年北京大学研究所国学门成立，他任考古研究室主任兼导师，并在历史系讲授中国金石学。金石学形成于北宋时期。它是在尚未进行科学发掘的情况下，以零星出土的古代铜器和石刻为主要研究对象的学问，是中国考古学的前身。金石学偏重于著录和考证文献资料，以图达到证经补史的目的。宋人欧阳修的《集古录》，为金石有专书之始，其后吕大临、赵明诚等人的书为铜器、石刻的研究奠定了基础。自此以后，代有著作，特别是受清

---

① 马衡：《凡将斋金石丛稿》郭沫若序，中华书局，1977年。

1929年马衡率北京大学燕下都考古团赴易县
途经涿州，左五为马衡

代乾嘉学派的影响，金石之学大为发展。不少学者通过对金石的研究，补载籍之缺佚，考文字之演变，做出了相当的贡献，对史学的发展也起到促进作用。但总的来说，其研究范围仅限于对古器的分类定名及对文字的考释疏证，其研究方法也是孤立的、支离破碎的。19世纪末，不断有地下文物大批出现，殷墟甲骨、西北简牍、齐鲁封泥、燕齐陶器等纷纷出土，丰富了金石学研究的内容，扩大了它的研究范围。在此基础上，马衡先生总结金石学研究的成果，并使之系统化，写出了《中国金石学概要》。这部对旧金石学1000年来系统总结的著作，对金石学这门学科的含义、研究对象和范围、研究方法以及它和史学的关系等，都加以系统论述。马先生以他金石学各个方面的研究成果及治学方法，对于旧金石学向考古学过渡，起到了承先启后的重大作用。

马衡先生重视和提倡科学的考古发掘，并亲自参加发掘实践。他继承了清代考据学的一些宝贵经验，又不因循守旧，倡导用西方近代考古学发掘和研究方法丰富中国的金石学。他突破了旧金石学足不出户的书斋式研究，主张到野外实地勘察，进行科学的考古发掘。他说，我们所以要研究历史，并不是想复古，是要晓得我们的老祖宗怎样工作和生活的整个知识，"所以要讲考古，是非发掘不可的"，"有计划有组织的大规模发掘"，以打开"更精确、更复杂的地下'二十四史'"。[1]他认为，在有计划发掘时，"虽破铜、烂铁、残砖、断壁，亦必记其方位，纤悉靡遗。如此，则一、地点不致谬误，可藉以知为古代之某时某地；二、器物之种类、数量、方位不致混淆，可以明各器物之关系及其时之风俗制度；三、建筑物不致有意毁坏，可以觇其时之工艺美术；凡此种种，胥于学术上有所贡献"。[2]他还多次主持或参加野外考古和调查，如1923、1924年赴河南新郑、孟津、洛阳等地现场调查，1928年参加辽东半岛"貔子窝"的发掘工作，1930年主持燕下都的考古发掘。马衡先生从一位金石学家向考古学家转变的历程，说明他既是我国传统金石学的集大成者，又是近代考古学的开拓者。

马衡先生金石学的成就，主要集中在《凡将斋金石丛稿》一书中。除过金石学概论，他在铜器、度量衡制度、石

---

①马衡：《考古与迷信》，刊《晨报副镌》1925年12月6日。

②马衡：《新郑古物出土调查记》，《凡将斋金石丛稿》，中华书局，1977年，第303页。

刻、石经和书籍形制等方面都有开创性贡献，亦为世所重。

对于铜器的断代研究。马衡先生1927年3月在日本东京帝国大学作了《中国之铜器时代》的讲演，提出我国青铜器以商代为最早的论断，举出7件标准器，并从其记年月日、祖妣称谓、祭名和祭人等事实，证明它们属于殷器。此文发表于殷墟发掘的前一年。马先生的论点已为嗣后殷墟发掘出的实物所证明。这是铜器断代的一个先例。《戈戟之研究》，据当时出土的实物，校正了清人程瑶田的旧说。

对于度量衡制度的研究。度量衡等计量器是检测一切物品的标准。但度量衡制度在历史上是有所变化的，只有弄清历代度量衡的差异，才能对历史上的经济现象有深刻的认识。马衡先生对历代度量衡的研究十分重视，常自称"耿耿此心，固未尝一日忘也"。《新嘉量考释》《隋唐律历志十五等尺》等文，集中展示了他的研究成果。他曾以新莽货币4枚试制"王莽尺"，用以度量新朝铸行各种铜货币，其尺寸与文献记载一一相同。后在故宫坤宁宫发现王莽时所造"新嘉量"，以王莽尺度量其长度，与"新嘉量"铭文所注明各部位的尺寸，无一不合。马先生进而以王莽尺为标准，对《隋书律历志》中所载唐以前的15种古尺进行测量，并得出它们之间的比率和实际长度，还由琉璃厂仿造了"隋书律历志十五等尺模型"，附加说明书，作为大学教学之助。这一成果至今仍然是研究古尺的依据。

对于石鼓制作年代与国别的研究。唐代出土的石鼓，对于其刻石年代和国别，长期以来聚讼纷纭，迄无定论。马衡的《石鼓为秦刻石考》一文，从文字的演变和传世秦国多种铭刻的比较研究以及石鼓文的内容与称谓、石鼓出土地点等几个方面综合研究，认为它是东周时秦国缪公时所刻。这一结论，虽然在具体年代上尚有可以商榷前推和后移之处（郭沫若先生考定，石鼓为秦襄公时所作），但确定它为东周时秦国的刻石，则已为学者所公认。正如郭沫若先生所说："石鼓之年代，近人马衡著《石鼓为秦刻石考》论之甚详。石刻于秦，已成不刊之论。"[①]

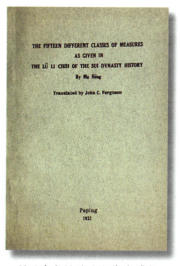

福开森翻译的马衡著作《隋书律历志十五等尺》，1932年北平出版

对于汉魏石经的研究。马衡先生于此用功最深，成就也最为突出。汉魏石经是经书最早的官定本，对于经学史、版本学、书法等方面的研究，都具有重要的价值。但自刻成以后至于唐代，中经火灾，几经迁徙，仅遗留下来支离破碎的断石残字。马先生积30余年精力，撰写成《汉石经集存》一书（科学出版社1957年版）及论文多篇，对石经刻石的缘起、经数、经本、字体、行款、石数、书碑姓氏以及出土情况详为考订。是目前研究熹平石经的集大成巨著，亦是先生学术的结晶。

---

①郭沫若：《石鼓文研究》，上海商务印书馆，1951年影印本，第6页。

对于书籍制度的研究。近世出土的汉代简牍，为古代书籍制度的研究提供了新的资料。马衡先生的《中国书籍制度变迁之研究》一文，概括了书籍材质和形式的演进，以及装帧的变化。后来在整理研究居延汉简时，除考释了简牍内容、史事外，还特别注意到编册之制、书写工具和简札材料等。[①]

马衡先生又是中国博物馆事业的开拓者。1934年，马衡院长与北平图书馆馆长兼故宫博物院图书馆馆长袁同礼、中央博物院筹备委员傅斯年等联络博物馆界，倡议组织中国博物馆协会。1935年4月，中国博物馆协会在北平成立，通过了《中国博物馆协会组织大纲》，确定协会的宗旨是"研究博物馆学术，发展博物馆事业，并谋博物馆之互助"，推举马衡为会长。协会下设专门委员会负责博物馆学术研究，博物馆建筑和陈列，审查出版博物馆学术专著和论文，组织学术讲演等。协会还编印有关博物馆丛书，刊行《中国博物馆协会会报》，两月一期。1936年中国博物馆协会和中华图书馆协会在青岛联合召开第一届年会，印发了《联合年会的希望》，主张"图书馆、博物馆亟应增设，以补充学校教育之不足，且可保存文艺，提高学术"，并且"愿政府与社会时锡匡助，以期促进图书馆及博物馆事业"。年会通过了博物馆行政、建筑、陈列、保管、考古发掘、整理档案等决议35

---

①关于马衡先生的学术贡献，参阅魏连科：《读〈凡将斋金石丛稿〉》，《中国史研究》1979年第2期；傅振伦：《马衡先生在学术上的主要贡献》，《傅振伦文录类选》，学苑出版社，1994年。

项。中国博物馆协会的成立，促进了博物馆学术研究和博物馆事业的发展。抗日战争时期，会务陷于停顿。1948年6月中国博物馆协会在北京复会，修订《中国博物馆协会组织大纲草案》，马衡先生再次当选理事长。复原后的第一次会员大会在故宫传心殿召开，马衡主持，列出了编印"中国博物馆一览"、每月出会刊两期、举办学术讲座、编印会员录、每年编印国宝审查报告并编印"国宝集"等工作计划。①

（本文节选自《厥功甚伟　其德永馨——纪念马衡先生逝世50周年》，原载《故宫博物院院刊》2005年第2期，《新华文摘》2005年第14期转载）

---

①引自"中国博物馆协会会议记录（1948年6月6日—9月1日）"，现藏故宫博物院档案室。

文物珍藏今古传

今年春节刚过，很惊喜地收到了谢辰生先生一封信，荣宝斋的笺纸，四边饰有整体的红色铁链图案，显得稳重而又透露着喜气，熟悉的充满张力的字体，末尾"时年九十又三"的附注，更有一种人书俱老、老而弥坚的沧桑感。我很珍惜耄耋老人的书信，它们带来的往往是莫名的激励，因此也是一种福分。

谢老信中附有一首七律，是题《新中国捐献文物精品全集》一书的出版：

> 文物珍藏今古传，仁人志士是中坚。
> 殚劳驰骤求瑰宝，荟萃琳琅成巨编。
> 赢得楚弓存故土，赓承先泽启新篇。
> 喜刊精品饶丰彩，遗范呈辉励后贤。

我向谢老请教，才知多年前，他就提出编辑出版《新中国捐献文物精品全集》。作为新中国文物事业的始终参与者，谢老经历了太多的重大事件，了解这个行业发展的整个过程，并和许多向国家捐献文物的先生有过来往。他认为，为

谢辰生先生2014年春节
致郑欣淼函

谢辰生先生《七律》
手迹

这些可钦可敬的捐献者编辑出版捐献文物集，弘扬他们的精神，意义重大。这些人大多已经谢世，他们的事迹多数人并不了解，或知之不多，因此这一整理出版带有抢救性质。

在国家文物局支持下，五年前，中国文物学会启动《新中国捐献文物精品全集》出版项目，丛书共60卷，按照捐献文物的来源大致分为三类，分别为党和国家领导人、收藏世家（包括名门世家）、文物界专家。经过五年的努力，《新中国捐献文物精品全集》的《张伯驹、潘素卷》（上中下）、《徐悲鸿、廖静文卷》（上中下）、《郑振铎卷》（上下）已率先面世，目前《章乃器卷》、《孙瀛洲卷》（上下）、《马衡卷》（上下）、《叶义卷》、《孙照子女卷》正在紧张编辑中，预计年内将正式出版发行。全部出版工作预计五年内完成。这是一个宏大的出版工程，也是一个重要的文化建设事业。多年来的努力，多少人的心血，终于开始有了收获，谢老怎能不由衷地高兴，怎能不用诗来抒发感情，正所谓"情动于中而形于言，言之不足故嗟叹之，嗟叹不足故咏歌之"。

我品味着谢老的诗，感到这一工作确实重要。目前社会商业化气氛日益浓厚、逐利思潮不断弥漫，看看这些前贤，真是一股清风，使人清醒；又如一道丰碑，仰之弥高。他们的精神在当今社会更显得弥足珍贵，值得子孙万代永远铭记。

我在故宫博物院工作时，对此也很有感触。

故宫博物院的收藏以清宫旧藏为主，是中国最为丰富的历代艺术珍品的宝库，但故宫的藏品也在不断地增多和充实，这与社会各界人士的踊跃捐赠密不可分。自1939年开始，至2005年2月，就有682人次，将33400多件个人藏品无偿捐给了故宫。在这一串长长的名单中，有国家领导人，也有普通民众；有海外侨胞，也有外国友人。每位捐献者几乎都有令人感动的事迹。他们献出的不只是一器一物，更从中体现了爱我中华的仁心义举，展示了天下为公的佳德懿操。这些捐赠品，不乏国之瑰宝，不仅极大地丰富了故宫的收藏，也使故宫的文物品类更为系统和完整。

例如，张伯驹先生曾以重金购藏西晋陆机《平复帖》，这是我国传世最早的一件名人墨迹。他爱同身家性命，抗日战争中曾把此帖缝在自己随身穿的棉袄中一同避难。隋展子虔《游春图》是我国现存卷轴山水画中最古老的一幅，张先生唯恐如此重要的文物被商人转手流到国外，曾变卖房产并

文化部颁发给张伯驹、潘素的褒奖状

搭上夫人的首饰才将其保留下来。20世纪50年代，张先生将珍藏的《平复帖》《游春图》以及唐李白《上阳台帖》、唐杜牧之书《张好好诗》卷、宋黄庭坚书《诸上座帖》、宋蔡襄《自书诗》册、宋范仲淹书《道服赞》卷、元赵孟頫草书《千字文》卷等书画巨品无偿捐献给了国家，成为北京故宫的珍藏。

马衡先生任故宫博物院院长长达19年。1952年，在他调离故宫时，将珍藏的包括宋拓唐刻颜真卿《麻姑仙坛记》卷在内的甲骨、碑帖等400多件文物捐献给了北京故宫。在他去世后，子女遵其遗愿，又把14000余件（册）文物捐给了北京故宫，有青铜器、印章、甲骨、碑帖、书籍以及法书、绘画、陶瓷、牙骨器等，种类众多，数量惊人，精品不少。

朱文钧（字翼庵）先生曾任职民国财政部，一生殚心经史，以著述自遣，尤精于鉴别，收藏碑版、书画多为罕见珍秘之本，曾任故宫博物院专门委员会委员。他的藏碑名碑名帖多，如两汉碑刻近70种；善本精拓多，宋拓20余种，元拓4种，明拓40余种；有鉴家、学者题识为多，如元拓石鼓文，孙克弘故物，附周伯温临石鼓文墨迹，翁方纲、吴云、张祖翼、杨守敬等题识。当年马衡先生任故宫博物院院长时，拟用10万银圆收购，朱先生则表示将来要捐赠给故宫。朱翼庵先生于1937年6月去世，1953年，由其夫人张宪祗女士及4个儿子（朱家济、朱家濂、朱家源、朱家潽）将全部碑帖706种无偿捐赠给故宫博物院。

孙瀛洲先生于20世纪50年代，将家藏3000多件各类文物捐赠给北京故宫，陶瓷有2000多件，其中25件被定为国家一级文物。

萧龙友先生是现代中医名家，其医术精湛，被誉为"北京四大名医"之首。先生于医学之外，熟读经史，搜访金石书画及古医籍，收藏甚富。1961年，萧龙友先生的家属遵照其遗嘱，将其所藏书画、碑帖、瓷器、古墨等140余件（套）文物捐赠给故宫博物院。其中如宋代《萧翼赚兰亭图卷》、元代赵孟頫《临兰亭序卷》、宋拓《兰亭序》等皆为海内瑰宝。

为了表达对捐献者的崇敬之情，并彰显其事迹、弘扬其精神，故宫博物院于2005年80周年院庆之际，特在故宫景仁宫专设景仁榜，将捐献者的名字按年份镌刻于墙上，以作永久纪念，出版了记述捐献者的《捐献铭记》一书，并在景仁宫有计划地举办捐献文物展览。1999年曾出版《故宫博物院50年入藏文物精品集》，近年来又陆续出版捐献大家的捐献图录，目前已出版了张伯驹、叶义、郑振铎、孙瀛洲、吴景洲、章乃器等人的专集。

这些捐献者之所以了不起，就在于他们于文物收藏有着完全新的境界，即收藏目的不是为了个人。例如，张伯驹先生斥巨资购藏并用心血保护法书名画，却并不视为一己所有。人生有限，文物永生，以往的收藏家也许有这种认识，将个人收藏视为"烟云过眼"，或认为自己收藏只是"暂时"的。此论自与"子孙永宝"之辈别如天壤，然亦只是个人修养而已。而张伯驹先生自始之初衷就是为国家、为民族而保护这些国宝，看作全民族的文化遗产。先生曾言："予所收蓄不必终予身为予有，但使永存吾土，世传有绪。"（《丛碧书画录·序》）在先生看来，自己所藏首先属于国家、民族，只要国家能留住它们，代代流传，他付出多大代价也在所不惜。所以先生虽与苏东坡等同有"烟云过眼"的感觉，内涵却大有区别。

这些捐献者中，不乏既是收藏大家，又是鉴定名家，而且学术成果也享有盛誉的人。孙瀛洲先生就很有代表性。孙先生是河北冀县人，早年在北京的古玩店当学徒，后独立开办了敦华斋古玩店，成为当时著名的古董商和鉴定家。新中国成立后，孙先生到故宫博物院工作，曾当选第四届全国政协委员。20世纪50—60年代，孙瀛洲先生主持并参与对故宫博物院所藏瓷器的整理、编目与鉴定，以及藏品等级的划分等，亲自编目制卡，扎扎实实做基础工作，这本身也是重要

《捐献大家孙瀛洲》书影

的学术研究。孙先生不仅是公认的明清陶瓷鉴定大家，享有
"宣德大王"的美誉，而且还是宋、元陶瓷研究的开创者和
奠基人，从院藏陶瓷中鉴别出了过去一直未被认识的汝窑罐
盖及多件官窑、哥窑瓷器等稀世珍品。《孙瀛洲的陶瓷世界》
就收录了孙先生为数不多但又篇篇珍贵的所有的论文。孙瀛
洲先生的道路是他同时代的一批人共同历程的缩影。从学徒
到经营者，从经营者到收藏家，从收藏家再到文物鉴定专
家，从文物鉴定专家再成为文物捐赠大家。这是一条自学成
才的道路，也是由小我到大公的升华过程。这既具有中国的
时代特色，也符合世界文物大家的养成规律。

现在，收录众多捐献者精美文物的皇皇60卷的《新中国
捐献文物精品全集》正在编印之中，而且首批书已经面世。
捐献者的事迹会广为人传，而其中传续着捐献者们的中华民

族文化血脉和人文精神，以及无私奉献的社会意识与责任，是一笔宝贵的精神财富，必将永放光芒！因此我也和谢老一样，感慨不已。谢老有诗，我当然要和。我的和诗如下：

> 功追鲁壁一何痴，禹甸文华多旧遗。
> 古物有灵镌信史，今贤无己铸丰碑。
> 共怜高义欧斋约，谁解深心丛碧词？
> 瑰意琦行自堪记，捧书每是卧游时。

谢老与我的诗都不难理解。我的诗里出现了"鲁壁""欧斋约""丛碧词"，下面略作解释。

"鲁壁"指汉代初年山东曲阜孔子故宅的墙壁。史载，西汉前期，鲁恭王刘余拆毁孔子故宅，在墙壁中发现孔子后代藏匿的数量巨大的竹简文献，使得孔子典籍得以躲过秦始皇焚书坑儒和战火浩劫而传于后世。抗战期间，故宫数十万件文物在四川乐山安谷镇安全存放了7年，马衡院长报请行政院批准后，代表国民政府向六家祠堂各颁赠了一块亲笔题写的"功侔鲁壁"大木匾额以示表彰。肯定其为保护故宫国宝做出了与"鲁壁"相同的贡献。这里借用，是说这些捐献者的贡献也如同"鲁壁"。

"欧斋约"是指朱翼庵先生与他人的约定、承诺。先生邃于碑帖之学，曾以重金获今所能见之最先拓本《九成宫醴泉铭》（为魏征撰文，欧阳询正书），因自号"欧斋"。先生生前与故宫博物院院长马叔平有约，身后将以所藏全部碑帖归诸国家博物院中，以免流散。后来先生家人秉承遗志，举所藏全部碑帖无偿捐赠给国家。

"丛碧词"是说张伯驹先生的词作。"丛碧"为张先生号。张先生又是诗词家，有《丛碧词》等问世。周汝昌评论说："伯驹先生的词，风致高而不俗，气味醇而不薄之外，更得一'整'字，何谓'整'？本是人工填词也，而竟似天成，非无一二草率也，然终无败笔，此盖天赋与工力，至厚至深，故非扭捏堆垛、败阙百出者之所能望其万一。如以古人为比，则李后主，晏小山，柳三变，秦少游，以及清代之成容若，庶乎近之。"（《张伯驹词集》序）

（原载《人民政协报》2015年11月30日）

沈从文与故宫博物院

看过一篇专谈故宫学术研究历史的文章，其中提到新中国成立初期，为了把故宫的各项工作搞上去，还大量引进人才，"如唐兰、徐邦达、沈士远、罗福颐、孙瀛洲、沈从文等一批名家，均先后在这一时期调入故宫"。①

沈从文（1902—1988），湖南凤凰县人，是中国现代著名作家，又是在织绣服饰研究领域做出重大贡献的文物名家。我自然是希望沈先生曾在故宫工作过。但在我看过的资料中，这个问题并没有得到解决。《不列颠百科全书》中说："1949年后，（沈从文）在北京中国历史博物馆、故宫博物院做文物研究工作。1978年后任中国社会科学院历史研究所研究员。"②在"故宫博物院做文物研究工作"是否就一定调入故宫？似乎还不明确。我又查了《大美百科全书》，有"沈从文"条目③，却只字未提及故宫。我继续找了《中国大百

---

①故宫博物院编：《故宫博物院七十年论文选》，杨新序言，紫禁城出版社，1995年。

②《不列颠百科全书》，中国大百科全书出版社，1999年，第15卷第288页。

③《大美百科全书》，外文出版社、光复书局，1994年，第24卷第468页。

沈从文先生

科全书》，则是这样介绍的："1957年后，沈从文放弃了文学
生涯，在中国历史博物馆、故宫博物院等单位工作，研究出
土文物、工艺美术图案及物质文化史等；1978年后在中国社
会科学院历史研究所任研究员，继续研究中国古代服饰及其
他史学领域的专题。"①说得确凿无疑，沈从文曾是故宫的
人。三本权威性的大部头的百科全书，说法不一。几乎无所
适从的时候，我想起查档案。故宫博物院档案室保存着从清
室善后委员会点查清宫物品以来的大量院务活动记录，包括
新中国成立以来的人事档案。果然有了结果。

　　在故宫博物院的人事档案中，存有一份调沈从文到故宫
的档案。1956年5月9日，故宫博物院收到文化部文物管理
局5月7日《调沈从文到故宫博物院工作通知》，该通知"主

---

　　①《中国大百科全书·中国文学Ⅱ》，中国大百科全书出版社，1988年，
第716页。

致"历史博物馆,"抄致"故宫博物院。通知说:"你馆沈从文同志业经部同意调故宫博物院工作。接通知后,请即办理调职手续为荷。"随通知还附有沈从文、丁玲、刘白羽、王冶秋及中国作协党组的信函六件。看完所附信函,我才发现沈的这次调动是由他一封致丁玲的信引起的。他在1955年11月21日致丁玲的信中说:"丁玲:帮助我,照这么下去,我体力和精神都支持不住,只有倒下。感谢党对我一切的宽待和照顾,我正因为这样,在体力极坏时还是努力做事。可是怎么做,才满意?来帮助我,指点我吧。"

丁玲(时任中国作协副主席)并未见沈从文,而是立即把沈的信转给了刘白羽(时任中国作协书记处第一书记)、严文井(时任中宣部文艺处副处长),并写了一封信。刘白羽收到丁玲的信后,遂给周扬(时任中宣部副部长兼中国作协党组书记)做了报告,并附送沈致丁、丁致他和严文井的信。

根据中宣部的意见,王冶秋于12月14日见了沈从文,谈了两个小时,当天即向周扬等中宣部、文化部领导写信汇报。信中说,沈现在帮助出版局搞《中国历史图谱》,已搞出上半部,明年3月间可完成下半部,最近情绪不好,可能系搞这一工作遇到一些困难。据沈讲,此工作由出版总署一领导负责,提纲是科学院近代史所一专家写的。该专家与这位负责人的看法有些不同,又不愿多找,沈负责实际编辑、找材料等工作,夹在当中不好说话,又无助手,因此进展很慢,他有些着急,但表示还愿把这工作搞完。对于未来工作,沈谈了两点意见:"(一)写作。他说虽然同生活有些隔绝，但也参加过土改等，再钻进去还是可以写的。组织上若认为他还可以做这工作，愿听组织决定。（二）搞中国工艺美术史的研究工作。明锦、丝织、磁器、玉器等都有些常识，而且他能钻进去，也愿意搞出些成绩来，愿意到各地去看看藏品，及现在生产情况。"王冶秋信中说，沈从文"表示听组织决定。看情况，他是思想上有些矛盾，又想搞创作，但生活没有，又怕受批评；又想搞文物，又怕不受人重视"。"他愿多作些工作，但就是不知作那样好，他自己说：'没有主意，脑子乱的很'。"

1956年1月中旬，刘白羽又给周扬写信，说严文井已与沈从文的夫人谈了，征求意见，"她觉得还是主持织绣服饰馆为宜"。信中说，已决定让沈当政协委员，但沈不适宜做行政工作，如主持故宫织绣馆，应以专家兼行政工作对待，配一有力助手，他可以研究这方面问题，同时跑跑写写。周扬批示是："同意这样办。只是他的行政职务问题，须与文化部商量决定。"

这样批来转去，中国作家协会党组于1956年2月16日致函文化部党组，对沈的工作安排提出了建议："关于沈从文先生的工作问题，经我们几次和他本人及夫人接触，最后他夫人表示还是去故宫博物院主持织绣服饰馆，同时进行写作为好。……他的待遇以专家兼行政工作的办法解决。"

1956年5月7日，文化部文物管理局便正式下发了调沈从文先生到故宫博物院工作的通知。调令已发，沈从文先生到故宫博物院工作应是不争的事实；但再细一看，这张调动通知的右边竖写着"没有来"三个字。在所附的中国作协党

文化部文物局调沈从文来
故宫博物院工作的通知

组致文化部党组的函件上，故宫博物院人事科注写了一段
话："因本人不愿来院工作，现征得组织仝（同）意来我院
陈列部兼研究员工作。"时间是1957年1月23日。这说明，
虽然1956年6月就下了调动通知，但沈并未到故宫报到，这
半年多，他的工作大约仍在协商之中，最后还是没有离开历
史博物馆。就是说，沈从文先生并未正式调入故宫博物
院。①

　　但关于沈从文先生曾在故宫博物院工作的说法，并非无
稽之谈，而是事出有因。沈先生虽未正式调入故宫博物院，
却经上级批准，在故宫"陈列部兼研究员工作"，实实在在
地在故宫上过班，神武门内东侧大明堂原织绣组办公室有他
的办公桌。他不只从事研究，还做了大量的实际工作，就连

————————————
　　①以上所引材料俱为故宫博物院档案。

故宫博物院的一些人也理所当然地以为沈先生就是故宫的工作人员。

沈从文先生的文物研究兴趣广泛，涉及玉工艺、陶瓷、漆器及螺钿工艺等多个方面，但用力最勤、成就尤为突出的是织绣服饰的研究。他在故宫博物院做兼职研究员期间，受到了故宫领导和职工的尊重和支持，不仅取得了显著的研究成果，而且为故宫织绣馆的建立以及人才的培养付出了大量的心血，做出了突出的贡献。

沈从文先生当时在北京历史博物馆（即后来的中国历史博物馆，今天的国家博物馆）工作，任"设计员"，从事陈列设计、撰写说明的工作，也经常担当说明员的任务。历史博物馆就在午门及两侧的朝房。这就为沈先生与故宫博物院的联系提供了方便条件。故宫有着大量丰富的宫廷织绣服饰，沈从文到故宫兼任研究员后，参与并指导了对这些藏品的整理工作。正如他所说："故宫藏上万种绫罗绸缎，我大抵都经过手。"不只是织绣，他通过努力钻研，对故宫的绘画等多种藏品也极其熟悉。1973年，沈从文先生曾为安徽省马鞍山市恢复太白楼草拟陈列方案和参考资料，在《历代绘画和李诗有关材料》中，共提供了与李白诗歌有关的40件绘画，其中28件是故宫藏品。他在提到每幅画时，或注明在《故宫周刊》某期，或注明"故宫"，或注明"故宫单印过，可用"等。

沈从文对故宫有着很深的感情，曾把自己花钱买的不少织绣样品或其他藏品捐献给故宫。1963年全国政协会议时，他提案建议，将京郊上方山庙宇中所存明代《大藏经》用织锦装裱的经面、经套调来北京。此提案通过后，故宫博物院派人挑选了约1700多种并保存在织绣组。

故宫博物院对沈从文的研究工作及他承担的其他工作，始终给予热情支持。1960年，沈从文先生协助工艺美术院校编写、校订专题教材，向故宫求助，故宫即在北五所库房里找了几间房子，提供陈列院藏的一些文物供编写者观看，又提供了大量有关图录、文献和图像资料。

故宫博物院丰富的织绣藏品为沈从文先生的研究工作提供了难得的实物资料，他如鱼得水，潜心研究，写出了一批很有价值的论文，有的生前未曾发表。1956年秋，他撰写了长达1.8万字的《中国刺绣》一文，运用院藏文物、历史资料和出土实物，全面论述了中国刺绣的发展历史以及不同时代在艺术和技术上的特色，并对"琐丝法""铺绒法""洒线绣""平金绣""缂丝"等现仍常用的几种技法的历史及艺术特征做了详细介绍。故宫博物院织绣组于1956年10月28日将此文作为《中国织绣参考资料》之一种，油印45份供内部交流。

1959年，沈从文先生发表《清代花锦》一文，以清宫藏品为基础，研究了整个清代锦缎的内容及与明代的艺术特点的不同。他在文章中说，故宫的这些藏品，"预计不久当陆续彩印一部分出来，供生产和研究部门参考"。他看到清代锦缎多仿旧，但也不断翻新，"又有直接仿宋的，如前人所说，是根据原装北宋拓《淳化阁帖》20个不同锦面，由吴中机坊纺织，大行于时。这20种锦名虽不得而知，新近我们在故宫装裱康雍写经部分，发现许多种两色小花锦，纹样秀美，风格特殊，不像一般清代设计，有可能通属北宋旧式"。清锦内容，他总结为仿旧、创新、吸收外来图案加以发展三个大类。他又概括了明清锦缎在组织图案和配色艺术上的区别：明代较沉重，调子常带有男性的壮丽；清代图案特别华美而秀丽，配色则常常充满某种女性的柔和。他还分析了在使用材料上两代的不同。[1]从1956年至1960年前后，他还发表了《介绍三片古代刺绣》《谈皮球花》《谈挑花》《谈广绣》《谈杂缬》《谈锦》《蜀中锦》《花边》《从文物中所见古代服装材料和其他生活事物点点滴滴》等，与人合编出版《中国丝绸图案》，以及编选《中国古代服饰资料选辑》等。这是沈从文学术生涯中一个十分重要的时期，为他以后的进一步研究打下了良好的基础。

用服饰研究的成果解决文物的断代问题，沈从文先生也是独辟蹊径，有很多精到的见解。他说，有许多种为专家所不易判断时代的画幅，特别是人物故事画，或有车乘马匹、日用家具的山水卷画，从衣服制度和身旁携带日用家伙等文物常识，都可以得到许多有力旁证，可以帮助判断出相对年代。"例如马匹装备，从头到尾，都充满时代特征，更容易并合其他材料，判断年代。即或只是一只孤立的鹰，鹰脚下站的那个锦垫，若上有花纹，也即是一种线索，还可以估计出年代。"[2]

朱启钤先生收藏的一批缂丝，伪满洲国博物馆曾印成

---

[1]《清代花锦》，《沈从文全集》第30卷，北岳文艺出版社，2002年，第187—189页。

[2]《陈述检讨到或不到处》，《沈从文全集》第27卷，第262页。

《纂组英华》一书，影响甚大。20世纪50年代，北京人民美术出版社已制成彩版准备出版，送沈审定，沈说所定时代不可靠，不值得彩印，并具体指出：

> 说是宋代作《天官》一幅，衣上花纹只乾隆时流行。另一《喜到春来》幅，上面有小鞭炮，更哪里会是宋？又一幅定元代刻金佛像，事实上也是乾隆时作，因为故宫还有相同的十多轴。又有幅色彩格外鲜明的《三秋图》，上有"崔白"二字，即定为北宋，不知还有制作色彩完全相同的织锦在故宫，就只作明清间物。[①]

故宫织绣馆是1959年中华人民共和国成立十周年时与青铜器馆、陶瓷馆、历代艺术馆同时对外开放的。沈从文先生1959年为织绣馆拟写了1.1万余字的《织绣陈列设计》，分"前言""陈列目的""主题结构"三个部分。这一缜密而系统的陈列设计得到批准后，沈从文又与故宫同事一起布展，使这个专馆向群众开放，达到了预期目的。

沈从文先生一直认为，明清丝绸中的精美图案，是能直接为生产服务的。送文物上门到工厂、学校，便于生产或教学工作的同志——特别是丝绸设计师傅看看，作为学习和参考，启发生产设计，丰富新品种内容，并解决民族形式的要求。出于这一目的，他于1958年夏秋带故宫博物院和中国历

---

① 《用常识破传统迷信》，《沈从文全集》第27卷，北岳文艺出版社，2002年，第231—232页。

史博物馆部分馆藏明清绸缎、刺绣，先后到杭州、苏州、南京三地，贴近我国丝绸织绣生产基地作巡回展出，历时3个月。他十分认真地对待这次巡展，拟写了总说明文稿，故宫博物院陈列部主任唐兰先生进行了审改。在结束了杭州、苏州两地展出后，沈从文向单位领导作了阶段工作报告。他在报告中说，这次展览获得很大反响。在杭州展出，每天平均观众达三四百人。在苏州展出观众虽较少，但影响却大于杭州，因为一再来参观的，多和丝绸生产有密切关系，每天都有些人来临摹花纹，看过后各有所得。他又总结了在两地展出取得的九条经验，提出了两地目前特别需要协助解决的五个问题，并客观分析了这次巡回展出的得失。报告最后说："这种小型展出，似乎还可扩大范围试验，例如去四川成都展览文竹器和丝绸，去湖南长沙展览明清日用瓷和刺绣（也可去搪瓷厂和热水瓶厂，甚至于第一汽车厂），去重庆和贵州展览明清描金剔红彩绘漆器，针对生产需要，必然可收到一定成果。"他提出："'一切研究，都为的是有助于新的生产改进和提高'，这个提法对目前文物工作者说来，好像不大习惯，但是事实上却必然要这样做，文物工作才会有新的意义。"[1]在已经过去半个多世纪的今天，沈从文先生的这些主张及实践，仍然是极其可贵的。

清宫遗存的服饰织绣品相当丰富，研究力量当时则十分薄弱。1956年，故宫博物院从社会上招收了一批高中毕业

---

① 《苏杭两地织绣展览一点经验》，《沈从文全集》第28卷，第363—371页。

生，沈先生亲自指导织绣组的年轻人进行织绣服饰的整理、分类、排架，为他们讲课，买经书皮子，出外考察也常带着他们。在沈先生的指导和扶持下，这些人进步很快，有的后来成为这方面的专家，如陈娟娟，后来成长为故宫博物院研究员、国家文物鉴定委员会委员、中国丝绸文物复制中心副主任，出版了多种著作。

其实在到故宫博物院织绣组兼做研究工作之前，沈从文先生就曾以专家身份多次受聘故宫博物院，或参加具体业务工作，或进行顾问咨询，其中最主要的是1954年参加处理故宫博物院积压非文物物资的审查委员会。当时沈从文先生以院外专家身份被聘为故宫博物院审查文物与非文物委员会委员。1954年11月27日，他与叶恭绰、老舍、陈梦家、容肇祖、傅振伦、王世襄、王振铎、荣孟源、唐兰、单士元等十多位院内外专家出席了审查委员会第一次会议，会议决定成立木器家具、瓷器、宫廷器物、衣料皮毛四个物品审查组，沈从文为瓷器组成员、衣料皮毛组召集人，并拟聘专业内行人员协助鉴别。1957年，经文化部文物管理局批准，故宫博物院对审查文物与非文物的专家作了调整，沈从文仍在其中。

衣料皮毛组的审查任务是繁重的。特别是皮货就有10多万件，有狼、猞猁、狐、貂、银鼠、灰鼠、滩羊、天马、沙狐、水獭、大马等各种皮筒及皮袍、夹肩、马褂等，仅貂皮就有15973张，大马皮14890张。在沈从文先生领导下，对这些物品进行了认真审查，并提出了一些建议。1955年2月18日召开的审查委员会常务委员会第一次会议，对各小组审查后提出的意见进行了认真的研究，并决定："关于沈从文同志提出貂皮是否应作非文物的处理问题，一致同意貂皮本身并非文物，除同意小组共同意见保留一百十张作为标本外，其余可作非文物处理。"这次仅皮货就处理了100480件。

沈从文先生还被聘为故宫两个专业委员会的委员。1954年，故宫博物院成立近代工艺美术筹委会，由8人组成，沈从文与美院的程尚仁、庞薰琴、祝大年四人为院外专家。1957年，为了改进文物修复技术，提高工作质量，经文化部文物管理局批准，故宫博物院成立了由9人组成的文物修复委员会，其中沈从文与张珩、王世襄、陈梦家为聘任的院外专家，下设绘画、铜器、工艺品三个组，沈从文先生在工艺品组。有关沈从文任故宫博物院三个委员会委员的资料，现藏故宫博物院档案室。

在查阅故宫档案及翻看《沈从文全集》的基础上，我于2005年写了长达1.2万字的《沈从文与故宫书画物院》一文，《新文学史料》2006年第1期转载。因为同时公布了沈从文、丁玲、周扬等人的信函影印件，在文学界还产生了一定影响。不久，丁玲的先生陈明因我发现了这批难得的史料，在原《人民文学》杂志负责人、我的陕西乡党周明陪同下，还专门到故宫博物院向我表示谢意。

（本文节选自《故宫学刊》2005年总第2期，原题为《故宫学人二题》；《新文学史料》2006年第1期转载）

徐邦达的古书画研究

徐邦达（1911—2012），字孚尹，号李庵，又号心远生，晚号蠖叟，祖籍海宁，生于上海。先生幼年聪颖、机悟，因家中收藏历代书画不少，很早就学习书画临摹，并跟从苏州老画师李涛学习山水画法和古书画鉴定，不久又先后入著名书画鉴定家赵时棢、吴湖帆之门继续深造，至而立之年即以善于书画创作和精于古书画鉴定闻名于时。他从年轻时起，就将学术研究与诗书画创作有机地结合在一起。

徐邦达先生的不寻常处，还表现在每当历史紧要关头都能做出坚定正确的政治抉择：1941 年，他在上海"中国画苑"举办了个人画展，声誉日隆；1942 年，汪精卫六十大寿，希望他能作画庆贺，被他严词拒绝，体现了一个爱国学者的民族气节。1949 年初，邦达先生不为西方物质生活所惑，期待着新中国的到来；上海一解放，他就被聘为上海市文物管理委员会顾问，积极投身于新中国的文博事业，展现了一个炎黄赤子的报国情怀。

1950 年，徐邦达先生奉调北上，任国家文物局文物处业务秘书，在北海团城参与征集、鉴定历代书画，使 3000 多件历代书画精品得到有效的保护。1954 年，邦达先生随着这批历代书画精品一并调到故宫博物院，为本院古书画的收藏和研究奠定了良好的基础。1983年，受国务院委托，国家文物局组织全国文物鉴定组到各地文博单位进行历代书画甄别工作，邦达先生为该组重要成员，不仅圆满完成了国家交给的任务，还培养了一批古书画鉴定接班人。此后，无论是在两岸学术交流中，还是在国际学术讲坛上，徐邦达先生都赢得了海内外学术界的高度赞誉。

在中国古文物鉴定中，古书画是众所认定最难的一门。到目前为止，我们还是运用传统的方法，凭借鉴赏家的一双眼睛，对古书画进行鉴定。徐邦达先生把古书画的鉴定析为"鉴"与"考"两个概念。所谓"鉴"，即通过比较众多的作品，只需对作品本身进行目力检测，便可知其是非真伪。对于大量存世的明清时代的书画，目鉴尤为重要。但要达到目鉴的准确性，鉴赏者非见之众多不可，有如先生所见之多者，海内外屈指可数。然而，对于时代较远或是某些难于明了的书画，仅只依靠目鉴，不能遽下断语，这就需要广为搜集有关文献和其他旁证材料，详加审订考据，才得以明辨是非。先生博学多闻，每对一件疑难作品和问题进行考据时，爬罗剔抉，条分缕析，使人心折。

徐邦达先生是传统鉴定方法的集大成者。他既继承了传统的鉴定方法，又汲取了辩证唯物主义的方法论和现代考古学严谨的科学手段，将文献考据与图像解说有机地结合起来。他对数百件早期书画进行的鉴定考辨，对明清文人画鉴定进行的开拓性研究，在书画鉴定界确立了坦诚求实和科学严谨的学风。他系统地建立了古书画的鉴定标尺，真实地还原了中国书画史的发展脉络，将原先只可意会的感性认识发展成为可以传授的研究方法和学术思想。

徐先生是当代艺术史界经历过百年沧桑的学术泰斗，是享誉海内外的中国古书画鉴定大家和著名诗人、书画家，是中国艺术史界"鉴定学派"的一代宗师。60多年来，徐邦达先生忠于人民的艺术事

2003年，徐邦达先生在故宫博物院隋
人书《出师颂》的鉴定会上

业，坚守博物馆的学术理念，从新中国文博事业的开拓岁月，到跨世纪中国文博事业的新的征程，都为中国文化遗产的保护与研究以及国际间的文化合作、学术交流做出了重要贡献。他还多次向国家捐赠书画作品和珍贵古书画收藏。他以做"故宫人"为荣，他的奉献精神和大家风范是对"故宫精神"的最好诠释。

先生著述丰富。故宫出版社（原紫禁城出版社）陆续出版的16卷、600万字的《徐邦达集》，是他研究书画艺术60年心血所成，将永远沾溉艺林。其中，反映徐邦达先生古书画鉴定研究成就的主要是《古书画鉴定概论》《古书画过眼

要录》和《古书画伪讹考辨》三部著作。

先生大名在文博界如雷贯耳，我早就仰慕不已。2003年"非典"时期，我读了先生的书画集，很有感触，5月初写了《贺新郎·读徐邦达先生书画集，用先生七十述怀韵》一词，敬呈先生：

> 天独怜夫子。早锥囊、暮年庾信，盛名差比。歇浦剑箫燕市筑，狷介人生堪记。且拊掌，三千桃李。更有故宫多宝笈，毕其生，缥管云霞起。但鼎力，去遮蔽。 书生怀抱名山事。眼过时、骊黄牝牡，探源求异。颠米揣摩成一体，写取奇峰随喜。抒感慨，吟情难已。文化神州凭重镇，晚霞飞，落落濠梁意。心自远，世尘里。

徐邦达先生2003年书赠郑欣淼《浣溪沙》

大约半个月后，我收到先生回赠的一首《浣溪沙》，词曰：

老懒迟迟欠报书，新词诔语惭吹嘘。可怜越鸟见痴芜。　　怀抱期颐予今年九十有三总塞意，巍宫宝笈日心储。何时审鉴从扶趋。

右调浣溪沙奉答欣淼院长政和

日期署为"五月二十八日"，信封上写有"即刻"二字。

我也常去看望先生，对他的研究成就、艺术贡献的认识也在不断加深。

国运通，人长寿，贤者与盛世同步走。2010年7月7日在故宫博物院举办的"庆贺徐邦达先生百年寿诞座谈会"上，我又以《千秋岁》一阕向徐邦达先生祝寿：

声名播早，海上先知晓。米氏韵，苏公调。丹青山水远，赏鉴地天小。多少事，期颐回首堪谈笑。　　只眼看玄妙，健笔解深奥。十六卷，传精要。宫城犹壮伟，桃李欣繁茂。无量寿，风华不老星辉耀。

（本文选自《太和充满——郑欣淼说故宫》，"故宫人·红墙大家"，大百科出版社，2022年）

"蜗居"中的奉献

在缅怀朱家溍先生的座谈会上，我们每人得到了一本刚出版的朱先生选编的新书：《养心殿造办处史料辑览》（第一辑）。作为对先生的纪念，我认为很有意义。睹书思人，我首先想到的是，故宫是多么需要朱先生！准备组建的几个研究中心离不开先生的指导，古建筑档案建立中的文献稽考、沿革探寻需要先生的指点；不久前我拜访王世襄先生，谈到故宫一些资料的整理时，王先生说，还是去找朱家溍先生，他对这些情况是了解的。

但是，在与病魔顽强的搏斗中，朱家溍先生走完了人生最后的历程。先生的逝世，不仅是故宫博物院与全国整个文博界难以弥补的损失，也是我国文化艺术界、史学界的重大损失。我们今天怀着沉痛的心情，深切怀念这位品德高尚、成就卓著的老一辈文物专家和清史专家。他的学识，他留下的许多著作，作为宝贵的精神财富继续惠及后人；他的工作实践，他的人生经历，也给予我们很多启示。

故宫有个小报叫《故宫人》。"故宫人"是个颇令在故宫工作的人员引为自豪的称呼。怎么算是故宫人？我想，这不只是指行政关系在故宫，它应该有更为丰富的内涵和严格的

朱家溍和刘九庵（右一）、史树青（左一）一起鉴定书画

要求。我认为，朱先生用自己的一生，对什么是故宫人作了最好的诠释，也使故宫人的形象得到了提升。朱先生的父亲就是故宫博物院成立初期的专门委员，朱先生自己又在故宫整整工作了六十年。他对故宫有种特殊的感情。这种感情，既与他的家世有关，更主要的是他对中国传统文化深入心髓的热爱及对其深入研究、积极弘扬的坚持与执着。这种热爱与执着，又倾注在对故宫的建设和发展上。朱先生做了大量的研究工作，一些体现在他的著作中，但更多的是为故宫的实际工作，为陈列展览服务。特别是在太和殿、养心殿、坤宁宫和储秀宫原状陈列中，他详细查阅清宫内务府档案及历史文献，深入各文物库房查找有关文物，亲自设计和布置出

符合历史真实的原状陈列。面对大量的工作，他默默坚守，甘之如饴，一丝不苟。朱先生在做好故宫工作的同时，还从事多方面的社会工作，做出了重大的贡献。在朱先生身上体现出来的故宫人的特点，就是热爱故宫，以故宫为荣，为故宫的发展做无私贡献；严谨认真，努力做好本职工作；面向社会，为大众服务。这是一代又一代故宫人在近80年的岁月中磨炼并逐渐形成的可贵的精神，是故宫发展的基础。我们纪念朱家溍先生，就是要学习和弘扬这种精神，做一个真正的故宫人。

朱先生是个博学多识的人。他在故宫工作六十年，曾做过征集、保管、陈列、图书馆和宫廷原状恢复等各个部门的工作。就专业门类而言，他先后涉及书法、绘画、碑帖、工艺品、图书典籍、宫殿建筑、园林、清代档案。他还当过两年梅兰芳的秘书，不仅对戏曲深有造诣而且擅长表演。新中国成立初期，他本来做古书画鉴定征集工作。后来，院里调进徐邦达、王以坤、刘九庵几位专家。于是书画力量增强，工艺力量很弱。按照领导意见，朱先生转到了工艺组，工作实践和刻苦钻研使他最终成了这方面的专家。1992年国家文物局成立了一个专家组，去各地博物馆和考古所鉴定确认全国各省市呈报的一级文物。这个组里有专看陶瓷的、专看青铜的、专看玉器的，三类以外的文物则由朱先生一个人来看。由于工作需要而将一位原有专长的业务人员调换专业岗位，在20世纪五六十年代是很常见的事，许多人都有这样的经历。但要调一行专一行，那就不是许多人能做到的了。朱先生的难能可贵之处就在这里。他是多方面的专家，是故宫博物院的通人。

对于朱先生能有如此多的成就，人们容易看到他的家学渊源、扎实的根基以及他的悟性及艺术的触类旁通等，但有一点我们不能忽视，这就是朱先生的勤奋与努力。看《养心殿造办处史料辑览》（第一辑）的"后记"，就可知为了这本史料集，朱先生是花了第多少精力！朱先生的治学经验告诉我们：在故宫，只要有心，任何东西都有研究价值，都有学问可做；只要肯下功夫，就会有收获，有成果；长期坚持，就会成为某方面专家，就会干出大事业来。

乐于奖掖后进，帮助青年，是朱老留给我们的又一个深刻印象。在故宫工作的人，与朱老有所接触的人都能感到他的为人谦和，俭朴纯真，对生活通达乐观，对晚辈热情相助。几十年来他一直是专家，"文革"之后他在社会上的名望日渐升高，然而在他身上看不到那种架子。待人处事，他也不讲究论资排辈的习气，不论是老年、中年还是青年，他都一视同仁、平等相待，给人的印象总是坦诚率真、和蔼平易。与他共事过的人很多，向他请教各种问题的人更多，特别是参加工作不久的年轻同志。

他对有志于清史研究的年轻人指出途径："要了解清代历史和清宫史，最好把《清史稿》读一遍。当然有个次序，首先读本纪，其次读后妃列传、诸王列传，再次是职官志、选举志、舆服志等等，其余可以后读。在这个基础上再读《国朝宫史》及《国朝宫史续编》。这样就可以从整个清代史转入宫史部分了，《大清会典》和《大清会典图》需要看一遍，以便随时查考。"

对于管理文物的同志他以自己的体会给予启发："开始接触，会觉得文物太多，情况复杂。怎样将它们从生疏变成熟悉呢？先向书中求教，同时也向熟悉它的人请教。还要多看文物，文物看多了自然会有所认识。只要抱着一种深入研究的态度，对一件文物的认识肯定会有变化。先是图书和档案帮助我们了解文物，慢慢地我们对文物的知识多了，就可以补充图书和档案中的空白。"

这些朴实的话语都是朱老的亲身体会。他是这样走过来的，又用来告诫一代又一代的年轻人。院内也好，文物局、文化部团委也好，邀请他做讲座、讲话，不管多忙，他都欣然接受。有的人拿着自己写的稿子请他指教，他就会鼓励你修改之后投稿。

我到故宫博物院工作不久，曾登门拜访朱先生，向他请教。记得他谈到要重视文物对外展览，做好准备工作。后来我知道1935年故宫文物首次出国，去英国伦敦展览，展出的书画即由朱先生的父亲、时任故宫博物院专门委员的朱翼庵先生负责挑选。朱先生的室名"蜗居"，启功先生题写的，挂在屋子正中，给我留下很深印象。今年五月，因"非典"原因，我在家待过半个月，认真拜读了朱老赠我的他的大作《故宫退食录》，这部书内容相当广泛，有宫廷掌故，故宫所藏书画典籍、竹木牙角、剧本戏装等几乎各类文物的研究，还有《红楼梦》研究、治学经验、人际交往、故宫博物院历史等，文章都不长，但内涵很丰富，使我加深了对他作为朱文公后人的认识，更加充满对他的敬意。

朱家溍先生的一生与故宫博物院的发展紧紧地连在一

起。失去了这样一位知识渊博和令人尊敬的师长，我们大家感到无比的悲痛。他的音容笑貌和道德风范，永远留在我们的心中。

（原载《故宫人》2003年11月1日，内部刊物，略有修改）

此身曾是故宫人

　　九五高龄的王世襄先生已离我们而去，文博界同仁痛悼不已，作为侧身文博界仅十余年的我，也沉浸在对他的深深怀念之中。这十来年，特别是我到故宫博物院工作的七八年，常向先生请益，所获良多。在这里，拟结合我为先生写的几首诗词，记我与先生交往二三事，谈谈对先生的一些认识。

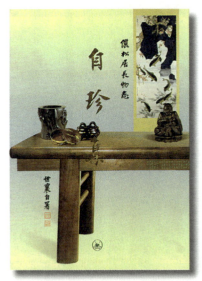

王世襄著《自珍集》书影

　　世襄先生是文博名家，研究门类涉及多个领域，而且又是著名的收藏家。他的收藏，除舅父、先慈所作书画及师友赐赠翰墨文物外，大都掇拾于摊肆，访寻于旧家，人舍我取，似微不足道，但他却敝帚自珍。他珍藏的目的是用于研究、赏玩。正如他所说："其中有曾用以说明传统工艺之制作，有曾用以辨正文物之名称，有曾对坐琴案，随手抚弄以赏其妙音，有曾偶出把玩，借得片刻之清娱。"他由此悟得人生价值，不在据有事物，而在观察赏析，有所发现，有所会心，使其上升成为知识，有助于文化的研究与发展。他把这些藏品集中整理，印成《自珍集》，风行一时。按先生的说法，"自珍"二字，也包括他与夫人在备受磨难中所坚守的一种人生态度，即规规矩矩、堂堂正正做人。2003年4月，我收到先生所赠《自珍集》，从中可看到他的收藏史及情趣。同年6月，我曾以《贺新郎》一阕，感谢先生赠书：

> 掩卷寻思久。算方知、物皆有道，物皆能究。原本人生多趣味，直待搜求参透。这玩字、天机当有。总总林林窥胸臆，唯自珍、人更珍情愫。雅俗韵、钧陶手。　　天毓灵奇天应佑。笑回头、劫尘历历，此心株守。俪侣涸辙相濡沫，锦思花雕云镂。广陵散、流传今又。莫谓匆匆崦嵫近，看茂深、大树枝枝秀。人似昨、青衫旧。

世襄先生的文物研究成就，以及他对弘扬中华传统文化的贡献，近三十年来，不仅为国人熟知，而且蜚声国际。国内外一些收藏中国明清家具的机构和个人都曾得到先生的指点和帮助。比利时菲利普·德·巴盖先生致力于中国家具的收藏，其收藏的大量精美的中国硬木家具更具特色，世襄先生就一直给予指导。2006年，菲利普收藏的中国明代家具在故宫展出，先生亲题展名——"永恒的明式家具"。荷兰有个克劳斯亲王奖，由克劳斯亲王基金会颁发。该基金会是荷兰王国克劳斯亲王于1996年在其七十岁生日时设立，通过颁发奖金、资助刊物及创造性的文化活动等形式支持世界文化的发展，每年评奖一次，每次评出十名获奖者，其中最高荣誉奖一名。该奖主要颁发给发展中国家在广泛的文化和社会发展领域做出贡献的艺术家、思想家和文化机构。2003年，先生获得此奖的最高荣誉奖，也是获得最高荣誉奖的第一个中国人。这一年的12月30日，荷兰驻华使馆为先生举行授奖仪式。此前先生托人邀请我出席这个活动，我很高兴地答应了。授奖仪式隆重、热烈而又简朴，当八九高龄的先生用流利的英语向来宾畅谈他的获奖感受时，全场响起热烈的掌声。故宫博物院八十岁的古琴专家郑珉中先生操琴助兴，演奏了《良宵引》。我也发了言，向先生表示祝贺。会后，我又填《渔家傲》一阕，寄给先生，抒写我的感想：

　　　　末枝居然玄理蕴，锦灰堆里珠玑润。通博自能游寸刃，天降任，存亡续绝刊新韵。　　五味人生齐物论，痴心未与流光泯。晚岁友邦传捷讯。调瑶轸，郑公助兴《良宵引》。

　　在文博界，世襄先生编著图书之多是很有名的。至2002年底，他编著的图书已有三十六种，涉及中国古代音乐、明式家具、漆器、竹刻、鼻烟壶、葫芦、蟋蟀、北京鸽哨等，其中《明式家具珍赏》译成英、法、德三种文字，连同中文共有十一个版本。先生文物研究的成就，世所公认，而且有些属于开创性的。先生出身世家，又受过良好的现代大学教育，知识面广，文章写得好，诗词、书法俱佳，即使是一些极专门的文物知识，他也写得文采斐然，可读性强。有次我去看望他，他拿出手写哀悼夫人袁荃猷的组诗让我看，感情真挚，一气呵成，劲健而又潇洒的行书，与诗配合，相得益彰。我收到过他的许多赠书，但我最爱读的还是他的"锦灰堆"系列，从《锦灰堆》到二集、三集，以至《锦灰不成堆》。2008年8月，我收到《锦灰不成堆》后，给他写了一封信，信中说：

> 朱传荣转来您赠送的《锦灰不成堆》，谢谢！您著述宏丰，多部专业大作饮誉海内外。可能因我不是专业人士，因此我更喜欢您的《锦灰堆》，内容广泛、长短不拘，更能让人看到您的心扉、您的才情，因此写了首小诗祝贺：
> 人自风流笔自瑰，锦灰莫道不成堆。
> 如思如诉动情处，庾信文章老蚌胎。

文博界的老人都知道，世襄先生有一种很深的故宫情结。世襄先生的父亲与故宫博物院老院长马衡先生是中学同学，交谊较深。抗战时期世襄先生到重庆，马院长提出让他当院长秘书，他未就职而去了李庄中国营造学社。抗战胜利后，世襄先生从事京津地区战时文物损失的清理工作。1947年3月到故宫博物院任古物馆科长。此后于1948年6月至次年7月，在美国学习博物馆管理。新中国成立前夕，他谢绝

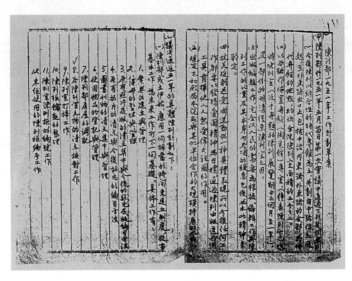

王世襄先生拟定的故宫陈列部1951年工作计划草案

了好多人以中国政权变更、要他留在美国的劝说，毅然回到了祖国。1951年5月，故宫机构改革，设陈列、保管、图书馆、档案馆、总务、院办等部门，世襄先生任陈列部主任。阅《马衡日记》，可以看到世襄先生参与院里的各种重要活动，马院长对他十分倚重。但在"三反"运动中，世襄先生被诬为大盗宝犯，经四个月的"逼供信"，十个月的公安局看守所调查、审讯，未查到任何盗窃行为，便以"取保释放"的方式放回了家。他同时收到文物局、故宫博物院的书面通知："开除公职，自谋出路。"对一个把心血倾注在故宫的人来说，世襄先生认为这是奇耻大辱。

1954年吴仲超同志当故宫院长后，发现开除世襄先生是个大错误，遂要把他调回来，但当时世襄先生所在的单位却不放他走，这事便搁置下来了。1957年世襄先生因在整风鸣放中诉说自己的不白之冤，又被打成"右派"，回故宫就更遥遥无期了。虽然如此，故宫的一些专门活动，还是请世襄先生参加，而世襄先生的有些研究工作，也与故宫的藏品分不开，得到了故宫的支持。但在世襄先生的心里，被故宫开除的阴影一直存在着。世襄先生对故宫的感情太深了，故宫伤害了世襄先生，世襄先生也知道这是历史的原因。世襄先生一直遗憾自己未能重返故宫。这种爱恨交加的复杂感情，与世襄先生熟悉的人都是知道的。虽然未能重返故宫工作，但世襄先生却一直关注着故宫。在我多次看望他时，我们都会谈到故宫，故宫的历史，故宫的工作。前年6月的一天，世襄先生打电话约我，说要谈有关故宫的事，我去后，他提了两个建议：一是建议故宫饲养中国传统的观赏鸽；二是建议故宫在景山修展馆，用地道把故宫与景山相连接。这都是重大的设想，需要经过认真地研究。世襄先生以九四高龄，想着的仍

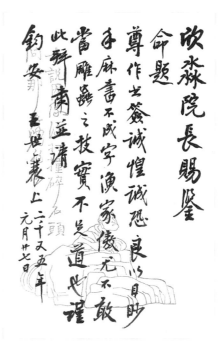

王世襄先生2005年1月25日致郑欣淼函

然是故宫的发展，令我十分感动。

2008年初，国家文物局原局长张德勤同志打来电话，说他去看望了世襄先生，世襄先生又提到自己与故宫的一些事，希望我作为院长能为他写篇文章，有个全面的、准确的说法。德勤同志告诉我，世襄先生对我写的纪念马衡老院长的文章很满意。其实这篇文章我曾请世襄先生过目。我原来的题目是《其功甚伟　其德永馨》，世襄先生建议我把第一个"其"改为"厥"，因为"厥功甚伟"是个成语，我接受了他的建议。大约世襄先生看到我写这篇文章，首先是对前辈怀有敬意，资料的搜集也很认真，才希望我也能为他写篇文章。世襄先生去年给我惠寄新春贺卡，还写了"诗如江淼词若泉流"八字，给我鼓励。

世襄先生辞世不久，我写了一首小诗以表悼念：

锦心锦翰锦灰珍，博物风云老斫轮。
感念平生无限事，此身曾是故宫人。

关于世襄先生的文章还没有写出来，但我一定会完成的，故宫永远都会记着这位老同仁。

（原载《光明日报》2010年2月5日）

纪念饶宗颐先生

饶宗颐先生（1917—2018），字伯濂，又字选堂，号固庵，生于广东潮安（今潮州）。一生致力于中华传统学术文化研究，涉及领域广阔，经史、礼乐、哲学、宗教、文学、艺术、文字、古籍、目录、甲骨、简帛、敦煌、石刻、碑帖以及中外关系诸学，无不深耕细作，有著作80余种，论文及其他文章逾千篇，成就卓越，贡献突出，为国际汉学界所公认，有汉学大师之称。

20世纪末，我在国家文物局工作，因文化遗产的保护与研究，与先生相识，常有机会向先生请益，特别是我到故宫博物院工作后，与先生来往更多。故宫是中国第一大综合博物馆，藏品丰富，与先生的研究多相契合。先生的甲骨名著《殷代贞卜人物通考》，从郭沫若《卜辞通纂》、罗振玉《殷虚书契续编》、胡厚宣《战后京津新获甲骨集》中转引的马衡、谢伯殳旧藏甲骨，就藏在故宫。先生引述古籍，常用的《武英殿聚珍版丛书》，原版也在故宫。先生研究书画，推崇倪（云林）黄（公望）和以"八大家"为代表的明遗民，他们的作品，也以故宫收藏最为宏富。故宫的学术工作，需要先生指导，自是必然。

我于2003年10月18日在南京博物院的一个论坛上正式提出"故宫学"的学术概念。先生对故宫学曾给予充分关注与殷切期望。

　　香港大学于2004年7月31日在香港成立"饶宗颐学术馆之友"，适值先生米寿，我受邀出席开幕式并在会上致贺，且以《踏莎行》抒写感想：

　　　　简帛寻幽，梵音探奥，中西今古融神妙。迩来高论亦惊人，童心未共流光老。　　绝学薪传，斯文克绍，几多求友嘤鸣鸟。先生莞尔盛门墙，香江自有山阴道。

郑欣淼与饶宗颐先生在香港"国之重宝——故宫博物院藏晋唐宋元书画展"现场

这次我专门拜谒先生，以初步拟定的故宫学构想及故宫博物院学术发展规划向先生请教，获得先生的肯定与鼓励。过了10天，8月11日，我意外地收到先生托人捎来的一副草书对联："於文献丛开新格局，为故宫学成一家言。"上款为"欣淼院长雅教"，落款为"甲申选堂一笔书"，又钤有两方朱印。这是学术泰斗对后学晚辈的厚爱和鞭策，殷殷之情，溢于纸上，令我惊喜万分。饶公善写大字，草书不多，这幅作品，自然十分珍贵。

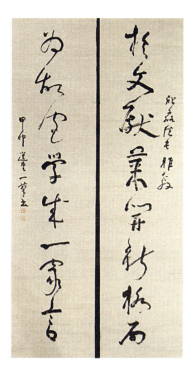

饶宗颐先生赠郑欣淼草书联

2006年12月在香港举办的"学艺兼修·汉学大师——饶宗颐教授九十华诞国际学术研讨会"上，我做了《故宫、故宫文化与故宫学》的演讲，论述提出了故宫学的目的与意义。先生说，故宫学确实是一门大学问，大有可为。

我很喜欢先生的绘画作品，他画的宗教画，他画的荷花，都有独到之处。2001年10月，当时的中国历史博物馆曾举办"饶宗颐教授书画作品展"，展品中的《布袋和尚》及《青城山水》尤见先生特色。我写了《儒生本质释道情怀》

一文对这两幅画进行评析（刊载于香港《文汇报》2004年10月9日），也得到先生的首肯。2006年，香港有关方面拟将先生70余年来在书画方面的艺术成就，编辑一套皇皇12册的《饶宗颐艺术创作汇集》，笔者不才，有幸受邀，成为该书推荐人，为其中第四册《腕底山川》撰写了名为《贯通融汇　领异拔新》的代序。

2008年，故宫博物院举办了"陶铸古今——饶宗颐学艺历程"展览，共有书画展品108件，释道书画不少，尤见先生"不古不今""亦古亦今"之陶铸"古今"特色。其中十件捐献故宫，成为永久的珍藏。我受邀为《陶铸古今：饶宗颐书画集》撰写了名为《不古不今　亦古亦今》的代序。

2018年2月6日凌晨，先生在香港家中安详仙逝，噩耗传来，不胜悲痛。香港的饶宗颐先生治丧委员会，我也忝列为委员。回想与先生20年的交往，感触良多，只撰挽联一副：

　　　　文明巨匠，接武而兴，不吝指归开后学；
　　　　天地士夫，忘年之契，同持心丧哭先生。

　　以此遥表不尽的哀思！

（本文选自《太和充满——郑欣淼说故宫》，"故宫人·故宫留芳"，大百科出版社，2022年）

斯文长存　饶公长在

　　久慕饶宗颐先生大名，惜无缘相见。后来我到国家文物局工作，因从事文化遗产的保护与研究工作，始有幸与先生相识。藐予小子，蒙先生不弃，多年来常有联系，参加有关先生的一些学术、展览活动，得亲其謦欬，也受到先生的厚爱。而我在这些难得的机会中，对先生的学识、贡献以及人格精神也有了更为深切的感受和认识。

　　2006年是饶先生90华诞。这一年的12月在香港举办了"学艺兼修·汉学大师——饶宗颐教授九十华诞国际学术研讨会"。我在会上做了《故宫、故宫文化与故宫学》的演讲，主要是探讨故宫学，论述提出故宫学的目的与意义。对于故宫学，先生认为其确实是一门大学问，大有可为。12月13日在香港会展中心举办庆贺饶先生90华诞宴会，我在祝词中谈了我对饶先生的认识，我说："文化是个不断积累的过程。在源远流长的中华文化的发展史上，无数杰出的人物曾做出过一个个伟大的贡献，他们成为发展历程中一座又一座标志性的山峰，饶宗颐先生就是其中的一位。饶先生学贯中西，识通古今，是个百科全书式的通才，他以几乎涵盖中华文化各个方面的研究成果，成为学界的泰山北斗；他以自己诗书画的艺术创造，在艺坛别开生面，蔚为大观，这也使他90年来的人生春秋闪烁出璀璨的光芒。我们庆贺饶先生的90华诞，是对文化的尊崇，是对文化创造者、推动者的尊崇。"我还认为："我们在看到饶先生的学术成就、肯定他的重大贡献时，他的成才之路、治学之道以及人格的魅力，也同样为我们所关注、所重视。他以自己的90年岁月，不仅使我们看到了一个学人的努力与贡献，同时也昭示了一个知识分子所应有的操守、品格、精神和境界。"

香港活动结束时，饶宗颐先生给了一个任务，让我为潮州颐园学术新馆撰写一通碑文。我有点惶恐，自己承担得了这个任务吗？看到先生信任的目光，我没有再犹豫，就直接从香港去了潮州。饶先生是潮州人，出身书香名门，有着深厚的家学渊源。他没有上过大学，连私塾也很少上，号称"自学成才"。但他在家乡受到了良好的也是独特的教育，家乡也是他做学问的起点。在潮州的访问学习，使我对先生的学术道路有了进一步的了解。

颐园是先生自题学术新馆之名。其地为先生早年读书旧址。20世纪90年代，潮州市政府为表彰先生学术成就与艺术贡献，曾建学术馆于此。十年后，有关方面因旧馆稍嫌局促，又集巨资，于原地扩建新馆。迨其落成，适逢先生90华诞，群贤毕至，良辰美景，亦一时之盛典。新馆位于潮州城东，为典型潮式庭院建筑。背倚开元禅寺，面向韩江，距广济桥不过咫尺，与韩文公祠隔江相望。通过考察、研究，我看到韩文公在人格理想、学术文章等方面对饶先生的重大影响，看到潮州对于饶先生一生的非同寻常的意义。我在碑文中写道：

潮州自韩文公为刺史，兴学崇儒，遂有"海滨邹鲁"之称，至今人受其惠。中国自韩文公倡文导道，文起八代之衰，道济天下之溺，至今人怀其德。苏子谓文公"匹夫而为百世师，一言而为天下法"，洵非过誉。而先生之于文公，正所谓异代接武者也。先生生于潮，长于潮，受文公遗惠深矣，于文公夙所心仪焉。年未弱冠，即撰《恶溪考》，于文公行迹颇多留意。年仅而立，又撰《韩文编录原始》，于韩文成集关注有加。后又尝对文公《南山》诗与佛教关系进行研讨，并藉其一百零二韵为大千先生颂寿。先生受文公影响亦殊深也。一生以传道授业解惑为己任。犹记改革开放之初，大陆学子得读先生论著，悉既惊且佩，师事者甚伙，私淑者又不知凡几。先生亦勇担导师之责，学界亦以领袖期之焉。而今值中华民族伟大复兴，文化复兴更属千秋大业。先生博学精艺，于文化领域无所不窥，厥绩甚丰，厥功甚伟，不仅有惠于当代，亦且有德于后世。盖比诸文公，何多让焉！而此亦余始终景仰先生之所在也。

碑文稿呈先生后，即获赐复。先生表示"以韩公与拙陋相比并论，使我惭汗无地，万不敢当"；并说到自己当年研究韩公《南山》诗的情况，对韩学发展"不能不随时代所左右"则感慨多端：

《南山诗》叠用"或"字，取自释典，具见其涉览之广。韩公诗集曾被Zach（按：Zach，德国人，全名为"Erwin von Zach"，音译为"埃尔温·冯·扎克）译成德文，哈佛出版。记当日拙文初次在京都大学文学部刊出，颇令学人惊异。陈寅老论韩愈名篇，未见及此。一度影响国内学术界探讨唐诗与佛典之关系，一时成为热潮。自《柳文旨要》风行之后，贬韩扬柳。弟首次在汕头大学提倡韩公学术会议，任继愈先生参加。以后河南遂有韩园之设，韩学复兴。深叹古今人物之臧否，不能不随时代所左右。东坡崇韩，实承其师欧公《本论》之说；溯其原，则后周贬释崇礼有以启之。年前在汤用彤先生首次讲释《宋学之渊源》已畅论之。

我很喜欢饶先生的绘画作品，他画的宗教画，他画的荷花，都有独到之处。2001年10月，当时的中国历史博物馆曾举办"饶宗颐教授书画作品展"，系历博首次为在世名家举办大型展览，成为当年京城艺坛一大盛事。众多展品中，《布袋和尚》及《青城山水》尤见饶先生特色。我写了《儒生本质释道情怀》一文对这两幅画进行评析（刊载于香港《文汇报》2004年10月9日），也得到饶先生的首肯。

2006年，香港有关方面拟将饶先生70余年来在书画方面的艺术成就，编辑一套皇皇12册的《饶宗颐艺术创作汇集》，笔者不才，有幸受邀，成为该书推荐人，为其中第四册《腕底山川》作了《贯通融汇 领异拔新》的代序。我提出，饶先生的学问与书画创作成就，可归纳为"贯通融会，领异拔

饶宗颐先生展品《金盏荷花》

新"8个字，前者需要以大学问为基础不断探求，后者需要以大智慧为底蕴坚持创造。其中书画一门，可为范例："这些书画作品，不仅用墨、用笔均甚讲究，如《论书》七古称'墨多墨少均成障，墨饱笔驰参万象'，又称'乍连若断都贯串，生气尽逐三光驰'，使人于欣赏之余，切实感受到一种酣畅淋漓的墨韵和刚柔相济的笔情；还将弹琴手法转化为书画笔法，将诗词'幽夐'意境转化为书画'空灵'意境，将琴心、诗心甚至禅心、道心统统转化为书心、画心，使人于欣赏之余，恍若听到抚琴、吟诗，进入一种参禅、悟道的虚幻境界。直至近年，饶教授对其书画技法，仍在不断创新。"

令我们感动的是，此后的饶老仍然孜孜不倦地研究创作，特别是在中华传统优秀文化的传播上贡献良多。近10年来，荷花成了饶老的主要绘画题材，而他也为荷花绘画开创了不少新的技法与路向。由此产生的"莲莲吉庆——饶宗颐教授荷花书画巡回展"，就是透过荷花作品来彰显其"学艺双携"的主张和不断向前的创作力。2017年6月24日，百岁饶公亲赴法国巴黎出席"莲莲吉庆——饶宗颐教授荷花书画展"开幕式；11月18日，饶公又出席了在中国美术馆举办的"莲莲吉庆——饶宗颐教授荷花书画巡回展"开幕式，观者如堵，场面热烈而又庄严。笔者有幸见证了这场盛大的典礼活动，并填《浣溪沙·敬观饶宗颐教授荷花书画展》作为纪念：

笔下风荷别有天，满堂清气意中禅，人间百岁老神仙。　　仲夏花都添雅韵，初冬燕市漫祥烟。乾坤吉庆庆连连。

讲一件去年发生的令我感动不已的事。2017年，中国文史出版社为我出了本书《寸进集》。我的书斋叫"寸进室"，表明笔者遵奉脚踏实地、一寸一寸、一步一步前进的古训，坚持学问贵在积累的理念。"寸进室"为饶先生所题。每当我面对先生苍劲浑厚的这三个大字，总是油然而生敬意，增长了不

饶宗颐先生为郑欣淼题《寸进集》

断前进的力量。于是遂借室名，把这本文集取名为《寸进集》。在与编辑同志讨论书名时，又生发了一个奢望：可否请先生题写个书名？去年先生整整一百岁，与香港朋友联系时，感到为此劳烦，心中总有点不安。6月7日发出请求信息，6月10日早即传来喜讯，说饶公9日晚已欣然题写，14日我在北京就收到了由香港快寄来的墨宝。饶公赐写书名，无疑是对后辈的提携和鞭策。"大喜过望""如获至宝""铭感五内"等词语，是我内心的真实反映。百年岁月，先生的书法也返璞归真，但其中仍可感受到风云沧桑。我遂写了这样一首小诗：

潮州烟水拜颐园，百岁选堂堂庑宽。

欣赐题签敛锋笔，依然笔底有波澜。

特别令我永志难忘的，是 2017 年 12 月 20 日，饶先生出席广东省东莞市长安镇饶宗颐美术馆奠基仪式，而我也忝为嘉宾，共同见证了这一颇有意义的盛典。先生 2003 年曾在长安镇休养度假，在莲花山下创作了《莲峰春晓》等许多书画作品，自此与长安镇结下了深厚情谊。2008 年，先生在长安镇图书馆建立内地首间个人书籍专藏室"选堂书室"，又在 2012 年授权长安镇以饶宗颐姓名注册、建设美术馆。2017 年 12 月 20 日这天，百岁高龄的饶老从香港乘汽车到长安镇，用了两个来小时，中午休息了一阵，下午就参加活动。这天虽然主要是饶宗颐美术馆奠基仪式，但还有长安镇第六届文化艺术节的开幕式，这个艺术节的重点项目"莲莲吉庆——饶宗颐教授荷花书画展"与"茶熟香温——饶宗颐教授铭绘茶道美术作品展"，也是饶先生带来的。活动从下午 3 点持续到 5 点多，整整花了两个多小时，先生一直坐在台下，还几次上台参与有关仪程，最后又亲到奠基现场，看到了这一寄予着自己期望的美术馆的奠基过程。我作为嘉宾代表，对饶老充满敬意，对长安镇的文化建设充满期待，也发表了几句感言："饶宗颐美术馆落户长安镇，是饶老传播优秀传统文化艺术的又一贡献，不仅是长安镇文化发展的一个里程碑，也是长安镇提升城市品质的重要标志。"

饶先生那天精神似不大好，据他的女公子饶清芬说，因为知道第二天要来东莞，先生昨晚有些激动，睡得迟，没有休息好。先生也说了些话，一般人听不清，还是饶女士与他交流，说是饶老今天很高兴。幸运的是，中午吃饭，下午开会，我都是紧挨着饶先生，与他坐在一起。能为饶老做点服务，这是我的福分。全部活动结束，已是暮色苍茫，我们目送饶先生一行的汽车离开了长安镇。

从2017年12月20日到2018年2月6日，过去不到50天，新年新春，噩耗惊传，泰山其颓，一代文化巨人遽然仙逝！东莞长安镇饶公美术馆奠基仪式之情景犹在目前，《寸进集》墨宝之厚爱永铭于心！先生于中国文脉之延续，厥功甚伟，斯文长存，饶公长在！

（原载《人民政协报》2018年2月12日）

从丹青大家到临摹神手

今天我们召开座谈会，隆重纪念冯忠莲先生诞辰90周年，追思她的艺术成就、道德风范，我认为是很有意义的。这不仅在于解读一代艺术大家、绘画大师成长经历的启迪，也是对老一辈故宫人敬业精神的弘扬，在如今实践科学发展观的伟大进程中，对文物保护事业的发展和传统技艺的传承有着积极的推动作用。

冯忠莲先生生于1918年，自幼习画，1938年她以优异成绩考入北京辅仁大学美术系，师从中国现代国画大师陈少梅先生，画艺得以精进。她的才力和勤奋精神深得陈少梅先生和美术系主任溥雪斋先生的赏识，在学习期间每年都以第一名的成绩受到学校嘉奖。毕业时，校长陈垣先生亲自为她颁发了奖章、奖状，她被誉为辅仁大学的"女状元"。她不仅是陈少梅先生的得意门生，还与其结为伉俪，被画坛誉为"梅莲并蒂耀丹青"。

冯忠莲先生在绘画上有深厚的造诣，这从她的代表作《江南春》《涛声》等山水、人物、佛像、仕女画中我们都能有所体会。就在她的国画创作大展才华的时候，她却在1953年受聘荣宝斋，开始了艺术生涯的一大转折。接下来的三十

冯忠莲先生临摹古画

二年里，她毅然放弃了创作，为了祖国的文物保护事业，开拓了中国美术的另一番天地，做着默默无闻的，但却是功德无量的古画临摹工作。

　　说起古书画的临摹，自古有之。俗语说"绢寿八百，纸寿千年"，一语点中古书画临摹的要义。古代书画的临摹自东晋就已得到方家的重视，并兴盛于唐宋。唐代著名鉴藏家张彦远认为，临摹、拓写古书画"既可希其真迹，又得留为证验"。事实表明，晋唐以来的许多名作，都是靠临摹得以流传，使我们后人能够大饱眼福、陶冶性情。自署"天下一人"的宋徽宗赵佶，就是一位临摹大家，他临摹的唐代著名画家张萱的《虢国夫人游春图》，使早已失去的原作有幸以此摹本而流传至今。冯忠莲先生1953年受聘荣宝斋之后，恰巧的是，她到辽宁博物馆又临摹了《宋赵佶摹唐张萱虢国夫人游春图》，自此开拓了她的古画临摹事业。临摹古书画并不容易，开始她就遇到了颜色漂浮画面的问题，经过不断实验、研究、探索，才将问题解决。也正是这一过程，激发了她的探求古书帛画临摹的热情，与临摹结下了不解之缘，为它献出了几乎全部的艺术生命。

临摹是古书画复制的传统技法，临是看着原作画，摹是下面有稿子，要丝毫不差地照着稿子画下来，临摹便是两者的结合。工作要求极其精细复杂，必须一丝不苟，对临摹者的体力和眼力都是严峻的考验。由于大多画幅较宽，不能坐着画，只好站着或趴在案上，有时一趴就是几个小时，一天下来，腿疼，腰酸，眼睛发胀。1956年，她被任命为荣宝斋编辑室主任。在以男性为主的国画界，一个女人能任此要职，其功力可见一斑。她还临摹复制过宋代《洛神赋图卷》《宋人画页》、清袁耀《万松叠翠图》、明仇英《白马如风疾图》等，1973年还与陈林斋先生合作临摹了《长沙马王堆一号墓西汉帛画》等。

冯忠莲先生在古画临摹上的代表性成就，是临摹北宋张择端的《清明上河图》，也由此造成了她与故宫的缘分。20世纪50年代末，故宫博物院出于保护珍贵文物的需要，开展了古书画的摹制工作，准备复制一批高水平的摹本代替原作进行展览，其中就有《清明上河图》。1960年初，荣宝斋接受了这项重要的任务，要求临摹工作在一年内完成，因为临摹作品将承担为1961年"七一"建党四十周年献礼的重任。

荣宝斋是驰誉我国书画界的百年老店，其临摹水平在国内可谓首屈一指。它的编辑室聚集着很多知名画家，但即使拥有这样的实力，要在一年内完成临摹《清明上河图》的任务，依然是不可想象的。荣宝斋的领导经过反复研究，始终不能确定临摹的最佳人选，最后经理侯恺作出了决定："比较之下冯忠莲最为合适，因为她很刻苦，也没有其他的奢望。"历史的重任就这样落在了冯忠莲的肩上。1962年冯忠莲正处于才思焕发的黄金时期，她接受了被誉为"中国第一画"的《清明上河图》的临摹任务。

　　《清明上河图》是我国历史上不朽的绘画珍品。它是一幅社会风俗设色绢本长卷（高二十四点八厘米，长五百二十八厘米），描绘的是北宋都城汴梁（今开封）早春时节汴河两岸物阜民丰的数十里风光的繁华热闹景象。全图规模宏大，结构严谨。画中人物五百五十多个，牲畜六十多匹（头、只），木船二十多只，房屋楼阁二十多栋。如此丰富的内容，为历代古画所罕见。可贵的是画中每个人物、景象、细节都安排得合情合理，疏密繁简、动静聚散的关系处理得恰到好处，繁而不杂，多而不乱。这对后世临摹者来说，不啻一项巨大的工程。要将这幅举世罕见的作品临摹下来，对临摹者的画功、眼力和悟性都有极高的要求。张择端画成《清明上河图》后的几百年间，有很多著名的画家都曾临摹此画，但普遍与原作存在较大差距。冯忠莲先生虽然当时已经成为荣宝斋的业务骨干，但要临摹《清明上河图》这样的千古名品，仍然是一次巨大的挑战。她深知这一任务的分量，全力以赴，每天早出晚归，不论刮风下雨、酷暑严寒，从不间断。不料很快就遇上了十年内乱，被迫停工。

1972年10月，冯忠莲先生调入故宫博物院做古书画临摹工作。直到1976年才得以继续临摹《清明上河图》，这时她已年近花甲，患有高血压和眼底血管硬化症。而且经过十年岁月，绢素、色彩以及自己的臂力都有很大变化，但她克服重重困难，使摹本保持了前后一致，丝毫看不出衔接的痕迹。1980年9月，终于大功告成。摹本的艺术效果和古旧面貌，与原作极为相似。同时，她还努力为故宫培养古画临摹人才，不但无私地传授技艺，还传思想，传作风，真正做到严肃认真，为我院培养了一批古书画临摹复制工作者。如今这十多人都成了中坚力量，他们正在不断努力，专力揣摩原作，于形处入神，于神处得画，继承着先人做的事业。据了解，从他们现在在这一专业上的水平和总体架构来看，在全国乃至世界可以说是顶尖的了，因为，大多博物馆没有或没有这么多位古书画临摹工作者，也没有像我院这样能够临摹难度大、技法高的皇家藏品。目前，他们正在抓紧临摹清代丁观鹏的十七幅《罗汉像》。但这些学生如今也大多到了相继退休的年龄，这一门类又出现了青黄不接的状况。

冯忠莲先生曾任辅仁大学美术研究会顾问、中国美术家协会会员、中国画研究会会员。1988年6月，冯忠莲先生的学术专著《古书画副本摹制技法》由紫禁城出版社出版。12月，冯忠莲先生被聘为中央文史研究馆馆员，为当时仅有的两位女馆员之一，另一位是老舍夫人胡絜青。1991年9月，中央文史馆馆员书画展在香港举行，冯忠莲先生有十七件作品参展，备受赞誉。见过冯忠莲先生绘画的人常常感慨说：

以冯先生的笔墨功力，如果一生从事国画创作，其成就将是不可估量的。而冯忠莲对自己早年的抉择却一点也不后悔，她说："文物保护是造福子孙的事业，我能用我的画笔为她奉献一份力量，我觉得心里很踏实，没有虚度此生。"当时接受香港《文汇报》记者采访时，冯忠莲谈到了三十多年从事古画临摹的感受："在此期间，有机会欣赏其他人难得一见的历代珍品，亦磨炼了国画的基本功夫，熟悉历代绘画不同特征，只可惜是要忠于真迹，绝不能带半点的发挥。"恰是通过三十年来对名家精品书画的临摹，汲取各家的精髓，使她的创作笔墨更加精练，使她的眼界更加开阔。

2005年10月10日，北京故宫博物院迎来建院八十周年华诞。"《清明上河图》专题展——宋代风俗画展"在延禧宫古书画研究中心隆重举行，与《清明上河图》真迹同时展出的，还有六件仿本和一件临摹本，这唯一的临摹本就是冯忠莲所绘。

纵观冯忠莲先生的一生，是艺术的一生，是淡泊名利、甘当无名英雄的一生，是传承祖国古老文化的一生。正如2001年8月31日《人民日报》刊发的题为《冯忠莲同志逝世》的新华社通稿中所说的，她"在临摹复制古代书画方面有相当成就和影响"。我们将永远铭记，不能忘怀。

（本文为作者2008年10月31日在故宫博物院举办的纪念冯忠莲先生诞辰九十周年座谈会上的讲话）

短简小诗忆旧游

20世纪40年代末，在中国大陆政权鼎革之际，故宫博物院南迁文物中的四分之一被运到了台湾。于是，在台湾也有了一个故宫博物院——台北故宫博物院。

海峡两岸两个故宫博物院的同时存在，颇为当今国际社会所关注。这因为，两个博物院的藏品都主要来自清宫旧藏，原本是一个整体，都是一脉相承的中国传统文化艺术的精华。从这个角度上看，故宫已成为源远流长的中华文明的象征。两岸故宫的交流与合作，就有着更为深刻的意义，也格外引人注目。但长期以来，由于人们都知道的原因，两岸故宫博物院的在任院长都无缘访问对方。

2002年岁末的最后一天，我作为在职的北京故宫博物院院长，来到了台北故宫博物院。在地下库房，我考察了文物保管状况。那着意保留的当年文物南迁时用过的包装箱，伤痕斑斑，把我的思绪引入到几十年前的艰难岁月。在展览大厅，我看了许多文物珍品，有毛公鼎，有翠玉白菜，等等。翌日，也就是2003年元旦，《中国时报》头版刊登了我在台北故宫博物院观看毛公鼎的照片，并以《当故宫遇见故宫，两岸历史性一刻》为题，对我的访问作了报导。舆论普遍认为，这次访问是两岸故宫之间交流的良好开端，在两岸文化交流中也具有标志性意义。

到了台湾，来了台北故宫博物院，有一个人是要拜访的，这就是前任台北故宫博物院院长秦孝仪先生。

2003年的第一天，台北是冬季常见的那种多云天气，颇觉宜

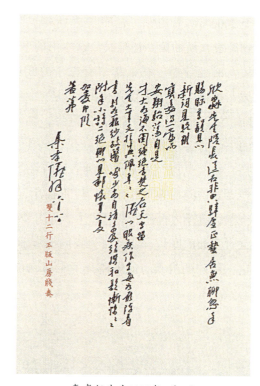

秦孝仪先生2003年6月8日
致函郑欣淼

人。在凯丽饭店，我与秦孝仪先生见了面，作陪的还有原台北故宫博物院副院长张临生女士。这一年秦孝仪先生82岁，刚遇丧偶之痛，所幸心情渐已平复。他面慈目祥，说着我不能完全听懂的湖南话。我送先生两册北京故宫的文物图录，先生则送了我几种礼品。一套《故宫跨世纪大事录要》，书名为他所题，分上下两卷，上卷从1924年11月驱逐溥仪出宫、清室善后委员会清点清宫物品开始至1982年；下卷从1983年起至1999年。秦孝仪先生从1983年1月出任故宫院长

至 2000 年 4 月离职，任职长达 18 年，为 1965 年台北故宫博物院成立后的第二任院长。这本书的下卷即记录了先生署理故宫时的业绩，概括起来有三个方面：一是"以第一流科技，护惜七千年华夏文化"；二是"结合国人集藏，开启大陆联展"；三是"把故宫推向世界，将世界引进故宫"。以他的书法作品制作的 2003 年挂历，则十分精巧。令我感动的是，初次见面，先生带来他书写的六体"千字文"，还有他在大陆访问期间写的诗歌，让我欣赏。秀美的书法，隽永的诗意，我读之再三，不忍释手。先生长我 26 岁，我想他之所以对我如此厚爱，就是因为我们都从事着保护中华文化遗产这一特殊的机缘。他虽离开了工作岗位，但还是心系文物，心系故宫。

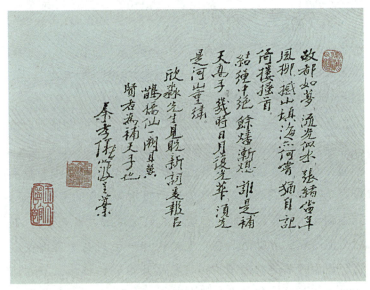

秦孝仪先生 2003 年 6 月 16 日赠郑欣淼词

我向秦孝仪先生介绍北京故宫的情况，他听得很认真。2001年，先生回大陆，去了西安、南京、北京等地，参观名胜，凭吊遗迹，感慨处多化作缕缕诗情。在南京朝天宫，他看了当年故宫南迁文物存放的库房。在北京，"入故宫周视"，发出"十八年间柱下史，客来仿佛是黄初"的感叹。他重视两岸故宫的交往。在先生任上，两岸故宫合作也有了突破。1992年两岸故宫各选具有代表性的艺术珍品76件，合152件，汇编成《国宝荟萃》一书，在香港梓印，长河一脉，璧合珠联，比较全面反映了五千年中华民族历史文化的成就与贡献。他人在台湾，却时刻关注着北京故宫。2002年，澳门举办北京故宫的"怀抱古今——乾隆皇帝文化生活艺术展"，展出的大多为故宫一、二级文物，弥足珍贵，秦孝仪先生专程赶赴澳门观赏。有意思的是，台北故宫博物院此时也举办了"乾隆皇帝的文化大业展"。2002年11月，北京故宫与上海博物馆、辽宁省博物馆联合，在上海博物馆举办"千年遗珍国宝展"，故宫拿出了晋王珣《伯远帖》、隋展子虔《游春图》、唐韩滉《五牛图》、唐阎立本《步辇图》、五代顾闳中《韩熙载夜宴图》、北宋张择端《清明上河图》、元黄公望《天池石壁图》等22件书画巨品，海内外为之轰动，先生亦专程到上海观看，并作诗纪念。故宫的渊源，故宫的事业，故宫人的责任与担当，使我与秦孝仪先生虽是初交，却一见如故，话颇投机。

在我离开台湾的前一天，细雨蒙蒙，我应邀去林百里的广达计算机股份有限公司参观。林先生是台湾知名企业家，也喜好文物收藏，特别是珍藏的一批张大千黄山绘画很有特色，也藏有清宫流失出去的文物。当我到广达计算机公司珍藏室时，惊喜地看到秦孝仪先生也在这里。原来先生退休以后，任广达文教基金会荣誉董事长，投身社会文化公益事业。珍藏室在高楼上，面积也不大，但布置得很雅，我们在这里不知不觉又谈了两个多小时。

当我与秦孝仪先生第一次见面，看到他带来自己的书法及诗作时，十分喜爱，曾不揣冒昧，请先生复印一份寄我，以便慢慢地品赏。我回大陆不久，即收到了他用快件寄来的信及一叠诗稿影印本，这令我深为感动。来信如下：

> 前日良"觌"，谭燕甚欢。紫芝眉宇，长萦梦寐。小诗原不当大雅一笑，仍如命驰陈数页，跂望指疵。高咏正切思慕，尚乞因风寄声为感。此候欣淼先生院长道茀。

孝仪再拜元.九

北京故宫博物院紫禁城出版社编印了一册2003年周历，选用清宫玺印，名曰《历史印迹》，缎面精装，典雅大方，我随即寄了一册给秦孝仪先生，他也来信致意：

> 远贶历史印迹，既佩护惜之殷，尤感注存之盛。拙作附请清诲，并博莞尔。

秦孝仪拜元.十一

二

2003年中国大陆发生的一场"非典"疫情，其来也忽、去也速，但一时曾弄得人心惶惶，草木皆兵。现在看来一些荒唐的做法，当时却似乎合情合理。4月下旬，当我从国外结束出访回京时，因随行人员体温偏高，我虽一切正常，但仍被迫在家"休息"了半个月。蛰伏小室，无所事事，忽然想到了在台湾所写的一些诗词草稿，现在不是有了推敲的时间吗？于是，我对这些诗词作了修改，并把其中四首词寄给了秦孝仪先生。

心波先生：

年初台湾之行，怅触甚多，爰有诗词若干，现寄上四首词，两首是赠先生的，请哂正。近来两岸"非典"肆虐，望先生珍摄。专此，敬颂

时祺

郑欣淼

二〇〇三年五月二十七日

所寄四首词如下：

贺新郎

在台北怀故宫文物南迁

往事堪回顾。叹陆沈、国之瑰宝，烽烟南渡。万里

间关箱过万，黔洞川途秦树。说不尽，几多风雨。辗转西行欣无恙，故宫人、辛苦凭谁诉。十七载、无双谱。　　从来中土遗存富。更明清、琳琅内府，萃珍瑶圃。蓦地离分无限憾，默默思牵情愫。永保用、文明步武。热血殷殷浓于水，中华心、一海焉能阻。统一业、本根固。

百字令

参观台北故宫博物院

青山碧水，有高楼云耸、奇珍堆就。禁苑精华惊并世，今且匆匆消受。翡翠雕工，毛公鼎古，偿愿看琼玖。恁多书画，氤氲华夏灵秀。　　遥想抗虏当年，风云变色，国宝睽离久。但有故宫名两岸，一脉相传深厚。贝库村边，外双溪畔，文教称渊薮。潇潇冬雨，却如畅饮清酎。

苏幕遮

赠秦孝仪先生（二首）

谢先生宴请

不群才，良匠手。六体皆工，满纸龙蛇走。更有诗心如锦绣。新赋三都，个里乡情透。　　杖头鸠，张绪柳。善目庞眉，且喜犹抖擞。绮席清欢元旦又。似故初逢，娄尾倾樽酒。

在广达计算机公司珍藏室遇先生

小庭幽，冬雨悄。偶入琅环，偶见公辛劳。题跋行行求曲奥。百面黄山，件件连城宝。　展长才，呈雅好。效力民间，承教说玄妙。呵护珍藏忘渐老。应葆童心，缘在山阴道。

秦孝仪先生收到我的信及词后，于6月8日、6月16日先后两次复信，并寄来他的诗和词。

6月8日的信及诗如下：

欣淼先生院长道右：

"非典"肆虐，正蛰居无聊，忽奉赐视高韵，且以新词见贶，虽褒嘉过当，而安翔骀荡，自是才大如海。不图绳绝书焚之后，天尚留先生大笔支拄中兴，佩幸，佩幸！仪以眼疾，作字每如雁阵，看书则如笼纱。故医嘱少安自靖，未及结撰和韵，惭悚，惭悚！附奉小诗二绝，聊以见鄙怀耳！入夏加爱，即候着祺。（原信无标点，标点为笔者所加）

秦孝仪拜六月八日

行行字字尽斜斜，篆隶支吾不一家。
花笑江淹真梦笔，先生袖手看笼纱。

斗大矾红记学书，寸光老去目模糊。
平生海岳都寻遍，莫笑孤儿不出湖。

乡人讥蠖屈无用者谓之不出湖，盖湖南北限洞庭也。

病目卧磁核共震榻中三十分钟成二绝句

时年八十三

我的诗词创作，亦为"遣兴"而已，偶一为之，缺少根基，先生的话，足见奖掖之意。

6月16日的信及词如下：

欣淼先生院长道右：

前札计先此入察。北京台北皆陷于"非典"肆虐之中，莫往莫来，念念蕴结。久不填词，奉读百字令、苏幕遮、贺新郎诸阕，弥美清才丽句，不惭君家板桥。以眼疾习静，遂亦填鹊桥仙四韵，自嫌荒落，聊寄左右，一博莞尔。即候着茀。

秦孝仪拜六月十六日

故都如梦，流光似水，张绪当年风柳。撼山填海亦何尝，犹自记倚楼搔首。　　结绳中绝，余燔渐熄，谁是补天高手？几时日月复光华，须先是河山重绣。

欣淼先生见贶新词，爰报以鹊桥仙一阕，且冀贤者为补天手也。

秦孝仪心波呈稿

但不知什么原因，6月16日的信，我是6月26日收到，而第一封信却迟至6月30日才收悉。

三

人不可以无癖。秦孝仪先生喜好收藏，尤用心于文房清玩，诸如牙、骨、竹、木雕等各类文房用具，颇多精品，驰誉台湾收藏界。2000年，他在卸任台北故宫博物院院长之际，将这些毕生的收藏以及明清善本旧籍等，悉数捐献给台北故宫博物院。这是一种通达的收藏态度，一种令人起敬的情怀。2004年，他在台北举办了个人诗文书法文房展览，尔后打算到大陆展出，并先后联系过几个地方。也有人找到我，询问在北京故宫举办展览的可能性，我即一口答应，但先生最后还是选择了在自己家乡的博物馆——湖南省博物馆举办，这是凝结先生心头的一份深沉的故园之情，我是充分理解的。

2005年10月10日，故宫博物院建院八十周年。一系列令人紧张难忘的纪念活动后，我赶赴长沙，应邀出席"笔力诗心——秦孝仪诗文书法文房展"。10月20日，我们在湖南省博物馆典雅的会客厅见了面，握手寒暄，互道契阔，都很高兴。时间如过驹，三年不见，先生步履蹒跚，又衰老了不少，但思维清晰，情致不减。当时，我送他宋人赵昌《写生蛱蝶图》的复制品，还有几本故宫的文物展览图册。

"'未老莫还乡，还乡须断肠'，这就是孝仪迟迟未思还乡的隐痛。"先生在展览会开幕式上的这个开场白，让到会的宾客为之动容。他满怀深情地说："虽然个人读书、为学、任事，都行役于三湘之外，以至于行役于海峡对岸，但个人的区区根器，还是或多或少得之于'岳峻湘清'的灵淑之气。"

长沙国际会展中心的午宴，自然又成为我们欢谈的好机会。两岸故宫是总会触及的话题，但先生这一天最感兴趣的似乎还是湖南，这个令他日思夜想而又实实在在回到了的家乡。这个家乡，是和潇湘的灵秀、衡岳的高峻、巴陵的胜状以及屈子的行吟、范仲淹的忧乐等等联系在一起。这次回乡，不也是文化寻根吗？有所触发，我曾作了一首小诗：

游子忽焉老，故园秋亦深。
湘分岳麓气，楚些汨罗魂。
文笔惊殊域，收藏富宝珍。
忘年情谊重，相见语谆谆。

四

2005年暮春，我收到秦孝仪先生托人转送的他的两部作品集——《玉丁宁馆诗存》《玉丁宁馆剩墨》。先生旧学根底深厚，才华横溢，喜好吟咏，所作多为七绝，佳句迭出，无论记游还是感事，喜用典而又贴切，诗情盎然且深意寄焉。先生的书法，笔有刀趣，字有篆意，他虽不作画而字有构图，墨色丰富，独具风貌。在他身上，笔力诗心，互为表

2005年10与15日，郑欣淼在长沙举办的
秦孝仪文物展开幕式上致辞

里；儒情雅致，相得益彰。读先生两本书，收获很多，出席
完先生的展览回京后，我写了一首诗，抒发了自己的读后
感：

> 万样心波两怅凝，洋洋盈耳玉丁宁。
> 文房清玩个中趣，书道雅怀底事名。
> 若有萦思梦九县，颇多逸兴赋三京。
> 此生何者堪铭记？文物彬彬故国情。

这首诗我没有寄去，而是准备去台湾时亲自送给他，但
天不慭遗，先生遽然仙去，留给我的是痛惜和遗憾。

前不久，广达文教基金会向同秦孝仪先生"相交笃厚"

的人士征稿，拟在2008年1月，亦即先生辞世一周年之际结集印行，以为对先生的怀念。笔者有幸也在约请之列。我与先生不能说交情深厚，但那次数虽然不多却如坐春风般的晤会，那彼此间颇堪回味的文字情谊，却怎么也忘不了，即使没有约请，我迟早也会写出来的。

拉拉杂杂写了这些后，我在想，秦孝仪先生留给我的最深的印象是什么？想来想去，觉得还是充溢在他身上的那种中华传统文化的精神，这是一个信念，也是一种力量。正是这种信念与力量，使他重视民族文化的传承，重视故宫文物的保护。而这种信念与力量，无疑也激发我们这些后来者不懈地努力，恪守文化遗产守护者的职责。

（收入台湾广达文教基金会编印《秦孝仪先生纪念文集》，2008年3月；并刊载《紫禁城》2007年10期、《中国文物报》2008年1月16日；《新华文摘》2008年第8期转载）

张忠培先生对于故宫学术人才培养的贡献

　　张忠培先生是故宫博物院原院长，在故宫的建设与发展上做出了重要贡献。我想谈谈他对于故宫学术发展的贡献。在这方面，我认为特别重要的是，张先生抓住了学术发展的根本——人才培养，他首次有计划地成规模地接收大学生，开始了故宫自觉培养人才的时代。这也是故宫博物院持续发展的百年大计。

　　人才是事业的根本，也是学术发展的基础。1925年故宫博物院成立时，其干部和业务队伍主要是大学教师与学生。因战争、动乱等各种原因，故宫人才有过中断，特别是在中华人民共和国成立初期，人才十分缺乏。难得的是吴仲超院长，从大学、从其他行业、从社会上，引进了一批学者教授、文物专家以及文物修复、古建修复专家，加上故宫原来的专家学者，这些人在20世纪50年代至60年代初故宫博物院的恢复与发展中起了重要作用。这也是吴仲超院长的历史性贡献。

　　中国的20世纪80年代是一个令人怀念的年代，改革开放是其主要特征，故宫博物院也如沐春风，遇到了新的机遇与挑战。张忠培先生就是在这个历史时期进入故宫主持工作的。张先生认为，故宫博物院是国家大馆，其未来发展取决于现在年轻人的文化素质。但现实状况却很严峻，当时故宫职工队伍，文化程度普遍不高，大学生少。1987年故宫博物院共有职工968人，其中本科毕业生仅44人，张先生调来后，学历就是最高的，他是副博士，相当于现在的硕士研究生。加上他45人，约占职工总数的4.6%。

接受过大学教育的人，作为社会新技术、新思想的前沿群体，是国家培养的专门人才。从故宫当时的职工队伍状况出发，张先生认为有计划地接收大学生来故宫工作，对于从整体上改变和提高职工的文化素质，对于故宫的长远发展，意义是重大的。

当然在此之前故宫也引进过一些大学生，但因多种原因，包括职工宿舍十分紧张等，引进来的人数很有限。有计划地成规模地接收大学生，把他们与故宫博物院的未来联系起来，这是从张忠培先生开始的。当然这也有个过程，1987、1988年引进的本科生、硕士研究生还较少，到了1989年，一下就引进了10名本科生、2名硕士研究生，1990年又接收本科生7人、硕士研究生2人，1991年仍有本科生6人、硕士研究生1人。开了这个头，虽然每年接收的大学生数量有些变化，但作为一种引进人才的理念，逐渐形成共识。

张先生说，不能搞近亲繁殖，接受毕业生不能小家子气，要面向全国各名校延揽好的毕业生，不能以没有宿舍为理由，把青年才俊拒绝于门外。为此故宫博物院克服了许多困难，作了多种努力。一直到20世纪90年代初，根据故宫业务发展和学科布局、配置，大量接收了来自北大、清华、北师大、中科院、社科院、中山大学、吉林大学、中央美院、中央工艺美院、南开大学等院校的四五十位毕业生。为了对引进工作负责，张先生要审看求职者的毕业论文，甚至指导老师的论文他都要认真阅读，以便于全面了解毕业生的学术背景。录用毕业生，也不限于北京市的生源，其中有许多是外地户口的求职者。同时，故宫重视和鼓励在职职工参加各类培训以及多种形式的高等教育，鼓励自学成才，并给予多方面支持。

从21世纪初以来，故宫继续在全国范围内录用优秀的硕士、博士研究生，并且与有关机构合作培养硕士、博士研究生，建立博士后工作站，也是基于张先生在人才引进方面的理念。现在故宫在职人员1176人，其中本科学历452人、硕士研究生253人、博士研究生64人，本科以上学历的职工占在职职工总数的65.4%。这是一个深刻的、了不起的变化。

在积极引进大学生的同时，张先生又重视学术人才的培养。故宫需要人才，需要专家。人才与专家可以引进，但更重要的是靠自身的培养。人才是有层次的，受过大学教育，在一定意义上说也是人才，但要完全适应故宫工作，进而成为工作骨干和某方面专家，还需要进一步培养和提高。故宫作为博物院，是以文物（可移动文物与不可移动的古建筑）作为研究对象，这不同于一般的主要以文献为对象的研究机构。故宫学术人才的成长，始终离不开文物，与文物的收藏、保护、展示不可分割。长期以来，故宫也形成了具有自身特点的学术传统，即从具体文物入手，以解决问题为导向，利用、借鉴有关研究方法，立足于具体文物和文献的互证，坚持史与物的结合，实事求是，论证严谨，力戒空论。热爱文物，熟悉文物，钻研文物，数十年坚持，不断积累、提高，这是故宫人才成长的规律。

张先生对学术人才的关怀是从严格要求开始的，要求年轻人把已有的知识基础与故宫学术传统结合起来，加强学术训练与学术规范。进入20世纪90年代，他更加关注年轻人的业务发展，认真阅读他们发表的论文，每次院里组织的论文审读会，他都是最后离开的。他关心、了解许多年轻同志的业务成长经历，掌握不少业务人员的学术方向和定位。他们有了成果，张先生便积极肯定；发现问题，则给予严肃批评和耐心帮助，并无私地提供有关材料和正确的研究方法。我相信，他的苦心给许多人都留下了终生难忘的教益。这些人已成为故宫博物院文博和科研工作的主力，一些人已成为宫廷文物和历史、书画、陶瓷、工艺、织绣、藏传佛教文物以及古建筑、文物保护、文物出版等领域著名的专家和学者。

从21世纪初期以来，张忠培先生一直担任故宫博物院学术委员会副主任，他对院学术发展和建设最大的贡献是坚守学术道德，鼓励学术创新，强调学术发展必须坚持实事求是的原则。这也是他平时谈论最多的话题。故宫博物院在学术管理方面坚持正面导向，分别在2009年、2012年与2015年顺利地进行了学术论文和科研项目的评奖工作，这与他的大力支持和严格要求分不开。

从故宫博物院学术发展史看张忠培先生的贡献，当有更深切的体会。

故宫是一座博物院，也是一个学术机构。20世纪30年代是故宫博物院发展的黄金时期，一大批民国知名专家学者齐聚故宫，从事文物整理、鉴定、保管及研究工作，并逐渐形成了公开、开放的学术氛围和研究传统，也使故宫成为一个著名的学术机构。诚如著名学者李济所评述："查原有之故宫组织，为一纯粹的学术性质，其行政机构亦偏重于此类功能。"①新中国成立后，引进了一批人才，他们与故宫原来的专家一起，直至"文化大革命"前，按照博物馆的基本要求，从故宫实际出发，主要从事基础性的建设工作，其学术研究的方向也体现在这一方面。中国共产党第十一届三中全会以后，故宫博物院也为学术研究提供了良好的条件，形成了比较浓厚的有利于学术发展的氛围，特别是许多老专家勤奋撰著，成果迭出。但当时也面临后继乏人的局面。时代不同了，当年吴仲超院长可以引进一批顶尖人才，到了20世纪80年代，在各个行业都要大发展、都需要人才的情况下，故宫再要像以前那样大量引进人才显然是很困难的。因此，张忠培先生有计划地成规模地引进大学生，其实是为故宫新一代学术人才的成长培植土壤，为故宫学术的薪火相传做基础工作。这个做法见效似乎有点慢，但却最有效，最为持久。实践已做出了回答。

2012年单霁翔同志主政故宫博物院，在着力抓好"平安故宫"建设的同时，十分重视故宫的学术研究，重视"学术

---

①李济：《受管理中央庚款董事会委托调查抗战时期故宫古物搬运存放情形报告书》，1938年11月10日。

故宫"的建设。2013年10月，单院长筹划的故宫研究院宣布成立，是"学术故宫"建设的有力举措，也标志着故宫学研究进入新的阶段，在故宫博物院学术史上有着重要的意义。现在故宫研究院下设1室20所。有单霁翔院长的支持与指导，有张忠培先生作名誉院长，忝列故宫研究院院长的我顿觉有了底气。张先生大力支持研究院工作，帮助具体谋划。由他指导成立的考古研究所，已以其一系列重要成果为文博考古界所瞩目，也充分显示了故宫研究院的活力。

知道先生有病，也知道先生病重，但先生的遽尔谢世，却是我万万没有想到的。

2017年4月17日，我收到张先生在中华玉文化中心第五届年会上的讲稿，收录于《玉魂国魄——中国古代玉器与传统文化学术讨论会文集（七）》（浙江古籍出版社，2016

年），即与先生联系，约定畅谈一次，但为琐事所扰，一再推后。7月5日，惊悉先生病逝噩耗，我抱憾不已，曾赋诗悼念：

> 哀哉亡大雅，百感自难禁。
> 短杖孤松影，幽怀空谷音。
> 世人崇考古，夫子贵知今。
> 有约长留憾，鸿文所思深。

先生的离去是中国文博界的一大损失，更是故宫学术事业的重大损失。但是先生的教诲犹在、著作犹在，他与故宫先贤一起留下的精神遗产，永远激励着后来者。故宫的宏伟事业是长青的，故宫的学术长河是不息的。我们会更加努力，继续前行，以告慰先生！

道范长留，先生千古！

（本文写于2017年7月28日，收入《纪念张忠培先生文集·怀念卷》，故宫出版社，2018年）

李敖的捐赠

李敖（1935—2018），台湾著名学者、作家。

2005年9月25日，李敖先生在凤凰卫视总裁刘长乐陪同下到访故宫，参观了武英殿的"盛世文治——清宫典籍文化展"以及太和殿、景仁宫和钟表馆；在漱芳斋欣赏了五代顾闳中的《韩熙载夜宴图》等。我向李敖先生介绍了故宫大修、文物清理和学术研究等工作。我曾在凤凰卫视上看到他讲过，北京故宫有"宫"无"宝"，台北故宫博物院有"宝"无"宫"，于是便介绍了北京故宫的藏品状况，他听后才知北京故宫藏品的丰富与珍贵，对自己所说连声表示"忏悔"，并说要把他收藏的一幅字捐献给故宫。

2006年3月，刘长乐先生转送来李敖先生给北京故宫的捐献，并有他的录像、录音，他说了如下的话：

> 我请凤凰卫视刘长乐先生、王纪言先生到故宫博物院去见我所佩服的郑欣淼院长，履行我去北京时的一个宿诺。我在故宫博物院当场答应，将我收藏的"孤魂野鬼"——乾隆皇帝的书法捐出来。这是一件国宝，是乾隆皇帝在我国五代时期书法家王著的《千字文》后边写

2005年9月20日，郑欣淼会见李敖先生

的跋语。它与原件早已分家，流落到台湾，阴差阳错到了我的手里。这个字本来就是在故宫写的，今天我把它捐出来，使它回到故宫，成就了一段佳话。所以不但我回来了，我还把"孤魂野鬼"带回来了。最后的感想，就是再也不要去逛故宫博物院了。因为看了以后你"天良发现"，把你手里所有的"赃物"捐出来，今天就是个例子。我回到台湾拖了五个月，最后才履行这个诺言，又不甘心，又很高兴。谢谢故宫博物院的郑欣淼院长。

李敖先生捐献给北京故宫的是清乾隆帝为王著所书《千字文》而题写的一首行书七言律诗：

考古虽然多有舛，临池何碍是其长。

一千文抚精神蕴，八百年腾纸墨光。

初仕成都遇淳化，疑摹智永识欧阳。

侍书际会传佳话，訾议宁须论米黄。

甲午新正上澣，御题。

下钤"会心不远""德充符"二印，右上有"见天心"半印。另外，还有清代收藏家梁清标"蕉林书屋"、安岐"朝鲜人""安岐之印"以及末代皇帝溥仪"宣统御赏之宝"等鉴藏印。

"甲午"为乾隆三十九年（1774），乾隆时年六十四岁。《王著书〈千字文〉》，作者王著，字知微，是五代至北宋初年的著名书法家，以善书事宋太宗为侍书。《宋史》记载了他巧于应对以规谏宋太宗勤习书法，为太宗所重的故事。王著曾奉敕编刻《淳化阁帖》，但昧于考订，使帖中讹舛甚多，遭世人诟病，尤以米芾《法帖题跋》、黄伯思《法帖刊误》最为突出。王著的书法作品流传后世者极少，清代内府所编《石渠宝笈续编·卷五十三》著录有《王著书〈千字文〉真迹》一卷。根据著录可知，该卷前有乾隆帝书引首，后幅有北宋周越、元代欧阳元、明代项元汴、清代于敏中等人题跋，李敖先生捐赠的乾隆帝御笔诗就题在该卷的前隔水上。该诗简略记述了王著的生平，从编订《淳化阁帖》多讹误而遭米芾、黄伯思等人诟病，到《千字文》流传八百年的书法成就，以至于任侍书时巧于应对皇帝的故事等，皆一一提到，是一首言简意赅的纪事诗。

《王著书〈千字文〉》于1922年12月27日（民国十一年十一月初十日）被清逊帝溥仪以赏赐溥杰的名义盗运出宫（见《赏溥杰书画目》），在1945年伪满洲国垮台时的"小白楼事件"后就下落不明。按杨仁恺先生《国宝沉浮录》记载，"据当时留长春之于莲客所云，（《王著书〈千字文〉》）原件已毁"。值得庆幸的是，至今所知，王著所书本文、乾隆帝书引首以及部分题跋虽已不知下落，但该卷尚有前隔水的乾隆帝题诗和后幅的周越跋文幸存于世。八十多年后，这段乾隆御笔题跋能够重新回到故宫，也堪称一件幸事。

李敖先生在赠郑欣淼书上的题字

　　2009年10月，我赴台湾出席"雍正展"开幕式，专门看望了李敖先生，感谢他的捐赠，并代表北京故宫赠他《韩熙载夜宴图》的复制品；他则赠我台湾20世纪70年代影印的《山谷老人书赠其甥雅州张大同卷》与《山谷老人书经伏波神祠诗卷》（张大千藏品一函二册），并于其上题了"山谷内外，欣淼永藏"八字，暗嵌我曾赠他自己所写《紫禁内外》《天府永藏》二书的书名。其才思敏捷，宝刀不老，令我感佩不已，因有诗纪事：

万卷琳琅绝蠹埃，久违今我进书斋。
咳珠唾玉幸承教，又看题词八斗才。

后来，李敖先生还曾托人将他签名的台湾版的历史小说《北京法源寺》转送给我。

（本文选自《太和充满——郑欣淼说故宫》，"故宫人·故宫留芳"，大百科出版社，2022年）

诗赠霁翔

我与单霁翔院长在故宫博物院是先后任职，但在工作上却有颇多交集。2002年，霁翔同志担任国家文物局局长，我作为副局长、党组副书记，共事了1个月。后我到故宫博物院工作，但我们又都是文化部党组成员，当然还是同事。故宫博物院虽隶属文化部，但文物业务却由文物局主管，因此故宫保护工作霁翔理所当然要参与。他与我都曾是文化部故宫维修工程领导小组副组长。故宫的维修从一开始，他就是指导者、参与者，开这类会，他每会必到。文物局有的活动，他也曾邀我参加。他继任故宫博物院院长，也是我首先极力推荐的。

单霁翔同志有魄力、谋大事、善管理、重宣传，使故宫发生了重大变化。例如，实施平安故宫工程，成立故宫研究院、故宫学院，筹建故宫北院，建立故宫外国文物馆（厦门），举办世界文明古国论坛，扩大故宫开放区域，办好展览，开发文创产品，特别是通过多种形式宣传故宫，让故宫日益融入社会生活、亲近普通民众，也不断激发着故宫遗产的活力。

霁翔2012年来故宫迄今，我们之间的交往，从我赠他的

2015年8月3日，庆祝故宫博物院建院90周年，张忠培、郑欣淼、单霁翔三任院长在央视《一人一世界》节目录制现场

诗词可见一斑。

　　赠诗始于2012年。这一年他接任故宫博物院院长。他看到我给即将退休的李文儒副院长的赠诗后，就希望给他也写。这就有了第一首：

　　　　共事月余非偶然，今番踵继见前缘。

　　　　君能说项思扬善，我亦慕韩曾荐贤。

　　　　力助千钧阙方补，泉滋万斛帜当搴。

　　　　丽春迟日贾祠内，犹记同传汲引篇。

　　第二年他又要诗，我写了题为《霁翔同志索句，以七律一首为赠》的诗：

自有豪情未许删，御园花又两番残。

已堪大任三年艾，更惜前缘一寸丹。

舌敝皆因论曲突，神清好为报平安。

慈宁今亦筹新馆，永巷烟云当细看。

　　霁翔的性格既热情又幽默。我想，既然他喜欢我的诗，写诗也是我的积习，我当然可以每年赠他。他以后没有再说过，我的赠诗则持续了下来。2019年春，王旭东同志接任故宫博物院院长。记得在欢迎旭东同志履任的那天晚上聚餐时，霁翔同志将了我一军："郑院长，我退了，您还给我写不写诗？"我说当然会写的。

　　回头检看，从2012年到2020年，我已连续九年向霁翔赠诗十二题十六首，2015、2016年各两次，2018年两次六首。第一次赠诗有"共事月余非偶然，今番踵继见前缘"之句，是说我与霁翔的缘分。故宫百年大修是个接力过程。养心殿项目是霁翔同志规划的十八年大修的收官之作。我出席了2016年养心殿研究性保护项目启动与2018年养心殿维修工程正式开工两个仪式。参加开工仪式时我刚做完手术不久，身体虚弱，霁翔同志力邀并搀扶我登上殿顶，共同取出正脊上的宝匣，一起见证了这一难忘的时刻。当然这也写在我赠霁翔的诗中。2018年的赠诗题目是《出席故宫养心殿维修工程开工仪式，单霁翔院长力邀并搀扶登上殿顶，共同取出正脊上的宝匣》，诗曰：

2018年9月3日故宫养心殿维修工程开工仪式上，单霁翔院长力邀
病中的郑欣淼并搀扶其登上殿顶，共同取出正脊上的宝匣

久立羸身已不支，偕登殿顶赖扶持。

手中宝匣多玄奥，眼底琉璃总义熙。

秣马厉兵工匠巧，高秋爽气淡云稀。

但期尔我缮完日，脊上同摅寥廓思。

　　"多少人生梦，花甲最堪怜。"2014年霁翔同志六十周
岁，我写了《水调歌头·霁翔同志今届花甲，任故宫博物院
院长亦三年，岁月如川，慨然有作》，末句"笑看雨风后，
明月一轮圆"，也算是件轶事。霁翔还在国家文物局时，有
次到故宫钦安殿检查工作，离开时走过存放真武灵签的签

筒，有人就说抽一支吧，他顺便抽取了一支，第十五签："一轮明月"，上签。过去不足为外人道，现在说说无妨。

2015年故宫博物院建院90周年，举办"石渠宝笈特展"，我出席开幕式后到国外探亲一个多月。通过网络，我看到这个展览深受观众喜爱，出现早晨午门一开就有千人跑步冲向武英殿的情形，被网友戏称"故宫跑"。我深知这对于故宫的意义，便用近十天写了长达百句的《宝笈歌并序》。这是我截至目前创作的歌行体中最长也是自己最为满意的一首。我特地买了一张明信片，抄录了该诗的一部分，亲自到当地邮局寄给万里之外北京的单霁翔同志。

霁翔同志2019年4月卸任，按他的说法，也成了"前院长"。我写有《南歌子·赠霁翔同志》：

　　千古烟云老，七年擘画新。回头盛事总缤纷，最是平安二字印深痕。　　天阙霜晨月，和风御柳春。缘分当有又逢辰，我辈此生无悔故宫人。

霁翔是个有心人，善于策划，思虑极精，我常为之叹服。我的这些诗词，他又请人书写，先后有董正贺、张志合、金运昌、何传馨、苏士澍、张旭、耿宝昌、吴良镛等。董正贺、张志合、金运昌都是故宫的研究员，中国书法家协会理事。何传馨是台北故宫博物院副院长，著名的书画研究专家、书法家。苏士澍是原文物出版社社长，现任中国书法家协会主席。张旭是文旅部副部长，书法家，其父也是故宫博物院的老职工，他小时就曾在故宫住过，可以说是故宫子

2016年9月6日，时任台北故宫博物院院长的冯明珠女士，转送该
院副院长何传馨先生书写的郑欣淼赠单霁翔诗作

弟。耿宝昌先生是陶瓷大师，国宝级人物，其书法就像他的
为人一样厚重。吴良镛是清华大学教授，中国科学院和中国
工程院两院院士，霁翔同志的博士生导师，今年已届98岁，
是与耿宝昌同龄的老先生。他们的墨宝就是艺术品。而有这
么多名家的垂顾，拙作得附骥尾以增光，也是不胜荣幸之
至！

　　不仅如此。霁翔同志还把这些书法作品装裱好，挂在他
办公室的墙上，给许多来人介绍。他常说：故宫有两个写诗
最多的人，古代是乾隆皇帝，现在就是郑院长。清代帝王，
写诗最多的当然是乾隆，43000多首，几乎赶上《全唐诗》；
其次是嘉庆，11000多首；道光也写了4000多首，我只有区区1200来首，没法比，要算多少，我只能是第四位。霁翔是个率性之人，他知道这个，但仍然坚持着他的说法。

2021年2月3日，庚子年十二月二十二日，立春日，我漫步北海公园，遥想正在南国"万里走单骑"、大力宣传中国的世界文化遗产的单霁翔同志，赋小诗一首相寄：

又是融融御柳风，一湖烟水送残冬。

遥思万里布鞋客，脚下春光已几重？

（本文选自《太和充满——郑欣淼说故宫》，"故宫人·院长侧影"，大百科出版社，2022年）

第三辑

故宫的联匾

　　杨新同志撰写的《故宫联匾注释》已经完稿，紫禁城出版社即将出版，这是挖掘故宫文化内涵的一件好事，对于故宫学研究，以及普及故宫知识，都是有意义的。

　　对联的产生和汉语汉字的特性有密切关系，是我国文苑中一种具有独特风格的艺术形式。它最为短小而天地非常广阔、表现力十分丰富。好的对联虽片辞数语，却含哲理、富智慧、寓劝惩，可箴可铭，给人启迪，甚至流传广远，百世常新。对联离不开书法，于是便形成联语与书法揉为一体的珠联璧合的综合艺术；对联与园林、雕刻及装饰艺术的结合，更是成为中国传统艺术的一个重要特色。故宫是明清两代的皇宫，是一组气势磅礴而又秀丽壮美的艺术品。在这组艺术品中，遍布各个殿堂的无数楹联，抒发着当年主人的心声，记载着宫廷的历史，并以其精美的形式与古建筑融为一体。

　　在建筑物上，匾额与楹联一样，同样有着重要的作用。匾额亦称"扁额"，以大字题额，悬挂在建筑的门或堂的前额之上。室外匾多为木刻。对于皇宫的殿堂来说，匾额往往是它的名字，有画龙点睛之妙。"名"在中国向来具有神圣

《故宫联匾导读》书影

性，它反映了主人的意愿、理想，有了匾额，物质的宫殿才有了精神，有了生命，有了供人思索联想的丰富的意象。例如，故宫外朝的三大殿，明代称为皇极殿、中极殿和建极殿，清顺治年间则改为太和殿、中和殿和保和殿，这显然不只是名字的改变，也分明反映了新的统治者的治国理念和指导思想，有着深刻的政治意义。故宫的殿、堂、宫、斋以及楼、台、亭、阁，都有名字，因此也都有匾。殿堂内一般也有匾，多与楹联结合，表达着主人的思想、愿望。故宫匾额多为蓝地、金属铸贴金字。清代在匾上加上满文题字，成为满汉文字并列的特殊匾额，室内匾则多为纸地墨书。

对联已有久远的历史，一般说法是发源于五代，至宋代逐渐应用到装饰及交际庆吊上，明代春联的推广促使了对联的普及，有清一代，对联的创作和应用愈盛。明清两代对联的鼎盛，与皇帝的重视、宫廷的影响当大有关系。对此进行一番简要的回顾，会使我们更多地了解宫廷匾联兴盛的情况。

明代是我国对联艺术发展史上的一个高潮，开国皇帝朱元璋起了重要作用。朱元璋从小读书识字不多，后发奋学习文化，大量招揽儒士读书人，置于左右，朝夕相处，后来他能写出通俗的文章，还能作诗。他热爱对联，被称为"对联天子"。他是春联的倡导者。"双手劈开生死路，一刀割断是非根"，就是流传的他致力于推广春联的佳话；相传他与老农、藕农及大臣对的不少对联，语句清新，不事雕琢，透露着机智与幽默，有的堪称趣联；他给大臣的一些题赠，出语奇崛，颇有气势；而题金陵故宫的对联，触景生情，一唱三叹，则令人遐思回味。明光宗朱常洛也是个爱好对联的皇帝。明人刘若愚的《酌中志》载："光庙于讲学之暇，好挥洒大字匾额对联，以赐青宫左右，虽祁寒、大暑，未之少避。"《酌中志》还记载了紫禁城中文华殿前后柱上有过的五副对联，皆为张居正进献，王庭策等书写，但从现有的资料

乾清宫内联匾

看，关于明宫殿楹联的记载甚少，似当时尚不普遍。明宫中每年的春联自然少不了。明人史玄的《旧京遗事》上说："禁中岁除，各宫门改易春联及安放绢画钟馗神像。"《崇祯宫祠注》载，宫中春联，例用泥金葫芦，内书吉利福寿，字旁写曰"送瘟使者将归去，俺家也有一葫芦"，以被除不祥。明代包括宫廷的对联当然很多，但传世的却很少，主要原因是没有有心人荟萃成书，致使很多佳联湮灭无闻。

清代对联的蓬勃发展，更与皇帝特别是乾隆皇帝的爱好以及宫廷带动分不开。清代楹联大家梁章钜在《楹联丛话》中说："我朝圣学相嬗，念典日新，凡殿廷庙宇之间，各有御联悬挂。恭值翠华临莅，辄荷宸题；宠锡臣工，屡承吉语。天章稠叠，不啻云烂星陈。海内翕然向风，亦莫不缉颂剡诗，和声鸣盛。楹联之制，殆无有美富于此时者。"

清代凡恭值大典庆成，皆有进御文字，康乾年间，两次编辑《万寿盛典》，列有"图绘"一门，附录楹联。清人吴振棫的《养吉斋丛录》记载了乾隆帝八旬万寿圣节庆典布景的盛况，说从圆明园宫门外始，至京城紫禁城，"极山川之奇丽，绘洞天之胜景"，沿途楹联飞舞，尽显"福""寿"之词。这些楹联从文学角度看，也确有其独特的艺术特色。从四言至十七言，洋洋大观，佳制迭见，吴氏的这本书就收录了不少楹联。春联照例是有的。清人夏仁虎的《旧京琐记》中说："宫内新岁春联色皆用白，由南书房翰林以宣纸书之。自殿廷至庖湢，其文皆有常例，不敢稍易。"

关于清宫联匾，《日下旧闻考》及《国朝宫史》《国朝宫史续编》都有大量记载，从中可见乾嘉时期宫廷联匾的兴盛，特别是随处可见的乾隆皇帝的御笔，使我们感受到他写联匾与写诗一样有着强烈的爱好和旺盛的创作力。故宫博物院现尚藏有八卷八册的《楹联萃珍》，为清内府抄本，另有署为"文定公手写本"的《禁中匾额楹联集锦》一册。为了进一步了解清宫的联匾状况，故宫博物院现正着人查阅清宫档案，已抄录了有关匾联的10万字的文字资料。故宫博物院成立后就对宫中档案进行分类整理，专列"宫中杂件类"，其中有"匾联档"，所记时间最早为嘉庆，同治、光绪朝的也较多。同光年间，是宫廷联匾蓬勃发展的又一个时期。这些档案多无朝年，只能从写字人、使用者或已知道的当时总管太监等名单上查找时间。档案或记尺寸，或仅为匾联名，一般也没有对匾联内容的解释。这里试举两件记载，一件是

养心殿后殿东暖阁皇帝的卧室

同治年间的，没有具体的年代：

寿康宫后殿内安挂活计单
明间北杧枋上向南匾一面同鹤斋太后御笔
明间北杧枋上向南匾两边福寿字二件同治御笔
东间北墙向南大挂屏一件行围图陆吉安
东间北墙杧枋向南挂屏五件改坡挂四龙一福
东间南窗户杧枋上向北匾一面福禄寿喜
东间门口上向东福字一件
东间东罩上向西匾一面天行健
东里间东墙向西大匾一面日向壶中特地长
东里间南窗户杧枋上向北画横披一件沈振麟

西间东门口上向西龙字一件

　　另一件是有朝年的记载。嘉庆皇帝在位二十五年，档案中存有嘉庆元年至十四年（1796—1809 年）匾联的变化记录，这里抄录嘉庆五年（1800 年）一则：

嘉庆五年匾额
与物皆春写养心殿后殿明间落地罩上向北扁一面
道崇辑武写钦安殿明间帘架上扁一面
祥风翔写延春阁玉壶冰楼下西间西墙门上向东扁一面
庆云集写延春阁玉壶冰楼下东间南墙门上向北扁一面
集英写静怡轩殿内后层方胜床东墙门上扁一面
萃胜写静怡轩殿内后层方胜床西墙门上扁一面

寄所讬写养心殿东暖阁寄所讬换扁一面

如在其上写养心殿东暖阁仙楼下花帘罩上换扁一面

毓庆宫写毓庆宫外檐换扁一面

从这些档案记载中，既可看到当时宫中匾联应用的广泛以及宫殿内部陈设装饰的情况，又可了解匾联的添、改、撤、挪等变化。匾联的这些变化往往与建筑的变化有关，也当与主人心绪及一定的时势有关，已成为清代宫廷历史文化的一个重要部分，是值得认真研究的。

故宫是明清两代的皇宫，它本身充分体现了儒家理想及封建礼制。在长达491年的岁月里，它一直是封建统治的最高权力机构所在地。由于这一特殊的地位和要求，故宫的联匾就与三山五园以及承德避暑山庄等园囿的联匾在旨趣上有所不同，主要体现在以下三个方面：一是反映治国理想，追求皇权永固，例如雍正帝题养心殿西暖阁的"惟以一人治天下；岂为天下奉一人"，乾隆帝题保和殿的"祖训昭垂，我后嗣子孙尚克钦承有永；天心降鉴，惟万方臣庶当思容保无疆"；二是对益寿延年、福寿双全的期盼，例如乾隆帝的"松牖乐春熙，既安且吉；兰阶宜昼永，曰寿而昌"，慈禧太后为储秀宫前檐题的"百福屏开，九天凝瑞霭；五云景丽，万象入春台"；三是统治者对自己修身养性的诫勉或者理想人格的向往，例如康熙帝题养性斋东室的"一室虚生无限白；四时不改总常青"，乾隆帝题三希堂的"怀抱观古今；深心托豪素"。这些匾联多出经书，并多用成句和典故。

故宫殿堂的现存联匾，都为清代诸帝、慈禧太后以及一

光绪皇帝书"毋不敬"，养心殿后殿东里间门上

些大臣所书。杨新同志作注释的这些联匾，书写者就包括了康熙、雍正、乾隆、嘉庆、咸丰、光绪诸帝，慈禧太后以及梁耀枢、徐郙、潘祖荫、赵秉中、陆润庠等名臣。其中最多的是乾隆，其次是慈禧太后。

　　好的联匾，撰拟者一定要有较好的传统文化素养，熟悉经书，又要懂书法，字写得好看。清代皇帝，自顺治帝始，幼时无不以习汉书法为必修之课，且多有一定修养，成就较高者为康、雍、乾三帝，其作品故宫博物院俱有收藏，仅乾隆皇帝的书画作品（主要是书法）即达2000多幅，存世最多。对乾隆帝的书法，有些人推崇甚高，认为他形成了自己方圆兼备、布白得宜、结构稳重、刚柔相济的独特风格，也有些人认为他的字圆熟柔润，但骨力不足，失之于软。总的看，他的书法是颇有成就的。除过书法，清朝统治者在入关前就注意吸收中原文化，入关后则更加重视并广泛吸收，这个成效，明显地反映在其用汉语属文作诗上。这些都是写好联匾的重要条件。自康熙帝到光绪帝，每人都有文集或诗文集，其中同治帝与光绪帝的诗文集未付梓，故宫博物院藏有其稿本和抄本。尤其是乾隆帝，酷爱作诗，数量惊人，他亦不讳言，有些为词臣捉刀，但他学识渊博，勤于写作，则是人们公认的。对联的基础是诗歌。"平生结习最于诗"的乾隆皇帝，不仅在紫禁城内，而且在三山五园、沈阳故宫、承德避暑山庄等，都留下了他的大量联匾，其中不乏佳制。

在清代晚期，慈禧太后为宫中一些殿堂题了联匾，本书中收录的较多，包括储秀宫、皇极殿、养心殿、长春宫等，这恐怕是许多人没有想到的。从一些资料来看，慈禧从小受到良好的教育，对文史、书法、绘画都非常喜欢。她有相当的文学造诣，《清稗类钞·考试类》载："孝钦后工试帖诗，每岁春闱，及殿廷考试，辄有拟作。同治乙丑科会试，试题：芦笋生时柳絮飞。得生字，拟作云：南浦篙三尺，东风笛一声。鸥波连夜雨，萍迹故乡情。"她有艺术天赋，善书画，美国人赫德兰《一个美国人眼中的晚清宫廷》对此有记述。《清稗类钞·艺术类》也载："孝钦后喜作擘窠大字，亦临摹法帖，作小楷。尤喜绘古松，笔颇苍老。"当然，她也有代笔者，但她的书画具有一定造诣，则是肯定的。

杨新同志的这本《故宫联匾注释》，是一本普及性的读物，也是作者多年努力的成果。本书收录广泛，包括前三殿、后三宫、养心殿、宁寿宫区以及西六宫等，比较重要的联匾差不多都收进来了，人们从中可对故宫的联匾有个基本的了解。同时，本书还收录注释了几首与匾联有关的乾隆皇帝的诗歌、铭文。例如，养心殿西暖阁北墙乾隆帝仿鲍明远体的一首五古，养心殿宝座后屏风上乾隆帝的一首五古，交

慈禧太后书又日新，养心殿后殿东次间门上

泰殿宝座后的《交泰殿铭》，以及现放在漱芳斋后面一个宝座屏风上的"赋得正谊明道八韵"等，这里一并介绍，或因其本身重要，或因有利于加深对相关联匾的理解。这些联匾内容，多来自经书，成句典故甚多，对于当今的一般观众来说，不光一些字难认，意思更难理解。杨新同志不殚烦劳，翻阅大量典籍资料，认真细致地加以注释，除过弄清成句及典故的来历外，又结合宫殿的特点或作者的情况，对联匾的深层或多重意义加以阐发，而对一些相关背景材料的介绍，更有裨对联匾的理解。我还感到，杨新同志的笔触，既有注释时的严谨准确，在叙述中亦不乏轻松灵活，例如养心殿后殿东里间门楣上，有光绪帝载湉所书"毋不敬"三字，而在东次间门楞上则有慈禧太后那拉氏所书"又日新"三字。杨新同志在讲解时说，"又日新"与"毋不敬"，好像是慈禧与光绪母子的对话，一个说"你要天天悔过自新"，另一个说"我没有什么不孝顺的"。相信读到此处，读者当会有深切的体会。

故宫清代的联匾甚多，是宫廷历史文化的一个重要组成部分。杨新同志已做了大量的工作，但还有不少联匾需要注释，介绍给广大读者，使人们从这一个小小的侧面，去了解并挖掘清代的历史特别是宫廷史。我想这是大家所企盼的，我们也相信杨新同志会继续努力，完成这项颇为费事而又很有意义的工作。

（杨新著《故宫联匾导读》序言；序言写于2006年，故宫出版社，2011年）

附：关于慈禧太后的书法

这里再说说上文中曾说过的慈禧太后的书法。紫禁城养心殿及西六宫都有慈禧太后所题匾联，笔者看后认为写得很可以，有相当的书法造诣。但在读了王开玺所写《慈禧太后的文化学养》一文，并对照王文中所载慈禧文字的图片，才

清咸丰十一年（1861），慈禧太后在发动辛酉事变前亲自起草的将肃顺等人解任的密谕

慈禧太后于光绪三十年（1904）抄写的
《般若波罗蜜多心经》（部分）

了解到她真实的书法水平比较差，她在故宫的这些联匾应为代笔无疑。王开玺说，慈禧太后所题写的联匾，看去颇为可观，但看清宫档案里她的亲书真迹，则令人感到完全是另一回事。她在咸丰十一年（1861）亲自起草的将肃顺等人解任的密谕，字迹歪歪扭扭，如同孩童涂鸦，错别字达16处之多，且语句多不通顺。四年后她起草罢奕䜣懿旨，同样歪扭，错别字不少。去世前几年抄写的《般若波罗蜜多心经》字体结构仍然呆滞松散，笔力稚嫩，属初学者水平。将以上真迹与其所题匾联比较，两者绝非一人，应是有人代笔。

（参阅王开玺：《慈禧太后的文化学养》，《清史镜鉴——部级领导干部清史读本·第八辑》，国家图书馆出版社，2015年。）

"盛世华章"展：故宫对外交流的新篇章

　　1935年，故宫博物院成立10周年，在这一年，故宫的700余件文物赴英国伦敦，参加在皇家艺术学院伯灵顿宫举办的"伦敦中国艺术国际博览会"。这是中国文物第一次远赴重洋出国展览，也揭开了故宫博物院对外文化交流的第一页。这是一次意义深远的活动，为英国人民了解中国悠久的历史和璀璨的文化打开了大门，在英国甚至欧洲掀起了一股"中国热"。

　　时光过去了70年。在2005年，即故宫博物院成立80周年之际，故宫又与英国皇家艺术学院合作，精选400余件文物，在伯灵顿宫举办了"盛世华章·中国：1662—1795"展览。这个展览，以丰富的内容、翔实的史料，向英国观众再现了清代康熙、雍正和乾隆三朝历时130余年间政治、宗教、军事、文化、艺术等各个领域的强盛与辉煌，在英国媒体上再次掀起讨论中国文化的热潮，并再现了70年前的盛况。

　　1935年与2005年的两次故宫文物在英国的展览，都是不同寻常的，都引起了强烈的反响，但两次展览毕竟相隔了整整70年。70年的岁月，中国社会发生了翻天覆地的变革，故宫博物院也有了根本性的变化。2005年的展览，可以说既是

1935年英国伦敦皇家艺术学院中国展览陈列的一个展厅

1935年展览成果的继续，又有新的特点。高大典雅的伯灵顿宫见证了这一切。

首先，主题鲜明，展品精美。

1935年的伦敦展览，是以中国故宫博物院的文物为主，又有欧洲一批公私收藏的中国文物，虽然琳琅满目，精品纷呈，使观众看到中国文化艺术的博大精深，但缺少一个鲜明的主题，陈列的文物之间缺少联系，影响到观众对文物内涵的进一步认识。

2005年的展览则有一个鲜明、集中的主题——清代康雍乾盛世时的诸多成就和文化艺术。围绕这个主题，分成若干个专题，通过精心布置的一个个展室和引人入胜的展示方式呈现给观众。由皇帝颁旨绘制的宫廷绘画是这次展览的亮点之一。这些清代宫廷画,或者说带有西方绘画技巧的中国宫廷画,都集中在康、雍、乾三朝,描绘了清代宫廷的许多重要事件。在众多人物中,皇帝的形象比其他人物突出是中国的特色,而人物形态逼真细腻、色彩斑斓则是西画的特点。有表现清代皇帝木兰秋狝(木兰围场)以及康熙和乾隆数次下江南的壮观景象的画轴、手卷,如《康熙戎装像》、《塞宴四事图》轴、《紫光阁赐宴图》卷、《万树园赐宴图》、《哨鹿图》轴、《康熙南巡图》卷、《乾隆南巡图》卷等;有描绘康熙和乾隆生日庆典盛况的长卷,如《康熙六旬万寿庆典图》卷、《乾隆八旬万寿庆典图》卷;还有展示清代宫廷帝后生活的画卷、画册,如《雍正观花行乐图》轴、《胤禛妃行乐图》轴、《雍正行乐图》册、《雪景人物读书图》轴、《弘历古装行乐图》轴、《岁朝行乐图》轴等。正是这三位皇帝对于西方文明和科技有着不同寻常的兴趣和包容精神,所以清代宫廷中不仅有西洋画法的绘画,还有西洋钟表、天文仪器、装潢艺术品等。这些展品同样引起了英国观众的极大兴趣。

其次,注重协商,友好合作。

一个好的展览要有充分的、较长时间的准备。1935年的英国展,在中国来说是首次外展,加之故宫文物为世所瞩目,对是否去伦敦参展意见不一,争论激烈。在决定参加展览后,对文物的遴选、预展、包装、护送等各个环节,故宫博物院的工作人员都十分认真,自始至终,毫不懈怠,保证了文物的安全,达到了预期目的。当时挑选文物的原则有二:一是非属精品,绝不入选;二是凡少有存世极品,绝不入选。我国选送文物786件（其中故宫735件），未陈列展出的165件。当时中方已就展品编写了说明，并译成英文，但英方在编目时，未征求中方同意，多有更改，有些改得并不妥当，其中书画最多，铜器、瓷器次之。这些都不是太大的问题，多是未能协商的原因。

2005年英国展览的筹办，故宫博物院与主办方皇家艺术学院十分注重沟通，充分协商，共同为办好展览而努力。这次展览肯定要挑选精品，但什么是"精品"，看法并不一致。例如，在展品的选择上，英方开始提出了一个包括历代许多著名书画在内的展品目录，一级品太多，超过了国家的有关规定，不大可能批准，同时有些文物因自身的保管状况，不适合到海外展出。为此故宫与英方进行了协商。主题既是康雍乾三代的业绩及文化艺术，可选择的文物就很多，例如如意，故宫藏有各种材质、各种形式的数千个，是宫中常用之物；又如佛像、唐卡等藏传佛教文物，既是清代民族宗教政策的具体反映，又有很高的艺术价值；还有清代的书画，过去重视不够，但在中国书画史上自有其价值。不是级别高就一定有利于表现主题，凡能更好反映主题的文物都是可用的。在反复协商后，认识统一了，选择了许多反映清宫文化活动的文物，也有一些从未展出过的珍贵文物。双方都很满意。

双方的友好合作还反映在确保展览的提前开幕上。为了配合胡锦涛主席2005年11月初对英国的国事访问，"盛世华章"文物展拟提前三个月展出。我驻英使馆给皇家艺术学院做工作，多次磋商，故宫博物院也同意出借珍贵展品和对于因提前开展造成的展期延长在费用上给予优惠。中方的诚意以及这次高质量展览的强大吸引力，终于促使英国皇家艺术学院下决心提前举办展览，并且退掉了预定的其他展览，提前腾出场地。双方协商合作，终于使这一大型文物展览提前筹备完成。

再次，展示了中国的"软实力"，加强了文化的交流。

文物保护与国家的盛衰有着直接的关系。20世纪30年代，中国积弱积贫，列强的干涉、日本帝国主义的侵略使有着辉煌文明史的中国在国际上没有地位。1935年的伦敦展是在"九一八"事变后和"七七"卢沟桥事变前举办的。正是为了防止日本的劫掠，大批故宫文物精华才运往中国南方，赴英国展览的文物就是从南迁文物中挑选出来的。中国的艺

2005年皇家艺术学院主体建筑上悬挂的"盛世华章"展宣传画

术珍品虽然在英国乃至欧洲引起巨大反响，但中华民族却到了最危难的时刻。当时的中国还是一头"睡狮"，是被外国人所看不起的。故宫博物院派去英国办展览的一位先生就对此很有感触，他说："夫艺展之在英伦，固曾轰动一时，若谓由是可以增睦邦交，提高国际地位，虽非缘木求鱼，亦等镜花水月。"正如英国人喜欢研究印度艺术，但印度仍为英国殖民地。因此，"夫国于今日，必有以立，国步不强，其他何足道焉"（庄严《山堂清话·伦敦中国美术国际展》）。

新中国成立了，中国人民站起来了，中华民族又自立于世界民族之林。改革开放以来，中国经济建设快速发展，综合国力日益增强，在国际上产生着越来越大的影响，源远流长、光辉灿烂的中华文化也成为中国的"软实力"。作为中华文明发展载体和重要象征的故宫，往往在这方面发挥着重要的、独特的作用。

2005年11月8日至10日，胡锦涛主席应英国女王伊丽莎白二世邀请，对英国进行了国事访问。9日下午，胡主席夫妇和伊丽莎白女王夫妇共同出席了故宫文物展开幕式并为之剪彩，随后一起观展。参观过程中，胡锦涛主席极为愉悦地以主人身份为女王介绍展品以及中国的文化与历史，其为中华文化骄傲自豪之情溢于言表。展览的英方顾问和总策划、牛津大学莫顿学院院长杰西卡·罗森女爵士在陪同胡主席参观后，曾对笔者说："真没想到胡锦涛主席对自己国家的历史文化如此热爱和熟悉。"胡主席参加文物展开幕式的消息成为中外媒体最广泛报道的新闻之一，中国国家主席对于本国文化的热爱与熟悉也随之为英国人民所了解并赢得了他们的尊敬。"盛世华章"文物展为配合胡锦涛主席访英提前开幕，极大地展现了我文化外交的魅力并提升了英国民众对中国和中国文化的兴趣，并且为随后展开更为丰富多彩的"2006伦敦中国季"活动做了极好的宣传。而"盛世华章"文物展和"2006伦敦中国季"的一系列文化活动有力地展示了我国的软实力，推动了两国人民的相互了解和双方文化交流朝着健康的方向深入发展。

回顾故宫博物院对外交流的历史，会有很多感触。1927年3月7日上午10时，德国博物院东方美术部部长曲穆尔博士参观故宫博物院并进行演讲，这或许是故宫也是我国与国际间进行的最早的有关博物院管理与陈列形式的学术交流活动；1929年，接中华国际图书馆协会通知，故宫博物院将文渊阁建筑之内外构造、文渊阁藏书及庋藏图书之设备拍成照片6种，并加以染色，作为展品，参加国际图书馆协会于6月在意大利罗马举办的国际图书展览会，这大概是故宫第一次以图片的形式参加国际展览；1929年6月4日，故宫博物院接受美国陆佛先生捐款5000美元，修缮慈宁宫花园，这大概是故宫第一次接受国外的捐赠进行古建筑保护；1935年的赴英参加文物展览，是故宫博物院也是我国文物赴国外展览迈出的第一步；1956年5月，故宫博物院吴仲超院长赴苏联参加特列恰可夫画廊100周年纪念大会，大约是故宫人首次参加国际性的会议；1958年5月，"罗马尼亚民间艺术展览"在故宫昭仁殿开幕，展品91件，这也许是国外艺术品首次在故宫办的展览；1983年4月杨伯达应邀赴香港中文大学讲学，1985年5月杨伯达、徐邦达应邀参加美国纽约大都会艺术博物馆举办的"图像与文字：中国诗、书、画的关系"国际学术研讨会，为故宫研究人员到海外进行学术交流开了个头；1989年，故宫举办了"明代吴门绘画国际学术研讨会"，这是故宫筹办的第一个国际性的学术研讨会；2003年，中日故宫数字化应用研究所挂牌成立，反映了故宫对外交流的新水平；近年来，故宫与大英博物馆、卢浮宫博物馆、艾尔米塔什博物馆及纽约大都会艺术博物馆先后建立了长期的合作关系，标志着故宫与国际博物馆同行的交流与合作进入了一个新的层面……

80年的沧桑岁月，故宫对外交流有收获，也有教训，但总在不断地发展和进步。"盛世华章"文物展的成功举办，则是故宫博物院对外交流谱写的新篇章。

故宫是世界文化遗产，故宫博物院是享誉世界的著名博物馆，故宫以每年800来万的游客成为中外文化交流的窗口。故宫的这一特点，要求故宫博物院应以更为开阔的视野和更为开放的意识，积极参与、加强沟通与国际间的联系，促进中外文化交流。故宫对外交流的步伐不断加快，交流的范围不断扩大，交流的形式也不断变化。总的发展趋势表现在以下三点：一是由过去单一的对外展览为主转变为全方位多层次的交流；二是从以前单方面赴外展览转变为与从国外引进展览、交换展览并重；三是从过去只针对发达国家的交流转变为面向更加广阔的国家和地区，包括更多的发展中国家。同时，继续保持与港、澳、台等地博物馆的展览和学术联系，特别是保持与台北故宫博物院的联系。

一个展览的成功举办就是一个集体研究的课题。展览隆重开幕，仅是课题成果表现的一种方式。围绕课题进行的每个环节，都是总课题下的子项目。"盛世华章"文物展背后还有许多研究内容与值得借鉴的工作经验，如方案的制定、文物的精选、展览说明的撰写、展场布置与实施等等。因此，出版一本展览图录，把展览中容纳不下的、与展览密切相关的历史与文物研究，包括对筹备展览的研究以及开幕式盛况的整理汇编，用图文并茂的形式保留课题研究的成果，保存有价值的资料，成了所有参与"盛世华章"文物展工作同仁的心愿。于是就有了《盛世华章·中国：1662—1795》这本书。

（故宫博物院编《盛世华章·中国：1662—1795》序言，紫禁城出版社，2008年）

不古不今 亦古亦今

饶公选堂先生尝针对陈寅恪先生自言平生为"不古不今"之学，而自称平生喜为"不古不今"之画（《选堂八十回顾展小引》）。此"不古不今"四字，原出西汉扬雄《太玄经》，称"童牛角马，不今不古"，为世所罕有。自北宋苏轼称许宋子房之山水，谓"不古不今，稍出新意"（南宋邓椿《画继》），后之学者画家，遂常以此四字品评人物。但所谓"不古不今"者，实则"亦古亦今"也。

相传孔子尝曰："吾闻老聃博古知今，通礼乐之原，明道德之归，则吾师也。"（魏王肃《孔子家语》）后世儒者遂皆崇尚"古今"之学。西汉名儒公孙弘称博士弟子应"通古今之义"（《史记·儒林传序》），东汉班固谓儒史司马迁著《史记》乃欲"通古今之变"（《汉书·司马迁传》），盖为其显例。故所谓"不古不今""亦古亦今"者，与夫"古今"之学，其义一也。而选堂先生作为一代大儒，其潮州颐园学术馆，尝以"陶铸今古"为门联；此次故宫博物院举办先生学艺历程展览，又以"陶铸古今"为主旨，不仅将"古今"陶铸于学，亦且将"古今"陶铸于艺，亦为世所罕有而稍出新意也。

2008年，饶宗颐学术艺术研讨会现场

此次故宫举办"陶铸古今——饶宗颐学艺历程"展览，凡有书画展品108号（前68号为画，后40号为书），虽不同时期皆有代表，但以近年新创为伙。内有10号（8号为画，2号为书），将捐献故宫博物院珍藏。其展捐之品，均经过严格遴选，释道书画不少，尤见选堂先生"不古不今""亦古亦今"之陶铸"古今"特色。

释教人物花卉甚多。人物以《达摩》《印度风格佛像》最具特色。《达摩》为20世纪60年代旧作，2007年补题清释石涛"迷时须假三乘教，醒后方知一字无"诗句，所谓以后人禅偈诠前人禅心者也。《印度风格佛像》为2008年新创，自称"以古天竺壁画描法"，所谓以外国笔法描外国人物者也。花卉主要为荷花。选堂先生尝融泼彩、泼墨、白描、金碧、双钩、没骨、浅绛、减笔诸旧法，另创饶家画荷新法。2001年于国家博物馆展出高8尺、宽18尺之巨幅荷花，数尺荷梗一笔而就，观之令人惊心动魄！此次所展《金笺荷花》《荷花六连屏》，分别为2007年、2008年新创。《金笺荷花》题北宋王荆公（安石）"能了诸缘如幻梦，世间惟有妙莲花"诗句，《荷花六连屏》题唐释齐己"大士生兜率，空池满白莲"全诗，皆所谓以古人诗意寄今人禅意者也。另有巨幅书法北宋周敦颐《爱莲说》，亦为2008年新创，自称"以唐宋人草法成之"，则所谓以古人草法抒古人心法者也。

道家山水意境以《金碧仙山楼阁》《目送飞鸿》最具特色。《金碧仙山楼阁》为20世纪70年代旧作，2008年补题画名。元张渥有《题金碧仙山图》诗："丹崖翠壁五云间，此是蓬莱第一山。笑指碧桃花发处，玉鸾曾载月中还。"（元顾瑛《草堂雅集》）可知为道家山水。选堂先生皴法（似已融披麻、卷云、解索、牛毛、雨点、小斧劈、大斧劈诸旧皴法，另创饶家新皴法）与泼彩法并用，盖欲以新笔法写旧山水也。《目送飞鸿》为20世纪60年代旧作，2007年补题西晋嵇康"目送飞鸿，手挥五弦"诗句。此诗后二句为"俯仰自得，游心太玄"。可知为道家意境。史称东晋顾恺之重嵇康四言诗，画为图，尝云："手挥五弦易，目送飞鸿难。"（《晋书·顾恺之传》）选堂先生避易就难，盖欲以今之人心游古之道心也。另有巨幅书法《道君余馥》，亦为2008年新创。"道君"为北宋徽宗。史称徽宗尝"讽道箓院上章，册己为教主道君皇帝"（《宋史·徽宗纪》）。《道君余馥》所写为徽宗"秋芳依翠萼，焕烂一庭中"全诗。徽宗此诗原用"瘦金体"书之。此体相传出自唐代薛稷。选堂先生题曰："徽宗书出自薛稷,融贞干之笔,为窈窕之姿。余以爨龙法树其骨,可免荼弱。"北宋米芾《海岳名言》尝讥薛稷"大字用笔如蒸饼"。故选堂先生须以南朝《爨龙颜碑》折刀之笔救之。此盖欲以前人笔法树后人书骨也。

余尝撰文评选堂先生《布袋和尚》及《青城山水》二画,名为《儒生本质,释道情怀》,论者以为颇中肯綮。自唐以降,儒生寄情释道,所以成为风气,亦与儒释道三教融合大势相关。选堂先生之学艺,不仅陶铸"古今",亦且融合儒释道三教。故所谓陶铸者,与夫融合,其义一也。而所谓融合者,与夫和谐,其义亦差近焉。此次展捐之品,有选堂先生2006年以水墨画布大写"和谐"二字,及2008年新创《和谐、长乐花卉画联》。则选堂先生陶铸"古今",融合儒释道三教,追求之精神,莫非"和谐"二字欤?

是为序。

(故宫博物院编《陶铸古今:饶宗颐书画集》序言,紫禁城出版社,2008年)

故宫古琴

　　《故宫古琴》一书问世，对于古琴的保护与古琴艺术的传承，无疑是很有意义的一件事。

　　2003年，中国的传统音乐——古琴艺术被联合国教科文组织宣布为"人类口头和非物质遗产代表作"，引起极大反响，使这一日渐式微的古老艺术又为世所关注。有着3000多年历史的古琴，是中国历史上最为悠久、最具民族精神、最具审美情趣和传统艺术特征的乐器，和中国的书画、诗歌以及文学一起，成为中国传统文化的承载者。它有两个显著特点。一是和中国文人有着非常密切的关系。且不说孔子、司马相如、蔡邕、嵇康等都以谈琴著称，即如它的制作，虽是造琴工匠的作品，但却有文人的直接参与。演奏它成了一种高雅和身份的象征，在中国文人所必需的素质修养"琴、棋、书、画"当中排在首位。二是古琴艺术长期以来不是面向大众的表演艺术。人们弹奏它往往不仅是为了演奏音乐，还和自娱自赏、个人修养及情感交流等结合在一起，因此它成了一种贵族和文人的精英艺术。古琴艺术吸纳了大量优雅动听的曲调，演奏技法复杂而精妙。历代琴师对琴曲的流传和发展做出了重要贡献。在古琴的漫长发展历史中，产生了精湛的造琴工艺和造琴名家，现仍有不少名琴传世，它们都成了珍贵的文物。

故宫博物院现收藏古琴46张，其中33张为明清两代宫中古琴收藏的遗存，见证了历史的沧桑。古琴艺术虽长期在传统文人雅士中流行，但历史上也不乏雅好古琴的封建帝王。唐代制琴名家多、琴文化发达，当与唐明皇重视音乐分不开。宋元明清，琴与文人的关系空前密切，各个时代也有雅好古琴的帝王，这当然与他们的文化素养、审美趣味有很大关系。宋徽宗赵佶就是一位有名的酷爱古琴的帝王，他曾将流传于世的历代名琴收集起来置于宣和殿之"万琴堂"。故宫博物院收藏赵佶一幅《听琴图》，描绘的是在一棵高耸的青松之下，一个道人在信手弹琴，两旁山石之上各坐一人，侧耳倾听，陶醉在美妙的琴声之中，整个画面一派清雅端肃的气氛。元世祖忽必烈不懂琴乐，但曾下令召见来自江浙的琴家王敏仲，珍藏传世名琴。明代帝王中多有爱好古琴者，除过弹琴外，有的还喜欢造琴或作曲。清乾隆皇帝汉传统文化的根底很好，正像他喜欢收藏历代书画一样，也非常热衷于收藏历代名琴。郑珉中先生在本书的前言中，用大量篇幅谈了明清宫廷古琴收藏的盛况，可惜1860年英法联军进攻北京，圆明园被劫毁，置于其中的103张明朝所遗之历代古琴同罹劫难。1925年故宫博物院成立，宫中所藏古琴仅36张，其中3张后南迁运台；中华人民共和国成立后，又相继接收与收购了一些古琴，使故宫藏琴增加到46张，不仅数量上在全国博物馆中居于首位，而且属于唐、宋、元三代的典型器就占藏琴的三分之一，即在质量上也是最好的。

郑珉中先生2005年在故宫博物院80周年院庆招待会上抚琴

　　《故宫古琴》由故宫博物院研究员郑珉中先生主持编写。郑先生1946年进入故宫，将届一甲子，虽退休多年，但仍坚持每天上班，风雨无阻。先生于琴棋书画俱通，他的中国古书画鉴定技艺及书画创作等，都有一定的影响。对于古琴，亦颇有造诣。故宫收藏古琴，20世纪50年代，即由郑先生同顾铁符先生一起鉴定划级的，后又陆续发表了一些有关传世古琴的分期断代与具有鉴定性的论文。郑先生又是故宫现在能够弹奏古琴的绝无仅有的人。中国在向联合国教科文组织递交的《古琴艺术申报书》中，确认了包括港、台地区在内的我国52位古琴传承人，郑珉中先生名列第27位。我也有幸聆听过他的演奏。2003年12月，王世襄先生荣获荷兰克劳斯亲王奖，我受邀到荷兰使馆参加颁奖仪式。在使馆门口，见到了同来出席的郑珉中先生，不过他身背一张琴，中式的蓝布衫，神凝气闲，一副儒雅、朴质的样子。在颁奖仪式上，郑先生抚曲《良宵引》，意态庄重，手势优美，稳健细腻，声情并茂，获得阵阵掌声。王世襄先生对古琴的研究也是有成就的，他能请郑先生演奏，固然有情谊因素，但郑先生的演技当是公认的。由这样一位对古琴既有理论研究又有弹奏实践的人来主持编写，人们有

《故宫古琴》书影

理由对这本书寄予大的期望。郑先生为这本书付出了大量心血，撰写了长达1.6万字的前言，并作了后记。书的内容丰富，既有一定的观赏性又有相当的学术价值，确实是一本有分量的耐看的书。

本书有三点相信会对人们有所裨益。其一，对古琴知识的传扬。故宫博物院藏古琴既多又精，有着不同时期的代表作，例如九霄环佩，是现存最为可靠的盛唐雷氏制作的伏羲式琴。把它们出版，为研究者提供了难得的实物资料，从中可以窥见中国古琴的发展历史，并从比较中有多方面的收获。作为辅助的与琴有关的古代文物，也会加深人们对源远流长的琴文化的体会。其二，对20张古琴测绘了线图和可以窥见其内部构造特点的CT平扫图像，可供海内外制琴家观察

研究，从而仿制出更多音韵绝伦的七弦琴。其三，郑珉中先生写的《前言》是其终生研究古琴的心得集成，具有很高的学术价值，对于古琴产生、发展的历史，对于湖北、湖南古墓出土的琴与传世古琴的关系，对于唐以后七弦琴能够传世的原因以及唐宋元明清各个时代古琴的发展状况，特别是对于传世古琴的断代，都有缜密而认真的考辨，都有自己的见解。把《前言》与书中所收古琴图像结合起来，读者自会有更深入的体会。

《故宫古琴》的出版，也给我们提出了一个新的问题，即非物质遗产保护与博物馆的关系问题。非物质文化遗产是近年来的一个新的概念，或称无形文化遗产，是相对于有形的物质形态的文化遗产而言，指的是各族人民世代相承的、与群众生活密切相关的各种传统文化表现形式（如民俗活动、表演艺术、传统知识和技能，以及与之相关的器具、手工制品等）和文化空间（即定期举行传统文化活动或集中展现传统文化表现形式的场所，兼具空间性和时间性）。非物质文化遗产与物质文化遗产共同承载着人类社会的文明，是世界文化多样性的体现。我国非物质文化遗产蕴含着中华民族特有的精神价值、思维方式、想象力和文化意识，是维护我国文化身份和文化主权的基本依据。

可见，提出非物质文化遗产的概念，这是人们在文物（文化遗产）保护观念上的一大发展。过去说到文物，都是看得见、摸得着的东西，现在认识到，许多非物质形态的东西，同样是重要的文化遗产，而且事关"文化身份"，其意义不言而喻。对博物馆来说，提高这方面的认识同样很重

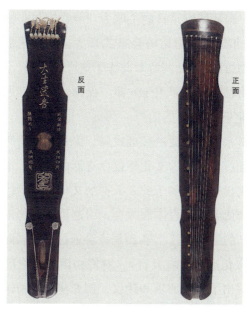

唐"大圣遗音"琴的正面、反面

要。非物质文化遗产给博物馆发展带来了新的机遇，在丰富馆藏、拓展陈列展览的表现形式、密切博物馆与社会各界的关系以及促进博物馆自身的功能完善和结构调整方面，都会起到积极的促进作用。故宫博物院从自身工作任务出发，对有些属于工艺、技艺等方面的非物质文化遗产还是重视的，例如古建筑的工艺、技术，文物修复、装裱的传统技艺等，都有专门机构与专业人才，做得是比较好的。但还有一些类似古琴的与非物质文化遗产相关的实物等，在认真保管好的基础上，如何在力所能及的条件下，或与社会力量相结合，进行必要的整理、传承和研究，也是应探讨的一个新课题。

保护非物质文化遗产已引起国际社会的普遍重视。2004

年"5·18"国际博物馆日的主题为"博物馆与非物质文化遗产"。2004年国际博物馆协会第20届大会的主题是"非物质遗产与博物馆",国际博协对此作了这样的解释:迄今为止,全球的博物馆学者都着重于收集、保存、研究、展示和交流有形的文化遗产和自然遗产。为此,他们建立了许多博物馆,作为学术研究、促进社会发展、诠释文化遗产和进行大众教育的场所。然而,文化不仅以有形的方式,也通过无形的要素表现出来。有赖于此,人类的文化得以世代相传。所以,国际博协希望通过本届大会,引起世界博物馆界对非物质文化遗产的更多关注。第20届大会通过了《国际博物馆协会非物质文化遗产汉城宣言》,对博物馆在非物质文化遗产保护方面提出了一些要求和建议,例如建议博物馆特别关注并抵制无形资产滥用的企图,特别是它的商业化,建议所有的博物馆培训项目强调非物质文化遗产的重要性并将对非物质文化遗产的理解作为职业要求等。我国也正在认真开展非物质文化遗产普查工作,建立非物质文化遗产代表作名录体系,加强非物质文化遗产的研究、认定、保存和传播,建立科学有效的非物质文化遗产传承机制。博物馆在保护、展示、研究物质文化遗产方面有着丰富的经验,今天在非物质文化遗产保护、传承方面也应有所作为,这需要不断提高认识,从实际出发,积极探索办法。这是由《故宫古琴》一书所生发的一些感想,也是我们正在努力进行的工作。

（郑珉中著《故宫古琴》序言,紫禁城出版社,2008年）

单士元的学术贡献

在故宫博物院八十多年的岁月里，有一些积极参与博物院筹建并把自己一生贡献给博物院的人士，他们的辛劳，他们的业绩，他们的造诣，使他们成为人所共仰的"国宝"。单士元先生就是其中有代表性的一位。

单士元先生 1907 年 12 月出生于北京，自幼家贫，矢志于学。1924 年 11 月，逊帝溥仪出宫，"办理清室善后委员会"成立，开始清点清宫物品，单先生作为北京大学的旁听生当了一名书写员，参与到当时的文物点查工作中。1925 年 10 月故宫博物院成立，单先生赓续供职在院，先后在文献馆、图书馆工作。中华人民共和国成立后，单先生以饱满的热情投入到故宫博物院建设和新中国文博事业中。1956 年，单先生光荣地加入了中国共产党，1962 年任故宫博物院副院长，1984 年任故宫博物院顾问。从十七岁投入故宫事业到九十一岁辞世，单士元先生在故宫博物院整整工作了七十四年。

单士元先生是中国古代建筑史研究，特别是紫禁城宫殿建筑历史研究的开创者之一，是清代历史档案研究的开拓者之一，也是明清历史研究领域中卓有贡献的著名学者。他的学者、专家的人生道路，起始于他青年时代的勤奋。一边工

作一边求学，几乎是他整个青年时代的主要生活。他在故宫博物院工作期间，于1925年进入北京大学历史系学习，1929年又考入北京大学研究所国学门，进行清代文字狱的专题研究。当时，赵尔巽等编撰的《清史稿》已问世，单先生于是对该书进行研究，利用文献馆的大量历史档案，1934年完成了题为《总理各国通商事务衙门大臣年表》的毕业论文，1936年经北大研究所诸教授审定，评予优良成绩，孟森教授认为此论文"可以补旧史之阙，可以拾《清史稿》之遗，可以助研讨外交史者知人论世之力"，评价颇高。自1938年起，单先生曾先后在北平师范大学、中国大学、中法大学、女子文理学院等校任教，主要讲授中国通史、明清历史、中国近代史等。单先生还撰写并发表了许多明清史方面的著作，是一位学识渊博的明清史专家。

单士元先生长期在故宫博物院文献馆工作，在清代档案的编目、整理、编辑出版等方面做出了重要贡献。在我国档案学界，他是最早提倡档案目录学的学者。他说："故宫所藏明清历史档案浩如烟海，持一卷不识其内容。间尝思之，中国图书目录学由来已久，而档案目录学尚付阙如。"在1936年中国图书馆博物馆会议上，单先生宣读了《档案释名发凡》一文，提出了上述观点，中国档案始建目录。他还着手为档案"释名"，如把清代档案按袭古的、因特设机关而新创的、因满文而译为汉文的这三种进行分类，后人只要据名查阅即可。从此，清代历史档案的研究进入了规范整理时期。

整理文献的同时，单士元先生参与了故宫博物院接收内阁大库流散档案，主要是军机处档案的初始整理工作，对其中明末清初档案择要写出若干介绍文字，又将清代军机处档案、档簿等写出提要，并摘录其原文举例说明。这期间，单先生在沈兼士先生指导下，与同仁一起共同编辑了《文献丛编》《掌故丛编》《史料旬刊》等民国时期故宫博物院重要出版物，并陆续撰写和发表了不少有关明清档案的论文。新中国成立后，单先生受聘曾在中国人民大学档案系作历史档案学讲座，在北京大学历史系讲授《中国档案史》，对中国档案事业的建设做出了重要贡献。

单士元先生作为中国古建筑专家，更是建树颇多。1930年，由朱启钤先生发起的中国营造学社成立，开始了建立在现代建筑学、美术史、文献学的基础上，把中国古代建筑作为一项专门学术的研究。中国营造学社所开创的古建筑法式和文献研究、古建筑实地调查测绘和古建筑修缮保护的方法和原则，对今天故宫的保护、修缮仍然具有指导性意义。单士元先生当时对外国学者在中国古代建筑研究领域贬低和轻视中国学者的倾向深为不满，在民族自尊心的激励下，1930年加入营造学社，1933年担任编纂。他以搜集和整理文献史料为开端，注重古代建筑的历史沿革、工艺材料，兼顾造型艺术、结构功能，与王璧文先生合作，1937年出版了《明代建筑大事年表》。这部书是中国人写的第一部中国建筑历史断代工具书，多次重印，至今仍然是建筑历史研究者的必备书。在此期间，单士元先生还多方搜集史料，草成《清代建筑年表》书稿数十万字。

新中国成立后，单士元先生以研究紫禁城宫殿建筑的深厚学术根基，开始了他参与并负责管理、保护这一重要文化遗产的使命。在20世纪50年代后期，他为故宫古建筑提出了"着重保养，重点修缮，全面规划，逐步实施"的修缮方针，并先后主持了三大殿保养油饰、角楼落架大修、高大建筑安装避雷针等重要工程。为了传承古建筑的工艺技术，单士元先生深入实际，注重传统工艺技术的研究，还聘请了一批在社会上享有盛名的匠师，充实了故宫工程队。这是一个具有远见的举措，不仅可以确保工程质量，而且通过口传身授，培养出一批批技术骨干。这种古建筑传统工艺技术的有序传承已成为故宫博物院宝贵的无形文化遗产。

单士元先生从十七岁的翩翩少年投入到故宫事业，直到九十多岁高龄辞世，把自己的一生完完全全、无怨无悔地贡献给了故宫。他钟情故宫，热爱故宫，以他求实谦虚、严谨负责的平民学者风范，在保护紫禁城这一人类文化遗产的七十四年风雨行程中，特别是在晚年，呕心沥血，奔走呼吁，向各级领导和中央政府提出保护故宫以及其他文化历史名城古代建筑的重要建议和议案，赢得了故宫人和社会各界广泛的尊敬与爱戴。

在2007年单士元先生诞辰百年之际，故宫博物院开始陆续出版《单士元集》，以资纪念。《单士元集》全四卷。第一卷《明北京宫苑图考》；第二卷是他与王璧文先生合作的《明代建筑大事年表》；第三卷《清代建筑年表》；第四卷为《文集卷》，收入目前能够搜集到的单先生其他已刊未刊著作、文章和讲话。第一卷和第三卷是单先生的未刊著作，现在经过多年整理，予以刊布。

《单士元集》

《单士元集》的出版，是对单先生一生学术成就的总结。单先生在世时常说，故宫的砖瓦草木都是宝。不怕不知道，就怕不拿它们当宝。我理解，这种珍惜人类文化遗产的信念，是支持单士元先生为保护故宫、保护文物而不遗余力的精神动力。我们今天纪念单士元先生，最重要的就是要学习他的这种精神，传承前贤薪火，为保护好珍贵的中华文化遗产而坚持不懈。

（《单士元集》序言，紫禁城出版社，2009年）

周绍良的藏墨

周绍良先生是学术大家，也是收藏大家，而且是善于把收藏与研究结合起来的成果卓著的大家。

周先生的学术研究，徜徉于中国古典文学、佛学、古文献学、红学、敦煌学等诸多领域且颇有造诣。他勤于著述，出版专著20多部，发表学术论文数百篇，其学术思想和研究方法独树一帜，影响甚大。先生亦以收藏闻名于世，他有着独特的收藏视角，多着眼于藏品的历史文化内涵，而未走一般正宗正统的"古物""古董"收藏的路子。周先生搜求的许多藏品，在当时似乎并不怎么名贵，但到今天，亦为难得的珍品，使人不能不佩服其目光的敏锐。在学术研究上，周先生继承和发展了乾嘉学派的研究方法，注重考据，这就使他把收藏与做学问结合了起来，做到寓学于藏。丰富的收藏品往往成为他学术研究的对象，因为研究的深入又致力于进一步的收藏，学与藏促进，相得益彰。例如，《红楼梦》的各种版本的收藏与研究、古籍善本的收藏与研究、清墨的收藏与研究等等，俱成就斐然，为世称道。

先生在清墨的收藏与研究上，别树一帜。笔墨纸砚是中国传统的书写工具，被称为"文房四宝"，其中墨更为中国

周绍良先生

所独有。它因文化交流的需要应运而生，在其发展过程中良工辈出，日趋精良，又因文人、官府除使用外，还参与古墨设计、制造及收藏，出现了大量的精品墨，许多流传至今，成了极为珍贵的文物。周绍良先生谈到自己的藏墨时说过："我过去对于墨的收集，是相当有兴趣的，一则由于它不独具有实用价值，而且还具有艺术性，它体现了传统的木刻艺术，也体现了造型方面的艺术。如一些制墨家所制，不独在造型方面异彩纷呈，并且烟质细润，为书写者增加不少兴趣。其次是一些读书人甚或一些达官名宦，都各自有自用墨，颇具历史性。"可见先生收藏墨，是着眼于其艺术性与历史性；而收藏的重点，则是清代有干支纪年及具有名款之品。经过几十年的不懈努力，先生收藏了1000余笏、200多种年号墨（其中大多是名人自用墨），其中尤以雍正年间制

周绍良捐墨：清雍正年间张大有恭进万寿无疆墨

墨和道光御墨最为珍贵。先生收藏的道光御墨填补了清墨研究，特别是御墨研究的空白。雍正年间制墨甚为稀少，藏墨大家寿石工只有一二块，张子高仅有一块，而先生藏有九块，不同年份者达八品，不同墨作者达六七家之多，当时的藏家无出其右。

周绍良先生不仅收藏墨，而且对墨进行认真的研究，挖掘积淀在墨品上的历史，如他所说："每有所获，总喜欢为它作一点记录或考证。岁月既久，积稿颇多。"积累的结果，就是有一系列墨学成果问世。主要有四部著作：其一是《清代名墨谈丛》（文物出版社，1982年），是新中国成立后第一本正式出版的墨学著作，对于墨史有着相当重要的文献价值；其二是《蓄墨小言》（北京燕山出版社，1999年），收入

《清代名墨谈丛》的全部内容，还有此书编选时因篇幅限制而未曾编入的内容；其三是《清墨谈丛》（紫禁城出版社，2000年），为中国制墨史和制墨人物史；其四是《曹素功制墨世家》（北京古籍出版社，2003年），曹素功墨铺是300年来最为著名的墨铺之一，此书勾画了曹氏绵延13代的制墨史，为第一部研究、考证墨工世家历史的著作。前两部是研究清代文人自用墨的著作。此外，周先生还发表了一些有关墨学的重要论文。在墨学研究上，周先生筚路蓝缕，起了开拓性的作用，做出了重要贡献。也正如他在《清墨谈丛》序言中所说："我相信这也许是墨学的一个小结，将来未必能再有人掌握这么多资料了。"

　　1966年"文化大革命"开始，周绍良先生面对横扫一切的局势，毅然将苦心搜藏的清墨及书画捐献故宫博物院，使

《周绍良清墨谈丛》上下册书影

这些文化遗产得以完整保存下来。周先生捐给故宫的清代名墨共计1000件，从康熙到宣统各朝都有，均为二、三级珍贵文物，其中尤以雍正年间制墨和道光御墨最为珍贵，是研究古墨发展史的重要实物资料。其所捐书画，均为清代名人作品，法书17件，包括清代"四大家"中的刘墉、铁保以及曹寅、康熙帝玄烨等的作品；绘画11件，包括"扬州八怪"中的汪士慎和乾隆帝皇六子永瑢等人的作品。1998年，周先生又捐献绿头签2件（现定为资料）。

故宫博物院藏墨达5万多件，上起明宣德，下至民国，以清代墨品为主，分为宫廷御墨、文人订制墨、墨肆市售墨等类别，包括一大批明清著名制墨家的作品，琳琅满目，蔚为大观。故宫藏墨，主要来自明清宫廷的遗存，但一些著名收藏家的捐献，则使故宫收藏更加丰富，周绍良先生就是其中一位。周先生捐给故宫清墨，不只是丰富了故宫墨的收藏，而且弥补了故宫收藏的缺项，使本来就十分丰富的故宫藏墨更成系列、更为完整，对于墨的研究也更有意义。正如周先生当时给故宫博物院的信中所说："这批墨，是一批重要的文物，全部是具有年款干支的，可以说，自从有收集清代纪元干支的，我这一千锭左右可以说集大成，而且也是您馆所缺的一部分，合在一处，最可合适。"

周先生是我所尊敬的一位学者，一位长者，一位仁者。他除过把藏墨及书画捐献给故宫博物院外，还把其他自己毕生收藏的文物捐献、转让给国家图书馆及一些大学。通达的收藏态度，是他慈悲为怀、谦和仁厚的心田的体现。2005年8月21日，他溘然仙逝，享年88岁。因为多种原因，我与先生缘悭一面。8月25日上午的遗体告别会，我因公务而未能亲往，下午即到双旭花园先生家的灵堂致哀，向家属慰问。

2008年3月，政协全国第十一届委员会第一次会议期间，全国政协常委、中国佛教协会会长一诚法师提出在中国佛教图书文物馆基础上建立中国佛教博物馆的方案，征询我的意见，我表示完全赞同，并作为第一位联名者签了名。因为我知道，这个文物馆的首任馆长是周绍良先生。周先生凭着高深的佛学造诣及认真负责的精神，搜求了大量珍贵的佛教文物。而建立佛教博物馆，亦为先生的夙愿。

先生致力于墨学研究，同时也期盼后继有人。他说："希望将来有人汇编一本墨谱，或全面地把中国的墨写一本研究著作。"现在紫禁城出版社决定重印《周绍良清墨谈丛》与《周绍良蓄墨小言》，既是对先生的纪念，让更多人了解他的贡献，同时也对墨学研究起推动的作用。在两著出版之际，先生的女公子周启瑜嘱我作序。先生学问如海，我岂敢佛头着粪？但从故宫博物院与先生的缘分看，似又不容推辞，遂把我对先生的一点粗浅认识写出来，权以为序。

（《周绍良清墨谈丛》《周绍良蓄墨小言》序言，紫禁城出版社，2009年）

《故宫博物院藏品大系》总序

故宫博物院既是明清紫禁城建筑群与宫廷史迹的保护管理机构，也是以明清皇室旧藏文物为基础的中国古代文化艺术品的收藏、展示和研究机构。故宫博物院以其颇具皇家文化特色的文物藏品在中国以及世界博物馆界占有特殊的重要地位。

一、故宫博物院藏品的来源

故宫博物院的文物藏品品类丰富，体系完备，可划分为陶瓷、绘画、法书、碑帖、青铜、玉石、珍宝、漆器、珐琅、雕塑、铭刻、家具、古籍善本、文房用具、帝后玺册、钟表仪器、武备仪仗、宗教文物等，共25大类、69小项，计180多万件（套），截至2010年底，故宫博物院的珍贵文物（一、二、三级）约占全国国有文博单位馆藏珍贵文物的41.98%。

在故宫博物院的180多万件（套）文物藏品中，有155万多件（套）是清宫旧藏和遗存，占藏品总数的86%，其余24万多件（套）藏品为建院以来的新收藏，约占藏品总数的

14%。清宫旧藏和遗存主要来自以下四个方面。

（一）历代皇家收藏的承袭

中国历代宫廷都收藏有许多珍贵文物，到宋徽宗时，收藏尤为丰富。《宣和书谱》《宣和画谱》《宣和博古图》，就是记载宋朝宣和内府收藏的书画鼎彝等珍品的目录。清代帝王重视文物收藏，特别是乾隆皇帝，更使宫廷收藏达到了极盛，《西清古鉴》《西清续鉴》《宁寿鉴古》《石渠宝笈》《秘殿珠林》《天禄琳琅》和《四库全书总目》等，是清乾隆时期编辑的宫中所藏古铜器、书画、图书的目录。见于著录中的很多古代文物早已散失，但也有不少珍品几经聚散，历尽沧桑，保存到今天。例如，晋王珣《伯远帖》、隋展子虔《游春图》、唐韩滉《五牛图》、五代顾闳中《韩熙载夜宴图》等著名书画，都曾载在《宣和书谱》《宣和画谱》或《石渠宝笈》中，现仍藏在故宫。这部分藏品是中国皇家收藏传统的延续。

（二）宫廷制作

为了满足皇室对宫廷日用器皿及各种工艺品的需要，清宫内务府一直设有造办处，从全国各地选拔技艺高超的工匠，在宫廷内造做各种物件，均不惜工本，精益求精。乾隆二十年（1755）前，造办处曾设立有匣作、裱作、画作、广木作、穿珠作、皮作、绣作、镀金作、银作、玉作、累丝作、錾花作、镶嵌作、牙作、砚作、铜作、做钟处、玻璃厂、舆图房、弓作、鞍甲作、珐琅作、画院处、木作、漆作等38项，后将一些活计相近的合并，共为15作，后又有所调整。这是一个规模很大的综合性的手工业工场，常年按照御旨制作独有清代皇家风范的艺术品、工艺品和各种精美的日用品。还有些器物由造办处设计画样，或拨蜡样，或做木样交苏州、扬州、南京以及浙江、江西、广东等处，由当地最优秀的匠人制作。遗留至今的很多精美绝伦的工艺品，如玉器、珐琅器、钟表、文玩等，其中不少都是当年造办处制造的。造办处的档案保存至今，故宫所藏清代工艺美术品有许多仍可以在档册中找到作者是何人，何时开始设计画样、做模型，何时完成以及陈设地点在何处等。

（三）进呈及查抄没收物品

专制时代帝王一家天下，逢年过节、万寿大典或外出南巡，臣工往往多有贡献，其中又以进书画、文玩较为讨喜。乾隆皇帝在《石渠宝笈续编·序文》中说："自乙丑至今癸丑，凡四十八年之间，每遇慈宫大庆、朝廷盛典，臣工所献古今书画之类及几暇涉笔者又不知其凡几。"《石渠宝笈三编》嘉庆皇帝的上谕中也说："朕自丙辰受玺以来，几暇怡情，惟以翰墨为事，阅时既久，……至内外臣工，祝嘏抒诚，所献古今书画亦复不少。"清宫书画，臣工所献占一大部分。书画如此，其他珍宝也进献不少。除国内进献外，还有藩属国贡品、外国礼品等。这些所进之物，往往与重大的政治事件有密切关系。查抄没收物品也是重要来源。如康熙初期权臣明珠藏书数万卷，宋元版及名贵抄本尤多，其藏书处所为"谦牧堂"。明珠去世后，其子因罪被追夺官位，削谥抄家，家藏古书名画等尽入内府。嘉庆二年（1797年）重辑《天禄琳琅书目续编》时，原"谦牧堂"书便是入选的重要对象。又如高士奇、毕沅，都身居高位又精鉴赏，家藏书画古帙甚富，后也均被抄没入内府。

（四）清宫编刻书籍

清宫藏书是以明代皇宫秘籍为基础，又经过数百年的搜求，加上清宫的编纂刊刻、抄写各类图籍，其收藏之富，超越以前各代。在清代，特别是清前期，清内务府主持编纂、刊行和抄写了许多大部头的图书。这些图书不仅在中国图书史上占有极为重要的位置，同时也成为清宫藏书的重要来源。康熙时把武英殿作为清代内府专门的修、刻书机构。康、雍、乾三朝，内府编刊了大量图书。由于康、乾二帝崇尚书法，内府抄写书籍亦极为盛行，其抄写之精、装帧之美、数量之大，均可与内府刊本书相媲美。这些内府刊本与内府抄本，都成为尔后故宫博物院的文物藏品。

故宫保存了大量清宫衣食住行的用品，当时并不是收藏品，而是实用之物，但在今天看来，同样是宫廷历史的见证，具有重要的历史价值、认识价值；又由于是皇室日常生活用品，制作都十分讲究，也有着相当高的艺术价值。这批物品种类繁多，数量庞大，例如宫灯、乐器、车马轿舆、明清家具、戏衣道具、服饰衣料、地毯以及金银器、锡器、铜

《故宫博物院藏品大系·书法编》

北京故宫与商务印书馆（香港）有限公司合作出版的
《故宫博物院藏文物珍品全集》（1997—2010年）

器，甚至梳妆具、玩具、茶叶、药材、药具等等，都是清宫典制及文化娱乐活动的反映，具有文物的意义。

清宫旧藏，至乾隆年间最为丰盛，尔后随着国力衰败，外患频仍，收藏日渐式微，特别是近代以来，清宫文物珍藏更是多次遭到劫掠或毁损，比较大的厄难有三次：第一次是1860年，英法联军对圆明园的野蛮劫掠和焚毁；第二次是1900年，八国联军对皇室财宝的抢劫与破坏；第三次是清逊帝溥仪"小朝廷"时期对宫廷文物的盗运，以及1923年建福宫花园大量文物珍宝付之一炬。1924年底驱逐溥仪出宫后，清室善后委员会及以后成立的故宫博物院，对清宫物品进行了初步点查，整理出版《清室善后委员会物品点查报告》，共6编28册，计有文物94000余号，117万件之多。这些文物就成为于1925年成立的故宫博物院的藏品。当然，清宫旧藏及遗存的数量远不止这些，当时有些殿堂尚未清点，清点过的一些物品，因计算方法的原因与实际数量亦有不少出入。文物的清理也就成了故宫博物院一项多次进行的工作。据估计，当年故宫博物院成立时，清宫旧藏及遗存在千万件左右。

为防止日本侵略者的掠夺，1933年，故宫博物院的数十万件文物迁移到中国南方，抗日战争中又转运西南。在20世纪40年代末，其中1/4送往台湾，共约60万件，其中书画器物约5万件，典籍近17万册，文献档案约38万件，1965年在台北成立了故宫博物院。

中华人民共和国成立后，在各方支持下，故宫博物院努力充实文物藏品，经过数十年积累，古老的皇宫不仅重现昔日收藏颇丰的盛况，而且补充了更多的过去皇宫所没有的精美艺术品，使北京故宫成为世界上收藏中国文化艺术品最为宏富的宝库。

充实文物的渠道主要有以下三个方面：

1.政府拨交。20世纪五六十年代，故宫博物院接收政府部门和各地博物馆拨交的文物达16万件（套），有许多是原清宫旧藏后来流失出去的。如当年溥仪抵押给盐业银行的玉器、瓷器、珐琅器、金印、金编钟等。20世纪50年代初，中央政府先后从香港购回著名的"三希帖"中王珣《伯远帖》、王献之《中秋帖》，以及韩滉《五牛图》、顾闳中《韩熙载夜宴图》、董源《潇湘图》、赵佶《祥龙石图》等一大批瑰宝，交故宫存藏。在国家文物局和全国各地博物馆的支持下，众多的国家级珍贵文物调拨到故宫博物院，使得故宫藏品更加丰富、系统。

2.文物征购。20世纪50年代以来，故宫博物院确定了以清宫流失出去的珍贵文物为主，兼及中国历代艺术珍品的文物收购方针，国家在资金上给予支持，购回了大量珍贵文物。收购的途径主要有文物商店、古玩铺、文物收藏者和拍卖公司等。20世纪50年代至60年代初，是故宫购藏文物的高峰期。当时社会上流散文物较多，琉璃厂一带的古董店得到一件珍贵文物后，首先是送故宫，这就为故宫创造了一个大量购进珍贵文物的极好机会。截至2006年12月底，故宫博物院共购得文物53971件，其中一级文物1764件。这些文物，品类众多，特别是书画珍品，如隋人书《出师颂》，以及唐代周昉、颜真卿，宋代王诜、刘松年、马和之、夏圭、马远、张先、欧阳修、苏轼、米芾，元代顾安、钱选、赵孟頫、酒贤，明代吴伟、唐寅、沈周、董其昌、祝允明，清代原济、赵之谦等名家的作品。

3.接受捐赠。截至2006年12月底，故宫博物院共接受捐赠文物及文物资料约33900件（套），捐赠人员696人次。捐赠者中，有党政军领导人，有社会各方面专家、学者、艺术家，有港澳台同胞、海外华侨和国际友人，有故宫博物院的领导、专家等。毛泽东主席先后将友人赠送的王船山手迹《双鹤瑞舞赋》、钱东壁临写的《兰亭十三跋》，以及张伯驹赠他的唐李白《上阳台帖》，转交故宫。张伯驹捐献的有西晋陆机《平复帖》、隋展子虔《游春图》、唐杜牧之《张好好诗》、宋黄庭坚《诸上座帖》、宋蔡襄《自书诗册》、宋范仲淹《道服赞卷》、元赵孟頫《千字文卷》等法书巨迹。孙瀛洲捐献各类文物精品3000余件，以陶瓷珍品最为重要。郑振铎捐赠文物657件，尤多雕塑精品。陈叔通捐献的《百家画梅》，凡102家，109幅，有唐寅、陈录、王綦、邵弥、原济及扬州八怪等明清诸家的杰作。新加坡华侨韩槐准捐献了他毕生搜集到的中国古代外销瓷器，充实了故宫陶瓷藏品中的缺门。香港叶义捐献的80件犀角雕刻品，全是明清犀角雕刻精品。

故宫博物院遵照国家的决定，业务及机构也先后做了一些调整。这主要涉及两个部门，一是档案馆划出故宫，二是图书馆职能的变化。明清档案在故宫的文物藏品中占有重要位置。1955年2月，故宫档案馆移交国家档案局；1969年底，又交归故宫博物院。1980年4月，藏品已达800万件的故宫博物院明清档案部再次划归国家档案局，改称中国第一历史档案馆。故宫博物院图书馆长期以来是个重要的业务部门。1949年以后，由于业务工作指导思想的变化，先后将一批宋元善本、明清旧籍和清代殿本书中的"重复本"15万余册拨交给北京图书馆、中国人民大学图书馆、沈阳故宫图书馆等16家单位。其中，仅1958年拨给北京图书馆的宋、元、明善本书即有69510册。至此，清代宫中藏书再一次分散于全国各地。

故宫博物院原有数量不多的宋元版藏书虽已拨交给国家图书馆，但现存的明清抄、刻本，品种及数量众多，包括内府修书各馆在编纂过程中产生的稿本，呈请皇帝御览、待刻之书的定本，从未发刻的清代满、蒙、汉文典籍，为便于皇帝阅览或携带而重抄的各式书册，以及为宫内外殿堂陈设而特制的各种赏玩性书册，此外还有翰林学士、词臣自撰的未刊行书籍，各地藏书家进呈之书，一大批宫中戏本和档案，帝后服饰和器物小样，建筑图样和烫样、舆图等特藏文献，以上共计19.5万册（件）。另有23万块精美的武英殿"殿本"的原刻书版。这些构成了故宫善本特藏的特色。

从1949年至1979年，故宫博物院藏品的充实得到社会各界的支持，同时也先后把大量宫廷藏品及珍贵文物调拨给不少博物馆、图书馆及其他机构。例如，北京故宫曾把包括《乾隆南巡图》卷、"虢季子白盘"等在内的3781件珍贵文物拨给了1959年成立的中国历史博物馆。把一部分官窑瓷器赠给了一些古窑址博物馆。在一些寺院和我驻外使馆等，都有调去或借用的故宫文物。也有一些清宫文物被赠送给国外博物馆，例如1957年赠给苏联国家博物馆清代瓷器、玉器、漆器、珐琅、织绣等文物550件。此外，南迁文物尚有10万余件滞留在南京博物院。

二、故宫博物院藏品的价值

故宫的文物藏品丰富多彩、品质精美，具有很强的经典性、系统性与完整性，有着非常重要的历史、文化价值。

故宫文物具有国宝的意义。中国皇室收藏有着悠久的历史。皇室收藏具有强烈的政治与文化的象征意义。皇室收藏文物，不仅因其是稀有的珍宝或有重要价值的艺术品，而是更重视这些文物所寓有的某种至高德行的涵义，认为它的聚集可被视为天命所归的象征。因此，新的王朝接收前朝的旧藏，表示着它继承前朝的天命。清代皇室收藏为历代之顶峰，也是历代皇室收藏的总结。在反对帝制复辟背景下成立的故宫博物院，把清宫藏品视为文化传统的结晶、整个民族的瑰宝，把对它及故宫博物院的维护与坚持民主共和政体等同起来。在以后艰苦卓绝的文物南迁中，故宫藏品的国宝形象进一步得到提升和加强。文物南迁，开始也有许多人反对，但大家最后认识到失去的领土可以收复，而几千年的文明，作为文化传统的结晶，得之不易，能否保存下去，关乎民族根基的坚持与民族精神的传扬。最终，民众达成了尽力保护国宝的共识。在故宫被列入世界文化遗产名录后，随着人们对故宫价值以及故宫作为文化整体的意义的深刻认识，国宝不只是故宫的一件件具体的文物，整个故宫就是一个巍然挺立、价值无比的国宝，是民族文化传统最有代表性的象征。

　　故宫是世界上最丰富、最重要的中国古代艺术品的宝库。在故宫180多万件（套）文物中，论时代，上自新石器时代，下至宋元明清直至近现代；论范围，囊括了古代中国各个地域的文明精华，包容了汉族和古代许多少数民族的艺术精粹；论类别，包含了中国古代艺术品的所有门类。故宫庋藏的各主要类别文物，其本身就完整地记录了该类文物从萌生、发展到辉煌的文化链。以书法为例，故宫的藏品涵盖了从契刻到书写进而发展成为一门独立的书法艺术的历程，藏品从甲骨文、钟鼎文，直至晋朝开始形成书画艺术，此后，历朝各代的名家流派，几乎一应俱全。再以陶瓷为例，从新石器时代的黑陶、彩陶，直到两宋的五大名窑，元青花瓷，明代白瓷、釉里红、斗彩等，清代的粉彩和珐琅彩等；其他如玉器、铜器和许多工艺品等，也是如此。为了这条历史文化长河永远奔腾流淌、润泽后代，故宫还在收藏现当代的艺术精品。因此，故宫是一部浓缩的中华五千年文明史。中华民族绵延不断的历史文化在故宫博物院的各类文物藏品里均得到了充分的印证。

故宫藏品与故宫古建筑都是旷世之宝。故宫藏品的一个重要特点是与故宫古建筑不可分割，二者的结合构成了故宫无与伦比的价值以及故宫博物院的丰富内涵与崇高地位。故宫是世界文化遗产，故宫的文物藏品因此也是世界文化遗产故宫的重要组成部分，它不仅是中国的，同时也是全人类的共同财富。

故宫是明清两代皇宫，在长达491年的历史时期，它是封建国家的政治中枢和24位皇帝的居所。保存至今的大量宫廷旧藏及其遗存，不仅与故宫不可分割，而且与中国历史尤其是明清两代的宫廷历史紧密相连。文物藏品、古建筑以及历史上宫廷发生的人和事，三者是一个文化整体，从而形成了一个新的学科——故宫学。从故宫学的视野看待故宫的文物藏品，它们不仅在文化史、艺术史上占有特殊地位，而且见证了王朝的治乱兴衰，具有重要的历史价值。

三、出版《故宫博物院藏品大系》的意义

整理和出版《故宫博物院藏品大系》具有多方面的意义。

文物藏品是博物馆赖以存在和开展业务的基础，藏品质量的高低和数量的多少是衡量一个博物馆的地位及其作用的主要条件。故宫曾进行过多次文物清理，由于宫廷藏品的数

量庞大、种类复杂，长期以来，一些底数还不很清楚。只有彻底弄清故宫博物院藏品的种类和确切数量，才能有效实施保护，才能对它的内涵、特点和价值有更为全面、准确的认识，这是故宫博物院的基础建设，是一项重要的业务工作。基于以上认识，故宫博物院多年来坚持清理文物藏品的工作，并制定实施了《2004—2010年文物清理规划》，取得了显著的成绩。《故宫博物院藏品总目》及《故宫博物院藏品大系》就是文物清理工作的成果体现，是几代故宫人努力的结果，对于让世人了解故宫藏品的奥妙及全貌，更好地为人们的鉴赏、研究等不同需要服务，发挥博物馆的社会教育功能，具有积极的作用。

故宫博物院曾整理出版了《故宫博物院藏文物珍品全集》（60卷），以及书画、陶瓷、青铜器、玉器、建筑等多种图录，但出版面世的文物数量仍然相当少，绝大多数不为世人所知。人们难以欣赏到中华文物精粹的灿烂与辉煌，专家学者难以充分利用故宫的藏品资源进行研究，故宫博物院大量藏品的重要历史价值、科学价值和艺术价值，难以得到有效的发挥。出版《故宫博物院藏品大系》，可使大量"养在深闺人未识"的文物藏品，以先进的制版印刷工艺、高品质的图书形式，系统、完整地呈现在人们的眼前，真正成为社会公众共享的文化资源。

如前所述，60万件故宫文物被运往台湾，并出现了北京、台北两个故宫博物院同时存在的现状。两岸故宫的文物都主要来自清宫旧藏，同根同源，具有很强的互补性，应该把它们作为一个整体来看待。《故宫博物院藏品大系》的出版，不仅有助于人们对两岸故宫藏品状况的了解，有助于人们对故宫文化整体的深刻认识，尤为重要的是，它会使人们更为全面地领略中华文明的源远流长、光辉灿烂以及一脉相承。

瑰宝聚集，来之不易；沧海桑田，文明永续。《故宫博物院藏品大系》的出版，是一项重大的文化建设工程，是21世纪出版史上的一件盛事。我们相信，这套丛书的出版，对于故宫文化内涵的发掘、对于故宫的整体保护、对于故宫学研究的深入，都会有所促进。

（《故宫博物院藏品大系》序言，紫禁城出版社〔故宫出版社〕2009年开始出版）

推荐《故宫文物避寇记》

　　在对故宫博物院成立以来所存档案有所了解后，我认定这是一座储藏丰富的宝库。那泛黄的卷宗挟藏着时代的风云，印记着过往的岁月。而不久前在此发现的存藏近60年的欧阳道达先生的《故宫文物避寇记初稿》，就使我既惊又喜。

　　欧阳道达先生为故宫博物院的前辈，在文物南迁后，一直承担着守护文物的重任。南迁文物首先存贮上海，1934年成立故宫博物院驻沪办事处，主任即为欧阳道达先生；后文物西迁入川，分存于乐山、峨眉山、巴县，其中保管文物最多的是乐山，有9331箱，乐山办事处主任还是欧阳先生；从抗战胜利一直到50年代，欧阳先生又负责故宫博物院南京分院的工作。1949年4月26日，中共中央宣传部电告中共中央华东局、第三野战军政治部，命欧阳道达科长保护国立北平故宫博物院南京分院的文物。欧阳先生亦不负厚望，完整地保存了这批文物瑰宝。

　　我们感谢欧阳道达先生在故宫文物保护上的付出和贡献，我们更感谢他为后人留下了这部长达8万字的记述文物南迁历程的书稿。

　　与中华民族命运联结在一起的故宫博物院文物南迁，其

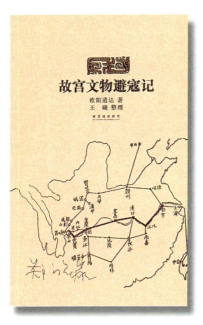

《故宫文物避寇记》书影

中的曲折、艰辛乃至种种秘辛，一直吸引世人的关注。但遗憾的是，全面地、准确地记述文物南迁的书籍却甚少。台湾出过杭立武先生的《中华文物播迁记》，重点在文物迁台上；那志良先生在《典守故宫国宝七十年》中，主要叙述南迁时自己的工作及感受；北京故宫与台北故宫也有"院史"类书籍，对此的记载皆是梗概式的，太过简略。比较起来，欧阳道达先生的书稿则填补了这个空白，是笔者迄今所见记述文物南迁的一部最好的史料性作品。

当年故宫文物南迁，是迁到南方，后在南京建了库房；抗日战争全面爆发后，又有了"西迁"或称"疏散"。但相对于北平故宫来说，都算在南方。现在人们所说的文物南迁，一般统指故宫文物在南方包括"西迁"的整个期间。《故宫文物避寇记》，全面记述这10多年间文物南迁的历程，除过绪言，又分阶段回顾"记南迁""记西迁""记东归""记收复京库"，脉络清晰，层次分明，详略得当，语言简朴，人们读完后对故宫文物颠沛流离的过程会有一个完整的印象。

欧阳道达先生亲自参与了整个文物南迁的过程，书稿中既有大事件的粗线条勾勒，又提供了许多鲜为人知的细节，对于研究文物南迁史十分重要。例如，当年故宫文物装箱的编号标识，馆处各不同，作者指出其中存在的体例稍有失当之处以及其他特殊情形，并强调"须记述者五事"："一、文献馆箱件虽亦于大别中分小别与其他馆处同，但顺序编号只以大别之字（文）贯彻首尾，不同于其他馆处而以小别之字各自为分别编号起讫。二、文献馆南迁箱数实为三七七三，而编号讫于三八六八，是因中间自三〇四六至三一四一之九五号当日未曾引用，致实际箱号有间断而非顺序联续。三、甲字瓷器四百箱，丙字杂项（各式墨）六箱，初虽由古物馆编号，但迁沪后仍归前秘书处编册。是以物甲与物丙之四〇六箱，论编号标识，乃系属古物馆，而选迁责任始终归前秘书处。四、前秘书处之皇字第二〇一号箱，因装车时撞伤，退回本院而未南迁，是以南迁文物之皇字实际箱数为七六三，而顺序编号则讫七六四。五、南迁文物清册，馆处分编。其编例以分批按箱

欧阳道达《故宫文物避寇记初稿》及马衡院长当年批示

为纲，汇列点查字号、文物品名及件数为目，并按箱总计件数、分批总计箱数。除前秘书处所编者，以校勘未周，迄今仍保存稿本及油印复本外，余如三馆所编，则皆有铅印本问世。"作者特别提出："此五事，皆馆处当日筹备移运工作中参伍错综情况，事久或可淡忘，爰特记之。"此类记载不少，亦易为人所忽略，从中可见先生的有心。

本书篇幅不算长，但内容极为丰富，对四川各个库房存贮文物的具体介绍及文物运输过程中运载车辆、途中意外、文物受损等都有明确记述。例如东归文物的三次覆车、两次淋雨、一次肩运失坠以及受损情况，一一说明。在冷静的述说中，仍可感受到作者与故宫同仁视文物国宝为生命，不辞劳苦、死而后已的崇高精神。

1949年4月7日，故宫博物院院长马衡在对南京分院的一份批示上说："文物南迁及抗战西迁始末，应及早汇集资料，从事编辑。"欧阳道达先生1950年8月完成的这部书稿，大概与马衡先生的指示有关。但马院长阅后，作了这样的批示："此稿为文物播迁史料，似无印行必要，可存卷备查。"这一"存卷"即达59年，使其在重扃密锁中湮没无闻。现在紫禁城出版社要出版此书，对于故宫博物院院史的研究，对于一般读者了解当年文物南迁始末，定大有裨益，故特为推荐。

（原载2009年第3期《紫禁城》；欧阳道达《故宫文物避寇记》，紫禁城出版社，2010年）

宏伟问学

　　宏伟同志将关于故宫的一些论文结集为《故宫问学》，问序于我，这对我来说是一件很高兴的事情。我到故宫博物院工作以来，每看到一本故宫同仁的著作问世，都倍感欣慰。特别是关于故宫学术的论著，我更加关注。

　　自 2003 年提出"故宫学"以来，我一直孜孜于故宫价值发掘与故宫学的探索，从不同方面述说故宫、研究故宫、认识故宫。故宫是个学术宝库，故宫文化的核心是以皇帝、皇权、皇宫为中心的皇家文化，是多门知识和学问的集合。紫禁城宫殿建筑群、文物典藏、宫廷历史文化遗存、明清档案、清宫典籍及故宫博物院的历史等 6 个方面，构成了故宫学研究的学科基本内涵。对于一个做学问的人来说，故宫是不折不扣、名副其实的大宝藏、大宝库，只要你有心，你付出，就不会空手而归。同时，故宫也需要很多不同学科、不同专长的学者来共同研究。

　　故宫博物院有学术研究的传统。1925 年 10 月 10 日，在进行文物清点及其他筹备工作的基础上成立的故宫博物院，既是故宫古建筑群与宫廷史迹的保护管理机构，也是以明清皇室旧藏文物为重点的中国古代文化艺术品的收藏、研究和展示机构。当时参与清宫物品点查与故宫博物院建设的骨干力量主要来自北京大学，而北京大学是当时全社会在文化思想与新学科研究方面的先导。北京大学的研究所国学门，"于古代研究，则提倡考古学，注意古器物之采集；于近代研究，则重公家档案及民间风俗"。胡适谈到当时的整理国故运动时说："'国故'是'过去的'文物，是历史，是文化史；'整理'是用无成见的态度、精密的科学方法，去寻那以往的文化变迁沿革的条理线索，去组织局部的或全部的中国文化史。……北大研究所的态度可以代表这副精神。"这种精神与态度也深深影响着新成立的故宫博物院。皇宫变成博物院，不只是重大的历史变革，还具有用新文化的思想审视、研究传统文化的意义。

这些年我在探讨故宫学时，一直在思考"故宫学派"的问题。应该说，从1925年故宫博物院成立起，就重视学术研究，那时依托北京大学、辅仁大学等高校，逐渐形成了重实证、不空发议论、文献与实物并重的实事求是学风，涌现了如陈垣、马衡等一大批治学严谨的学者。20世纪50年代后，故宫博物院成为全国学术研究的重地，拥有一大批专家学者，产生过众多研究成果。它在中国博物馆学诞生和发展过程中发挥过重要作用，在明清历史和宫廷文化研究、文物保护与鉴定等领域占有重要而独特的地位。故宫的专家学者群彦争辉，唐兰、罗福颐、沈士远、孙瀛洲、陈万里、冯先铭、单士元、刘九庵、朱家溍、于倬云、徐邦达、耿宝昌先生等，在学界卓有威望。虽然专业各异，研究的领域和具体的研究方法不同，但他们都强调走实证治学之路，以文献与文物结合的研究路数为重要标志，不作无根之谈。他们之后，薪火不息，代代相传，形成了一种有别于其他研究机构的比较有特色的治学方法，这大概就是学术史上常说的"学派"了，我且称之为"故宫学派"。在故宫学形成和发展过程中，"故宫学派"的存在是其重要条件之一；而故宫学研究的不断推进，已经团结和吸引了一大批故宫内外的专家学者，这些人由于在研究方法、学术思想、风格思路等方面较为相近，有条件形成一个以融通历史与文博、沟通文物与文献的研究理念和特色的学术群体，促进以故宫学者为主体的"故宫学派"的发展壮大。不是说故宫人治学必是"故宫学派"，也不是说故宫以外的学者不会采用"故宫学派"的治学路数，而是说，只要是治中国传统文化之学，采取文献与文物相结合、重实证不空谈、学风严谨、求真求是的治学路径的，都是"故宫学派"采用的治学路子。当然，如果采取这样的治学态度和治学方法，研究的又是关于故宫的学问的话，那应该是不折不扣的"故宫学派"。

故宫博物院一些有较好专业基础的比较年轻的研究人员，在故宫的治学氛围里，耳濡目染，浸淫于求实求真的学术氛围中，使他们逐渐走上与前辈相契合的治学路径，逐渐成为"故宫学派"一分子。宏伟同志可以说就是这样一分子。

宏伟同志有治学的基本素养，学术功底扎实，不轻信，不盲从，对问题勤于思考、敏于求证。他坚持从第一手材料出发，做考据文章，依据档案文献实物重做考量。他继承了故宫老一辈学者严谨的治学方法，"不以空论为学问……乃纯就史料以探史实也。史料有之，则可因钩稽有此知识，史料所无，则不敢臆测，亦不敢比附成式"。他重第一手材料，在《清内府刻书档案史料汇编·序》中反复申言第一手材料对于史学研究的价值和意义，并作为自己研究实践的理论基点。清人顾炎武极力反对西汉以来那种主观臆断的学术方法，非常关注学术研究的材料基础，主张目验，倡导实测，重视第一手材料，而把利用第二手资料比作买铜铸钱："尝谓今人纂辑之书，正如今人之铸钱。古人采铜于山，今人则买旧钱，名之曰废铜，以充铸而已。所铸之钱既已粗恶，而又将古人传世之宝，舂锉碎散，不存于后，岂不两失之乎?"宏伟同志在研究历史时总是力求使用第一手资料，并注重文物（实物）与文献资料的结合，因而经常能够得出新的结论。《全唐诗》是大家非常熟悉的一部唐诗总集，又是清代"康版"的代表之作，历来有多少治唐诗、唐代文学、版本学、刻书史、目录学、图书馆学的学者，接触、使用、研究这部书，但宏伟同志提出"在刊刻《全唐诗》之前并没有扬州诗局的存在"，指出学界长期沿袭的观点是不符合历史事实的。宏伟同志这样的学术研究是有价值、有生命力的。他追求这样的学术境界，学术就不是无根的，凭资料阐发虽然可能有些琐细，但都是实学。

宏伟同志在《嘉兴藏》研究上所下功夫较深。如《嘉兴藏》在五台山时期的刻藏地点的考证，故宫老专家杨玉良已经依据故宫博物院藏《嘉兴藏》，得出五台山时期有妙德庵和妙喜庵两个刻藏地点的结论。宏伟发现自己整理的材料与杨先生不同，遂开始艰苦地求证，重新翻查《嘉兴藏》4遍，得出只有妙德庵一个刻藏地点的结论，并找出杨先生致误的原因，有理有据，对于一部有12000多卷的浩繁卷帙来说，得出这样一个结论需要花费多少时间和精力是可以想见的。他关于满文《大藏经》的研究，从书名、修书机构、翻译刊刻时间等诸多方面提出了新的观点。台北故宫博物院庄吉发先生是最早研究满文《大藏经》并且取得了相当成就的专家，在看了宏伟同志的研究后，在其论文上批道："论文详尽，深具学术价值。拙著《清史论集（三）》页28，已提及《清文全藏经》及《清文翻译全藏经》字样。大作中所论各点，弟俱同意。"武汉大学博士生导师曹之教授也写信称赞宏伟的论文《毛晋刻书活动考论》"深究毛晋刻书始末，功非浅鲜，堪称毛晋研究的第一篇宏文"。我不是做这些专题研究的，对于研究的学术背景、深度不了解，但相关研究者，特别是同行的评价，可以看出宏伟研究的深度。

　　宏伟同志的研究注重学术规范，学风比较正。从他列出的参考文献、给出注释中可以充分看到他这方面的修为。他尊重学术，坚持学术面前人人平等，面对尊敬长者的不同见解，坚持"吾爱吾师，吾更爱真理"的原则，不虚美，不为讳；对青年学子的研究，只要可取，概不抹杀，随处征引随处标举；对于前人已有的成绩，总是尽量揭示、表彰，这与那些利用别人成果而不标注出处的人相比，相去何止千里。他总带着感恩之心，对于曾经帮助过他的同志，如在审稿中指出不足，哪怕只是代为复印一本资料，也都诚心诚意地表示感谢。

　　宏伟同志重视文物与文献的结合，能充分利用故宫现有的文献资料，对文物进行研究。结合故宫所藏文物，重视有关资料的整理。他做得最多的是有关图书文献的研究。宏伟同志知识领域宽广，善于开拓，从他写的《祥云轩红山玉龙鉴藏与真伪辨析·序》《中国地方志中的陶瓷史料·序》等来看，已见触类旁通的功效，玉器鉴定、陶瓷史都不是他研究的方向，但他写出了让专家称道的文章。

《故宫问学》书影

宏伟同志对学术研究有一种特别的感情和感觉，有激情，有毅力，十几年来利用业余时间，坚持不懈，勤奋刻苦，求真求实，做出了比较突出的成绩。近年来，他不仅科研成果数量在故宫名列前茅，有些成果也是故宫研究水平的一个反映。他和故宫的其他专家一起，在不断发掘故宫的丰富内涵，为发展故宫学添砖加瓦。宏伟同志在做一点一滴的积累工作，这是一个学者的本分。我对宏伟同志在学术上的探索寄予厚望，期待他取得更大的成绩。

（章宏伟著《故宫问学》序言，紫禁城出版社，2010年）

略评"明代宫廷史研究丛书"

宫廷史是人类历史中非常重要而又非常特殊的一个社会现象。说它重要，是因为在古代家国一体的社会中，宫廷活动对整个国家的活动影响很大，中国和外国甚至在某一历史时期出现过国家政治宫廷化、外朝政治内廷化的现象，历史上许多著名的王朝几乎都有较为发达的宫廷史，某种意义上讲，宫廷是主宰国家中枢运转的要害机构，可见其重要程度；说它特殊，是因为宫廷不仅仅在政治上具有特殊的作用和功能，还在文化、财政等方面具有其他机构所无法替代的作用，尤其在艺术方面，各国的宫廷艺术在人类文明史上占有不可低估的地位，今天世界各大博物馆中的艺术藏品，有很大一部分即是古代的宫廷艺术品。因此，宫廷史在人类社会历史上占有极其重要的地位，是历史和文化研究中无法回避的一个重要领域。

故宫是中国明清两代的皇宫，在长达491年的岁月中，先后有24位皇帝在紫禁城内生活和执政。始建于明永乐时期的故宫，虽在清代有不少改建、重建、新建等，但仍保留了初建时的格局，故宫仍有明代的一些建筑物以及明宫的不少文物。因此，研究明清宫廷史是故宫博物院的优势和责任。

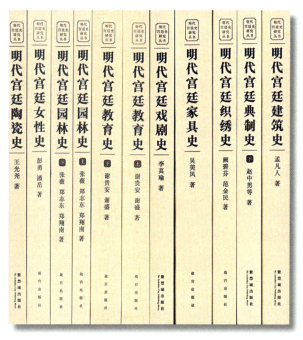

"明代宫廷史研究丛书"（部分）

但长期以来，故宫在清宫史研究方面成果比较突出，明宫史研究则相对薄弱。从故宫学的视角和要求来看，深入开展明宫史研究，不仅对于中国历史的研究，而且对于故宫丰富内涵的发掘，对于博物院事业的发展，都有着重要的意义。因此，从2005年以来，故宫博物院采取多种措施，加强明代宫廷史的研究，"明代宫廷史研究丛书"就是其中的一项重要成果。

"明代宫廷史研究丛书"是2005年确定的故宫重点科研项目，以丛书的形式，对明代宫廷史中的18个重大方面进行探讨。经过近5年的努力，在故宫博物院庆祝建院85周年之际，这套丛书陆续出版，与读者见面。

一

这套丛书是一项大型学术工程，在内容、作者、研究方法等方面具有如下几个特点：

第一，内容较为丰富，结构较为整齐，学术起点较高。

"明代宫廷史研究丛书"的结构是将明宫史中凡是可以相对独立出来的专题单列一种书，共计18种，分别为《明代宫廷戏剧史》《明代宫廷典制史》《明代宫廷书画史》《明代宫廷生活史》《明代宫廷宗教史》《明代宫廷政治史》《明代宫廷外交教史》《明代宫廷工艺史》《明代宫廷财政史》《明代宫廷园林史》《明代宫廷织绣史》《明代宫廷建筑史》《明代宫廷女性史》《明代宫廷宦官史》《明代宫廷图书史》《明代宫廷陶瓷史》《明代宫廷家具史》《明代宫廷文学史》等。从书名结构上可以看出，这套书牵涉了明宫史的主要领域，较为全面、系统。因为这套丛书和项目的发起者们有一个共识：要么不做，要做就做好，学术起点要高，努力保持研究上的创新力，尽量避免在低水平上徘徊。在这一策划思路的指导下，整个丛书的组织工作一开始就抓住全面、系统两个重点，将明宫史涉及的范围逐步扩大，花大力气寻找合适的作者，一一落实撰写任务，最终完成了全套丛书18种书目的组稿工作。

18种书中，既有传统的研究项目，如明宫书画史、明宫建筑史、明宫宦官史、明宫陶瓷史等，也有一些新开辟出来的研究领域，如明宫宗教史、明宫戏剧史、明宫工艺史等，还有一些较为少见的项目如明宫园林史、明宫图书史、明宫财政史等。可以说，整套丛书的内容是较为丰富和全面的，并且结构也较为整齐，虽说不能完全囊括明宫史的全部内容，但以目前18种书目的阵容，应该说基本上包括了明宫史的主要内容。而明宫生活、典制和工艺三种书则从各自的角度，将明宫史范围内尚未列入丛书中的一些内容尽量收入其中，如除陶瓷、家具和织绣以外的宫廷工艺部分，除宗教、戏剧、政治、外交以外的生活部分等，从而力求使整个丛书的内容更为丰富、结构也更为整齐。

第二，作者阵容较强、范围较广，并且是故宫内外、海峡两岸的多方合作。

"明代宫廷史研究丛书"的作者几乎都是各自学术领域内的著名专家，是撰写每种书的合适人选，例如宫廷宗教、宫廷戏剧、宫廷宦官、宫廷政治、宫廷图书、宫廷建筑、宫廷工艺等等，几乎都是由这些领域内的知名专家来撰写书稿。同时，作者队伍超越了原来明宫史的范围，扩展到宫廷文学、戏剧、建筑、园林、书画等领域，许多专家都是跨学科的，不全是明史界的学者，实际上是将宫廷史涉及的多个领域以丛书的形式组合在一起，请文学史、建筑史、园林史、戏剧史等相关领域的学者共同完成此项目，因此这套丛书的作者范围较广。

不仅如此，这套丛书的作者队伍还是故宫内外、海峡两岸学者的多方合作，40多位作者中，故宫博物院内约有十几位，院外约有三十几位，其中几位是台湾学者。作者的情况也从一个侧面反映出故宫开放的胸襟和气度，以及联合社会力量推动自身学术发展的决心。

第三，研究方法和撰写体例较为新颖、独到。

这套丛书的研究方法不是传统的史学研究，也不是过去意义上的文物研究，而是二者的有机结合。"丛书"的每一种关注的内容已不再是单纯的个案，不再是一件或一类文物，而是连带其背后包含的相关因素及其发展过程，从明初到明末的变化脉络，或者说是将宫廷史与文物的研究由点连成线，再由线扩展到面，即将宫廷史中每一个相对独立内容的发展变化线索梳理清楚，而不再是作家作品介绍式的简单描述。有人以自行车与相关零件的关系为例，指出必须将文物个案与明宫史的整体研究相结合，才能更科学地阐明文物的价值，应该说"明代宫廷史研究丛书"已初步做到了这一点。

明代宫廷史的研究不是单纯的文献研究，其中许多文物和遗迹的研究是必须通过实地考察来实现的。明宫建筑、园林、生活、宗教、家具、陶瓷，尤其是明宫典制，都有相当多的内容需要实地考察。涉及上述内容的书稿作者，曾多次对相关的文物和遗迹进行实地考察，包括对明宫建筑、园林的布局、结构的考察，对明宫宗教活动的场所及其规模、环境和器物的考察，对明宫家具、陶瓷的实用功能、摆放位置、制作场所以及运送线路的考察，对明宫典制中丧葬典制特点、十三陵布局与古代风水及昭穆之制关系的考察，对明宫宝玺形制、纹饰以及在书画作品和文件上的使用范围的考察等等，都体现出全书在研究方法上将文献研究与实地考察相结合的突出特点。

至于每种书稿的撰写体例，主编者并未强求统一，而是请各位作者根据书稿的内容和各人的研究习惯来安排体例，形式为内容服务，最大限度地方便作者的写作。但这并不等于说主编者对全书体例未做考虑，实际上在组稿的过程中，主编者即向许多作者提出了一种既简单可行又可以容纳书稿内容的参考体例，即一竖一横的体例安排。具体内容是：一竖，即写明每一宫廷史专题的发展脉络，尤其注意写明这一专题的先后顺序和发展变化间的逻辑关系。既然书名是《明代宫廷××史》，就应将这一专题史的发展线索理清楚，以这条线索来串联和带动相关的史实；一横，即这一专题史涉及的应该予以分析、探讨的一系列问题，可以放在上述内容之后逐个加以阐述。因为每一个宫廷史专题涉及的问题都较为复杂，不可能在叙述发展线索时一一交代清楚，因此只能在此后展开叙述，并且有了前边的内容铺垫，后边的问题阐述才能充分展开。这种"一竖一横"的体例安排，既方便读者阅读，又利于作者写作，也使全书的系统性、逻辑性和可读性有所增强。

这种"一竖一横"的方式不仅是一种撰写体例，同时也是一种研究方法。因为"一竖"的写法需要写清某一宫廷史内容的前后发展顺序和变化之间的逻辑关系，避免孤立地、局部地看待某一类宫廷史。例如，宫廷文学史需要写清整个宫廷文学的发展过程和其中前后变化的逻辑关系，而不是孤立、局部地写几个宫廷作家和作品的单纯介绍，因此，"一竖"的写法实际是一种系统的研究方法。至于"一横"的写法，同样具有研究方法的性质，这种写法需要对某一宫廷史内容在发展变化过程中涉及的相关问题进行适当的分析和总结。例如，宫廷文学史需要写清宫廷文学与当时宫廷时尚、帝王个人爱好、南北文化交流、科举制度、政治环境、宫廷典制等问题的关系，而不仅仅是写出宫廷文学的发展情况。因此"一横"的写法也是一种研究方法。总之，这套丛书在研究方法和撰写体例方面，都具有一些较为新颖、独到的特点。

第四，丛书的撰写同故宫内外的相关活动紧密结合，围绕明宫史等重大问题而逐步展开。

自从"明代宫廷史研究"项目正式立项以及"明代宫廷史研究丛书"的策划、组稿和撰写方案落实以来，整个丛书的撰写活动就围绕明宫史及相关的重大问题，同院内外的展览、宣传、实地考察、学术研讨等活动紧密结合。例如，2006年故宫博物院举办明代宫廷绘画展，就邀请北京等地的一批明宫史学者参加这次展览的座谈，并重点讨论了明代前期宫廷绘画高峰的成因问题；2007年故宫召开了明宫史与故宫学关系的座谈会，来自北京大学、清华大学、中国社会科学院等十几个学术单位的明宫史专家出席了座谈会，与会者对故宫学的发展和明宫史的研究提出了许多富有建设性的意见，对"明代宫廷史研究丛书"的撰写工作起到了积极的推动作用；2008年故宫举办了首届全国明代宫廷史学术研讨会，来自故宫内外、海峡两岸的数十名学者就明宫史的一系列重大问题进行探讨，参会者绝大部分都是"明代宫廷史研究丛书"的作者，他们的发言和提供的论文也大都是"明代宫廷史研究丛书"中的具体问题，会议进一步明确了明宫史的研究范围和撰写任务，对于故宫乃至海峡两岸的明宫史研究都具有重要的意义；2008年底，故宫组织了一次对北京明宫遗迹的学术考察活动，考察的对象和范围包括明十三陵、太庙、天坛、地坛、先农坛，故宫的玄穹宝殿和景山的观德殿遗址等，考察人员由海峡两岸的明宫典制学者联合组成，他们同遗址所在单位的专家一道，对部分明宫典制进行了一次结合实地、富有成效的探讨；2009年故宫百科辞典的编纂工程启动，"明代宫廷史研究丛书"的许多作者又同时担任了明宫史部分词条条目的撰写工作，其中明宫典制的作者们多次召开工作会议，讨论相关条目和典制本身的撰写问题；2010年故宫决定筹办"明永乐、宣德宫廷文物大展"以及以此为主题的两岸故宫第二届学术研讨会，北京、天津、澳门、武汉的部分明宫史学者应邀参加了此次展宣的筹备、论证等项活动，并同故宫的学者一起为大展和研讨会撰写文章，有力地支持了整个筹备工作；近年来故宫主办的学术沙龙活动也有多位明宫史学者先后主讲，并就皇城内的宗教建筑、明宫织绣、明宫史研究进程等多方面的问题同故宫研究人员进行交流和探讨。此外，安徽凤阳、湖北武当山等院外单位召开的学术会议，也有多位明宫史学者参与其中，并以研究和撰写的明宫史成果进行交流。因此，"明代宫廷史研究丛书"的撰写活动并非单纯地为写书而写书，而是不断地同故宫内外的相关活动结合在一起，并在其中发挥了重要作用，同时也促进了丛书的写作。

二

"明代宫廷史研究丛书"的撰写取得了较为丰富的成果，也产生了多方面的影响：

第一，这套丛书填补了明宫史研究的一项空白，它首次从宫廷史的角度分门别类、系统全面地研究明代宫廷史，并且较为充分地利用了博物馆藏品研究和实地考察的学术成果，取得了较为丰富、具有创新意义的成果。

许多书稿的内容都使明宫史研究有了新的进展，不乏开拓创新之处。例如，《明代宫廷文学史》的研究打破了从前宫廷文学都是封建文化糟粕的局限，挖掘了明代宫廷文学的特殊价值；《明代宫廷女性史》的研究则从社会史的角度，着重研究了明代宫廷中女性群体的社会活动和特征，指出这一特殊群体的内部结构、地位变化和职业状态；《明代宫廷戏剧史》则从宫廷礼乐制度的角度入手，来探讨宫廷戏剧在整个宫廷中的特殊功能，将宫廷戏剧与宫廷典制相结合，突破了以往戏剧研究的界限；台湾的专家与北京故宫的专家合作，从宫廷绘画、文献记载和现存家具文物中搜集了大量的明宫家具资料，结合明宫生活等其他史料，完成了《明代宫廷家具史》；比较有代表性的成果是《明代宫廷典制史》一书，其中明宫典制中的登极、册立、祭祀、朝贺仪、婚礼、葬丧、军礼、服饰、车辂、宝玺、符牌、仪卫、宫室等内容，从前很少有人专门、系统地进行研究，这次20多位作者则进行了全面、系统的专题考述并努力做到文物、文献和实地考察相结合，从而较好地完成了这部著作。

正是由于明宫史丛书的撰写，使宫廷史涉及的一批新的学术问题和领域受到广泛的关注。《故宫学刊》第四辑刊登的30余篇文章中，就有一半左右是和明代宫廷史相关的论文。与此同时，在撰写"明代宫廷史研究丛书"的过程中，也有一批新的研究成果涌现出来，包括明宫娱乐研究、明蒙朝贡研究、明宫法制研究、明清孝陵诗文研究、明宫用煤和朝班问题研究、明宫戏剧机构及杂剧研究、明前期宫廷文学研究、明宫佛教建筑研究、明宫史分期特点研究等等，都是近年来故宫院刊登载的较有分量、较有新意的研究成果。这些成果正在逐渐引起学界关注，并产生一定的学术影响。

近期明史界召开的一些学术会议，有关宫廷史的文章比重明显增加，如在十三陵召开的纪念长陵建成600周年学术研讨会，在湖南湘潭召开的国际明史学术研讨会等，都有相当一批文章与宫廷史相关，作者大部分是"明代宫廷史研究丛书"的作者。

可以说，随着"明代宫廷史研究丛书"撰写工作的推进和明宫史研究的深入，将会有更多的学术成果相继问世，也将会产生更大的学术影响。

第二，这套丛书及明宫史研究是故宫学的有力支柱之一，既是故宫学提出后的重要学术成果，又在一定程度上促进着故宫学的发展和完善。

2003年以来，随着故宫学的提出，许多学者指出明代宫廷史研究是故宫学研究的薄弱环节，必须大力加强。在这一要求下，故宫的明代宫廷史研究逐步开展起来。明宫史研究的整体运作与以往的故宫学术研究略有不同，一开始就是按照故宫的特殊条件和故宫学的学术要求来开展整个研究活动。在研究合作方面，明宫史研究不仅是故宫院内外学者的合作，也是海峡两岸学者的合作；在学术领域方面，明宫史研究不仅涉及书画、织绣、财政、风俗等领域，还涉及明代宫廷戏剧、文学、外交等特殊领域，可以说这项研究涉及的学术领域是相当广的；在研究方法和思路方面，这项研究在一定程度上做到了文物与文献相结合，学术研究与实地考察相结合，局部研究与系统研究相结合。明宫史研究在很大程度上初步实现了故宫学提倡的几种研究理念和方法，因此整个明宫史研究的学术起点较高，受到故宫学的学术影响较大，是故宫学提出以来体现故宫学学术理念的重要成果。

明宫史研究的全面展开和初步成果证明，故宫学所提倡的几种研究思路和方法，在明宫史研究领域是切实可行的；故宫学本身的一些薄弱环节，是可以通过类似明宫史研究这类系统工程来加强和充实的；故宫学的理论和体系的构建，同样是可以由类似明宫史研究等具体项目来发展和完善的，并且二者在实践过程中是可以相互借鉴、相互促进的。因此可以说，明代宫廷史研究是故宫学的学术支柱之一，既是起点较高、受故宫学影响较大的重要学术成果，又使故宫学本身得到进一步的发展和完善。

第三，这套丛书的撰写与明宫史研究的开展，一定程度上增加了故宫的社会凝聚力，拓宽了故宫与社会相关机构的合作范围，同时也促进了自身业务活动的开展。

参与明代宫廷史研究的许多院外学者表示，故宫是明清两代的皇宫遗址，收藏了大量的宫廷文物，也是可以切身"感受"到一部分宫廷史的特殊之地，由故宫学者出面来主持规模庞大的明代宫廷史研究项目，既名正言顺，又名副其实，这一点是其他科研单位和院校想做而无法做到的；故宫充分利用了自身的优势和社会学术资源，在院领导的大力支持下开展明代宫廷史研究，使故宫的社会凝聚力有所增强，即故宫已不再是一个单纯的文物展示、整理和研究单位，而是逐渐成为一个可以发动并联合社会上乃至海外的学术力量，向宫廷史这样的学术堡垒进行登攀的综合性平台，其社会影响和学术推动作用已不仅仅限于故宫，甚至不仅仅限于明史界，而是扩大到了艺术史、建筑史、文学戏剧史等特殊的社会文化领域。

由于故宫的明代宫廷史研究逐渐受到社会上的关注，中国运河研究中心、苏州大学历史文化学院、南京大学历史系、东北师范大学亚洲文明研究院、中国社会科学院历史所及文学所等有关机构就运河与明代宫廷供应和消费，南方城市与宫廷的财政关系以及明代诏令的整理、明代宫廷机构的功能、宫廷与文学和工艺的关系等问题，同故宫达成意向性的合作协议，有些项目具有广阔的发展前景，从而拓宽了故宫与这些单位的合作范围。

明代宫廷史研究的开展，使故宫联系了一大批这方面的专家学者，这项活动不仅提高了故宫的学术地位，也对故宫的许多业务活动起到了支持和促进作用。例如，以往故宫的出版物和展览研究很少有明宫史学者撰稿，明代宫廷史研究活动开展以来，院外许多明宫史学者不仅为"院刊"和"学刊"投稿，也为《紫禁城》连续撰稿，甚至成为几种重大书系的主要撰稿人。

这套丛书的撰写和研讨活动对故宫博物院的展览、宣传等工作也具有特殊的、不可低估的作用。众所周知，一个博物馆展览、宣传水平的高低，在很大程度上取决于整个单位研究水平的高低。没有对展品背后的历史文化内涵进行深入、系统的探索，想要搞出高水平的相关文物展览，几乎是不可想象的。明代宫廷文物的展览更是这样，如明代"永乐、宣德宫廷文物展"及其学术研讨会，更是由于院外一批明宫史学者的参与，从而使这项展览以及明初宫廷文化的研究都取得了重要的学术进展。因此这套丛书的撰写和研讨活动对提高故宫的研究水平尤其是展览水平，同样具有不可低估的作用。

第四，明宫史研究的开展和这套丛书的撰写，逐渐确立并提高了明代宫廷史相对独立的学术地位。

在国内明史研究领域内，宫廷史的研究较为薄弱，研究成果和受关注的程度不仅无法与政治、军事、经济、文化等著名的专门史相比，即使是风俗史、财政史、外交史等一类的专门史，其学术成果和受关注的程度也往往超过宫廷史。而国外宫廷史的研究水平总体上高于中国，一些宫廷史较长、文化发达的国家几乎都有本国的宫廷史专著，并有一大批重要王朝的宫廷史研究成果，德、法、英、俄、意、土以及美国的一些学术机构里，都有一些资深学者在从事宫廷史的研究，其中相当一部分学者是在宫殿博物馆从事这项研究的。国外许多宫殿博物馆不仅研究藏品，很大程度上更以研究宫廷史闻名于世。因此，无论是同传统的、著名的专门史研究相比，还是同国外的同类研究相比，中国的宫廷史尤其是明宫史研究尚未获得相对独立的学术地位。而故宫发起的明宫史研究和这套丛书的撰写，则在很大程度上改变了这种局面，几十位明史学者参与撰写"明代宫廷史研究丛书"；近百位学者参与探讨明宫史的各种问题，其中有些人还是明史以外戏剧、文学、宗教、园林、服饰、家具等领域的学者；许多科研院所、大专院校的科研项目及课题都或多或少地涉及明宫史，这些单位的部分学者还将明宫史的一些内容作为研究生的研究方向和选题对象；海峡两岸乃至海外的一些学术会议上，明宫史问题已受到越来越多的关注，相关的学术成果也陆续问世；与明宫史相关的一些地区和文物单位，如北京十三陵、天坛、太庙，湖北武当山和钟祥显陵，江苏南京、淮安，安徽凤阳、盱眙，以及相关的学会，如中国运河研究中心等，也都逐步开展了有关明宫史方面的研究活动，并与故宫加强了相关的联合与合作。这些活动的结果，不仅产生了一批明宫史研究领域内的专家学者，而且也逐步确立并提高了明宫史研究相对独立的学术地位。

第五，这项研究的开展和丛书的撰写将推动社会史、文化史的研究，并将促进中外宫廷研究方面的交流与合作。

在明宫史研究中，部分学者一方面将宫廷文物、建筑等领域的研究纳入整个社会文化史的研究视野中，另一方面也将后者的研究理念、方法引入宫廷史的研究活动中。从文化史的角度看，"明代宫廷史研究丛书"将宫廷书画、陶瓷、戏剧、文学、建筑、宗教、工艺、家具、园林、服饰这些反映文化发展的载体，每一项都以各自的脉络串联起来，大致写明其发展的过程、变化的因素，由此可以进一步探讨宫廷文化与民间文化、民族文化甚至外来文化的关系，从而进一步丰富整个文化史的研究内容。从社会史的角度看，"明代宫廷史研究丛书"叙述了宫廷之中人员的构成、地位的变化、权力的分配、财富的争夺等等，包括通过宫廷权力维系的中央与地方的关系，中央王朝与边疆的关系，当时中国与外国宫廷间的往来关系，宫廷的布局所反映的宫中人员不同的权力、地位，宫廷生活、政治对当时社会经济、文化的复杂影响，宫廷财政收支对社会财富的侵夺、对国家财政的分割等等问题，同样会丰富和扩大社会史的研究内容和领域。例如，南京和北京的社会关系，从明到清直到民国时期，几乎总是交替或同时成为南北两个政治中心，每一时期甚至每一朝都有着不同的往来关系，这种关系在很大程度上是明初确定的。永乐迁都北京后，南京在一定程度上成为北京宫廷消费品的加工制造基地和运输供应基地。北京作为全国的政治中心，较为有效地控制了南京作为经济中心的大部分社会财富，从而保证了北京宫廷的物资供应。北京对南京的这种控制本身，对南京及其周围地区、对运河两岸地区的社会和经济发展具有较为重大的影响，其中主要结果之一即是南北经济文化、政治的联系更加紧密，中国南北方的统一不断得到巩固和加强。以往的研究中对这一社会史问题关注不够，而明宫史研究的许多专题都涉及这一内容，并取得了一定的进展，因此可以说，这项研究将有效地推动关于社会史的研究进程。

同时，这套丛书的撰写和陆续问世，也将有利于中外宫廷史研究方面的交流与合作。虽然中国宫廷史研究的整体水平与国外相比尚有差距，但"明代宫廷史研究丛书"作为一套较为全面、系统的断代宫廷史成果，却可以同国外汉学界的明宫史研究进行适当的交流与合作。目前已经有一些外国的宫廷史学者和研究机构关注故宫的明宫史研究进程，并就相关的交流与合作项目达成意向性协议，因此，"明代宫廷史研究丛书"的陆续出版和研究的扩大与深入，将会促进中外宫廷史研究方面的交流与合作。

三

明代宫廷史的研究虽然取得了一定的成果和进展，但从整体上看目前仍处于起步阶段，许多重要问题仅仅是开始研究，尚未达到全面深入，更未达到如有些领域那样成熟的研究水平。"明代宫廷史研究丛书"尽管有18种之多，但不能说包含了明宫史的全部内容，可能还有一些题目和内容需要列入或补充，即使是已经列入丛书的部分，也还需要进一步扩大和明确研究范围，提高研究水平。

由于时间仓促和研究基础的薄弱，这套丛书还存在着一定的不足，故宫博物院将在今后的工作中有针对性地采取一些措施，逐步克服这些不足。

第一，目前已完成的几种书中还存在一些问题，如有的书稿未能充分吸收目前学术界的最新成果，有的书稿与同类书相比可能在材料发掘和理论分析方面较为薄弱；还有一些书稿本身的各个部分水平不齐，有的部分较为完整、成熟，有的部分则相对薄弱一些。以《明代宫廷典制史》为例，尽管全书第一次将明宫典制较为集中、较为全面地写出来，典礼的部分基本充足，而相关制度的有些部分则稍显不足，特别是南京的宫廷典制部分未能附带列出，不能不说是全书的一个缺项。南京虽然在永乐迁都后失去了首都的地位，但北京举办的许多宫廷典制南京都有响应之举，只不过规模和次数相对有限，因此南京的一些宫廷典制是整个明代宫廷典制的组成部分，这次书中未列出，只有等将来再版时加以补充、修订了。实际上随着今后《明代宫廷女性史》《明代宫廷宦官史》和《明代宫廷财政史》等相关专著的出版，宫女、宦官、赏赐、供给制度的研究也会随之有所发展。至于南京典制的补充，除了有计划、有意识地选取专人研究之外，还可以同南京的研究机构联系，甚至可以在适当的时候专门召开一次南京明宫典制的研讨会，探讨南京在明宫典制史上的特殊地位和作用。

第二，这套丛书对外国汉学家有关明宫史方面的研究成果未能加以充分的吸收和利用，其原因可能是有些成果尚未译成中文，有些成果则是限于条件未能及时了解、掌握。据我所知，《剑桥中国明代史》是外国学者研究明史的一部名著，这部书集中了当时一批优秀学者的学术成果，而除此之外，还有一批汉学家或学者研究明代的宫廷文化、艺术、历史，其学术成果尚未被及时地、充分地介绍到中国。吸收和利用国外学者关于明宫史的研究成果，对于提高我国的宫廷史研究水平是非常必要的。《故宫学刊》是否可以利用我国明史学者同外国明史界的多方面联系，有计划地分别介绍和编译一些外国明宫史研究方面的新成果，甚至可以进一步同出版社合作，适当组织翻译一些有关明宫史研究的著作；或是适当邀请一些国内外的有关学者，有计划地介绍一些国际上的学术动态，甚至同他们就某些明宫史领域的问题召开学术会议，进行交流，借以推动故宫的明宫史研究。2010年的《故宫学刊》刊登了介绍外国学者鲁大维关于明宫史研究的一部论文集，在这方面做了有益的尝试，是好的开端，今后还应坚持下去，为国内外明宫史研究的交流与合作打下良好的基础。

第三，丛书虽然列出了18个专题，并分别对这些专题进行了探讨，但对于这些内容之间的相互关系则缺乏必要的梳理和研究。例如，明宫生活史、政治史、女性史、宦官史与明宫文化史中书画、园林、织绣、陶瓷、文学、戏剧、图书的相互关系，前者对后者的复杂影响；明宫典制史、财政史、宗教史等对明宫家具、建筑、工艺史的不同影响及相互关系，都是值得进一步探讨的。又如，明宫宗教、外交、建筑、戏剧、织绣和陶瓷对明宫财政的影响非常大，在不同时期不同皇帝的身上，上述几种因素的作用不同，宫廷财政收支结构的变化也不尽相同；明宫典制对明宫生活、文学、戏剧、建筑、家具、陶瓷、织绣的影响和作用非常复杂，可以说明宫生活和文化中的绝大部分现象都和典制有着极为密切的关系；即使是典制本身的内容之间也有着复杂的关系，登极仪与祭祀，军礼、丧葬仪与祭祀，婚礼与宴享、乐舞，服饰、车辂、仪卫，甚至宝玺与丧葬仪之间都有着复杂的、鲜为人知的关系，都是将来有待于深入探讨的内容。有的学者认为宫廷史应是宫廷所有内容的发展史，因此建议以一种全方位、多元化的体例，来撰写一部多卷本的《明代宫廷史》，目的就是照顾到宫廷史中许多内容之间的复杂联系，这一建议有一定的合理性。虽然目前无法将上述建议付诸实施，但仍可以利用现有的研究力量和条件，逐步展开对明宫史主要内容之间相互关系的研究，以此来提高整个明宫史的研究水平。

第四，近年来为了加强明清宫廷史研究，推动故宫学术的发展，故宫博物院相继成立了几个学术研究中心，包括"古书画研究中心""古陶瓷研究中心""明清宫廷史研究中心""古建筑研究中心"和"藏传佛教文物研究中心"等，

但每个中心内部明史方面的研究力量都较为薄弱，其中"明清宫廷史研究中心"聘请的院内兼职研究员中，明代宫廷史方面只有一人；整个"明代宫廷史研究丛书"的40多位作者中，故宫的作者只有十几人，分散于几个研究中心之内，反映出故宫整体上明宫史研究力量的薄弱。但这种状况已经逐步得到改变，5个研究中心可以陆续选取一批与明宫史相关的项目和课题，有组织、有计划地开展研究。例如，可以凭借故宫的优势和"明代宫廷史研究丛书"已有的成果，开展明清宫廷史诸如两朝宫廷戏剧、宫廷宗教、宫廷绘画、宫廷建筑等领域内的对比研究，以此来逐渐开拓故宫的研究领域，提高各个中心的学术水平，最终目的则是逐渐培养出一批明清宫廷史方面的研究人才。

这套丛书是故宫上下与院外学者通力合作的成果。故宫

博物院高度重视明宫史研究项目和这套丛书的撰写工作，多次召开会议专门讨论和落实具体的工作问题，有力地保证了这项工作的顺利进行。在这一过程中，李文儒副院长作为全套丛书的主编和整个项目的主持人，对项目的实施和丛书的撰写付出了大量的心血，起到了重要的作用。院刊编辑部赵中男编审具体组织协调，从落实项目到处理庞杂的事务，竭尽全力，坚持不懈，终于使这套丛书和整个项目有了一个良好的开端。当然，这套丛书的编写出版也得到全院有关部门的大力支持。

为此我们要诚挚地感谢与故宫密切合作的海峡两岸学者，感谢故宫上下热情参与这项工作的同志，感谢所有为此付出努力的人们，没有他们的积极支持和艰辛努力，这套丛书的撰写和明宫史的研究项目是无法完成的。

（原载《故宫学刊》二〇一〇年总第六辑）

探索故宫治学之道

　　专家、学者谈治学之道，在我国可谓历史悠久。《论语·学而》一句"学而时习之，不亦说乎"，至今仍被奉为经典。《荀子·劝学》集中了关于治学之道的佳句警语，诸如"锲而不舍，金石可镂"，"不积跬步，无以至千里"，千载之下仍被反复传诵。至韩愈撰《师说》与《进学解》，更将治学之道具体化和理论化，让后世学人受益无穷。有感于此，我们也一直想将故宫专家、学者关于治学之道的文章编印成书，作为他山之石，提供给学术界借鉴。而现在，这个愿望终于实现。余辉先生策划、任昉女士主编的《故宫治学之道》，就是故宫专家、学者关于治学之道的文章的首次结集。

　　故宫向为专家、学者荟萃之地。建院八十五年来，培养、造就的专家、学者，堪称不知凡几。他们中间，有的人还曾担任领导职务。他们的领导之道和治学之道，都是故宫的宝贵财富，都需要进行认真的总结和研究。本书所收专家、学者，既有已故前辈宿学，也有正在成长的后生新秀。从出生时间看，最早生于1881年，最晚生于1963年，横跨三个世纪，相隔八十余载。从研究领域看，分属历史学、考古学、文物学、文献学、宗教学、出版学、图书馆学、博物馆学、古建筑学、文保科学及摄影学等十多个学科，彼此相对独立。这种较大差距，决定了他们的思维方式和思想方法都会存在某些不同。包括他们对治学之道涵义的理解，可能会存在某些歧异；他们所谈的治学之道，侧重点也可能会存在某些差别。

关于治学之道的涵义，说起来简单，实际上却是人见人殊。本书所收杨伯达先生的《我的"治学之道"》说："我理解'道'字不外乎有两层意思，浅层面的'道'字即道路、历程、自始至终的治学道路的意思；深层面的含义则有'哲理''宗旨''逻辑'等意思，即治学哲理的概含。"杨先生的文章就是"兼顾上述两层面"来谈自己的"步履和概况"的。这是一种理解。我大致同意这种理解。所谓治学之道，涵义无非有二：一是治学的经历，一是治学的经验。没有经历，不可能产生经验；没有经验，也说明缺乏经历。二者很难截然分开。

大家都知道，孔子说过："吾十有五而志于学，三十而立，四十而不惑，五十而知天命，六十而耳顺，七十而从心所欲不逾矩。"（《论语·为政》）其中"十有五""三十""四十""五十""六十""七十"，既是年龄也是经历；"志于学""立""不惑""知天命""耳顺""从心所欲不逾矩"，既是感悟也是经验。孔子只活了七十三岁，因而十年一小结，只能说到七十岁为止。孔子没有八十岁的经历，也就不能说出八十岁的经验。我们在慨叹孔子未能长寿，使后人永远无法了解一位哲人八十岁的感悟的同时，也清清楚楚地知道，从治学而言，经历和经验确实是相互依存，很难截然分开的。

　　本书收录文章六十余篇，内容非常丰富，涵盖了"故宫学"的方方面面。有的以谈治学经历为主，治学经验亦寓托其中；有的以谈治学经验为主，治学经历也潜隐其内。更多的，自然仍是经历与经验并重。这里特别要提到的是，本书收录的经历与经验并重的文章中，有一篇是傅熹年先生评述王世襄先生学术成就的。王世襄先生曾在故宫工作六年，由于众所周知的原因，黯然离开了故宫。王先生去世后，我写过一篇怀念他的文章，题目为《此身曾是故宫人》，最后一句是"故宫永远都会记着这位同仁"。本书证明我们没有食言。我希望本书出版后，能被广大年轻学人常置座右经常揣摩；同时希望故宫专家、学者的治学之道，能为广大年轻学人的治学提供切实的裨助。

　　　　　　（《故宫治学之道》前言，紫禁城出版社，2010年）

《武英殿工程报告》的意义

公元2003年，故宫开始了百年来规模最大、投入资金最多、持续时间最长的古建筑维修工程，是一项名副其实的大修工程。

这是国务院的决策，是根据故宫古建筑保护实际状况所作出的正确决定。故宫大修既是重大的文物保护工程，也是重大的文化建设项目。故宫又是我国第一批列入世界遗产名录的项目。保护好故宫不仅是对中华民族负责，也是我国对国际社会庄严承诺的认真履行。

党中央、国务院高度重视和关怀故宫维修工程，社会各界、国内外人士密切关注着工程的进展。故宫维修是国家大事、民族大事，是人民赋予的光荣任务，也是一份沉甸甸的历史责任。

为了落实国务院整体维修故宫的决定，故宫博物院做了充分的准备工作，制定《故宫保护总体规划大纲》，成立专家咨询委员会，加强对工程的领导和管理，并在专业设计、施工、管理队伍以及古建筑材料、经费等方面都有了充分保障并坚决贯彻文物保护原则，切实执行《中国文物古迹保护准则》建议的专业程序，做到最少干预，尽最大可能多地保留原有建筑信息，保持文物的真实性和完整性，以达到祛病延年的目的。故宫维修开工以来，在社会各界的支持下，在承担者、参与者的共同努力下，工程进展顺利，达到了预期目标，不仅使故宫恢复了庄严、肃穆、辉煌的历史面貌，而且是中国官式古建筑营造技艺的一次大力传承，维修的实践与探索也丰富了国际文化遗产保护的理论。

根据故宫维修的整体安排，需要及时地整理、编写并出版维修工程报告，收录有关维修的信息资料和相关的档案文献，为故宫以后的维修保护以及研究工作留下完整的资料。《武英殿工程报告》就是百年大修的第一份报告。

武英殿工程是故宫整体维修的试点工程。武英殿在紫禁城内占有重要地位。明代，武英殿曾为皇帝斋戒和召见臣工之地。明末李自成攻入紫禁城，曾以武英殿为治事之所，后在此称帝。清初，摄政王多尔衮在此治事。自康熙年始，武英殿成为刊刻图书之所。同治八年（1869），不戒于火，延烧房屋30余间，书籍版片也焚烧殆尽。同年派工勘修。光绪二十七年（1901）又遇火险，因扑救及时，幸未延烧。1914年，武英殿辟为古物陈列所的展场。为了适应展览的需要，其门窗及内部结构、装饰等都有过改变。这次选择武英殿作为大修的试点，是很有意义的。经过认真的勘察设计及精心施工，两年后武英殿维修工程完工，获得专家好评，并于故宫博物院成立80周年时作为展览场所对外开放。现在，《武英殿工程报告》也编讫问世了，这是值得庆贺的一件事。

《武英殿工程报告》一书凝结着维修工程的丰富成果，具有以下特色：

其一，系统地梳理了武英殿的历史，把文献、档案、历史照片等资料与现场勘察的发现结合起来，建立了武英殿建筑的信史。

其二，对武英殿中每一座建筑进行勘察、实测，分析了每一座建筑及其院落环境的古建筑法式特征，确定它们的文物价值。

其三，从武英殿工程开始，第一次对故宫古建筑大木构件的树种进行科学鉴定，对其物理力学性质的演化进行研究。木材残损状况的检测结果，对制订工程前期的设计方案提供了重要参考。本书反映了这个科研课题的部分成果。

其四，对武英殿维修工程的总体部署和每一座建筑的维修情况进行详细的记录，把文物保护理念落实到工程技术的选择与实施的全过程中。

其五，总括了保护工程的各机构所积累的工程档案、记录，综合反映了各机构、各专业活动的成果。

其六，把关于武英殿的重要历史信息、实测图用附录的形式公布于世，形成武英殿历史档案。

《武英殿工程报告》的出版，具有以下三方面的意义：

其一，这是国务院决定的故宫整体维修试点工程报告，也是故宫博物院成立以来出版的第一部工程报告。工程报告的编写出版，标志着故宫保护揭开了新的一页。工程报告会进一步推进故宫古建筑保护工作的科学化和规范化，进一步促进故宫古建筑的保护研究工作，也为故宫学研究提供了第一手资料。

其二，本工程由我院修缮中心负责实施，是我院半个多世纪以来对官式建筑传统营造技艺传承工作的又一次大规模的实践，对于这项非物质文化遗产的传承是一次机遇。这份工程报告对于故宫官式古建筑技艺的传承将起到积极的促进作用。

其三，本书作为故宫维修工程实践的总结，其中反映的工程的指导思想也会为中国文物建筑保护理论的总结提供新的实例。2007年5月，中国国家文物局、国际文化财产保护与修复研究中心、国际古迹遗址理事会和联合国教科文组织世界遗产中心联合主办的"东亚地区文物建筑保护理念与实践国际研讨会"在北京成功召开，会议组织考察了北京的三个世界遗产地的维修工程现场，代表们考察了已经开放为专业展室的武英殿和故宫其他维修工程情况，为会议起草通过《北京文件——关于东亚地区文物建筑保护与修复》做出了贡献。

此书的编写出版，历经五个春秋，不只因为是初次进行，在编写体例、内容设置上曾几经反复，而且在资料的整理和搜求上也颇费工夫。本书凝聚着许多专家学者以及工程管理与实施者的心血。故宫修缮工程专家咨询委员会的各位专家学者，在故宫保护规划论证会上的许多发言，直接指导了故宫保护工程；宿白、谢辰生、傅熹年、徐苹芳、张忠培等先生则具体指导确定了本书的框架。工程的具体组织和实施凝聚了故宫博物院古建筑保护工作的实践经验，是老一辈学者、匠师成果的延续和发展。古建部、工程管理处、古建修缮中心的同志都为完成这一工程做出了贡献。晋宏逵同志曾领导了武英殿工程，这次又主持了工程报告的编写，为此付出了不少心血。在此，我谨向所有这些人员表示衷心的感谢。

　　故宫维修工程还在继续，故宫工程报告也还要继续编写，我期望维修工程不断顺利进行，我也期望维修报告会编写得更加精彩。

　　（《故宫古建筑保护工程实录·武英殿》序言，故宫出版社，2011年）

要把古书画鉴定传承下去

　　杨新先生（1940—2020），著名古书画研究专家，故宫博物院原副院长，故宫博物院研究馆员，故宫博物院学术委员会委员，国家文物局文物鉴定委员会委员。

　　1965年，杨新与他的两个同学从中央美院分配到故宫博物院工作。这于中央美院与故宫都有着特殊的意义。对美院来说，他们是该院新开设的美术史系的第一届毕业生。对故宫来说，在此前后则很少进大学生，直到1987年张忠培先生到故宫博物院当院长时，全院968名职工，其中本科毕业生也仅44人，而且是不同时期因多种原因来到故宫的。因此科班出身的这三个人在"文革"前同时到故宫，就是故宫人才队伍建设的一件大事。他们果然不负众望，后来都成为著名的专家，在故宫业务和学术上发挥了承前启后的作用。

　　杨新在故宫从事中国古代书画的陈列与研究工作，除努力学习、刻苦钻研业务外，又曾跟随徐邦达、启功先生为主力的全国文物鉴定小组到全国各大博物馆鉴定书画，眼界大开，知识渐长，使其书画鉴定研究有了更为厚实的基础。

　　在杨新的学术之路上，徐邦达、启功两位先生有着重要的影响。

对于启功，人们一般都知道他是书画专家，其实他成名很早，而且与故宫有很深的缘分。民国时期，故宫博物院设有以学术活动为主旨的专门委员会，所聘专门委员俱为有关研究领域的一时之选，故宫聚集了一大批中国当时最为著名的文史及古物研究的专家学者。抗战胜利后的1947年，故宫重建专门委员会，最后公布的47位专门委员中，有书画专家10位，时年35岁的启功就崭露头角，为世所重，与张珩、蒋毅孙、朱家济、邓以蛰、张爰、张伯驹、徐悲鸿、沈尹默、吴湖帆等并列；其他九位的专长都注明为"书画"，唯启功注明是"书画史料"。杨新得到启功指点，自是十分幸运。在杨新的书画鉴定文章中，可以看到经常引用启功的话。可称为他的代表作的《书画鉴定三感》，不仅说明是受启功先生《书画鉴定三议》写法的启发，且其第二点"望气"之法得失有无、第三点书画鉴定的"模糊性"，就是直接引自启功的论点并在此基础上结合自己的体会作进一步阐发的。

杨新曾担任徐邦达先生工作助手6年之久，受徐先生教导尤多，影响更深。

清宫旧藏以书画铜瓷为大宗，15万件书画作品也确立了今天故宫博物院的藏品优势。从20世纪50—60年代，直至80年代，北京故宫所藏古书画先后经过徐邦达、张珩、启功等先生的鉴定，对这些书画的作者、流派、时代、内容等方面给予了客观的基本定位。其中徐邦达先生贡献尤多。杨新从徐邦达身上受到两方面教育。

一是学习徐先生对工作全身心投入的精神。杨新从徐邦达为故宫古书画藏品所建的档案资料中，深刻感受到先生的认真、严谨、细致："在所立栏目中，除了登记其质地、尺寸、款字、来源等各项之外，还要对其收藏印鉴、题跋进行识别，对其内容、真伪、艺术等写出评语，查出文献的记载，最后还有识真伪的结论等，实际是一次科研活动。先生所做的这些工作，为北京故宫博物院在书画方面的陈列研究、编辑出版及对外交流等，奠定了坚实的基础。这些档案至今仍然在使用。"（引自杨新《我跟徐邦达先生学鉴定》一文）

二是学习徐先生书画鉴定的方法和思想。由于故宫研究人员掌握了大量的具有鉴定标尺作用的书画，并对古代书画有着较为广泛的涉猎，因此在书画鉴定方面受到国内外的重视，故宫研究人员也形成了重文献考据及鉴定的特色，其科研成果不断补充着艺术史的实际内容。徐邦达先生是其中的代表。他的《古代书画概论》将文献考据与目鉴有机地结合起来，系统地建立了古书画的鉴定标尺，真实地还原了中国书画史的发展脉络，将原先只可意会的感性认识发展成为可以传授的研究方法和学术思想。

故宫的老一辈专家学者，不是把书画鉴定视为一项单纯的"技术活"，而是明确藏品的价值，与文物藏品有很深的感情，有着负责认真的工作态度。这是故宫学人的优良传统。杨新先生既学习继承徐邦达等先生的研究方法和学术思想，又学习实践他们对故宫、对文化遗产、对自身工作的严谨认真的态度。

徐邦达、启功先生的教诲，一般不是耳提面命，而主要体现在他们具体的书画鉴定过程中。他们的片言只语，往往重若千钧，凝结着老先生的才学与识见，是他们毕生经验的总结，其中就有度人的"金针"。对学习者来说，则要处处留心，仔细观察，反复体味，当然也要具备相当的基础，还要有灵性和悟性。杨新做到了这一点。他的20多本笔记，就是亲承謦欬的学习记录。在《我跟徐邦达先生学鉴定》一文中，更有满怀深情的真切回忆。1980年他随徐先生在云南省博物馆看"参考品"时，凭着积累起来的知识，把一件曾为乾隆皇帝存疑、亦被张珩先生否定的宋代郭熙山水图判为真迹，得到徐先生的认可，说明他在研究鉴定之路上的勤奋与进步。徐邦达对杨新则寄予厚望，1975年就有《浣溪沙》一阕相赠：

　　　　幼妇黄绢许释之，奎章异制荐同时，平生抵掌恨君迟。　　　渠识虹梁归指划，象规神禹想威仪。风流惠塑笔能期。

　　杨新作为新中国培养的第一批接受现代史学教育的美术史学者，又得到徐邦达、启功等大师的悉心传授，重视将古书画鉴定与美术史研究相结合，同时借鉴了美学、历史学、考古学、文化史学、科学检测等方法，取得了重要的学术成就，为学界所瞩目。他的文章论述严谨、论证充分，又有着宏观的视角和眼光；而扎实的文史哲功底与艺术家的特色，又使得他的思想的凝重与文笔的灵动相结合，文章不古板，有趣味，耐读。杨新先生撰有百余篇研究论文，《书画鉴定三感》《项圣谟》《清初四僧》《中国绘画的得意、写意和会意》等为其代表作。杨新先生治学严谨，尊重科学，不拘泥于前人之说。徐邦达先生持《女史箴图》为唐摹本说，杨新则将《女史箴图》的创作年代提前到北魏时代，并认为是创作原本，获得了徐先生的赞赏。

　　杨新先生曾担任故宫博物院副院长14年，主管全院业务工作，在提升和促进博物院的业务方面也同样做出了贡献。他注重学术建设，积极推动故宫文物的整理与出版，大力宣传故宫。1992年，与台北故宫博物院合作主编的《国宝荟萃》，是两岸故宫及文物学界互通有无的开创性成果。他担任总主编的大型学术图录丛书《故宫博物院藏文物珍品全集》，是向国内外宣传介绍故宫博物院所藏文物最为全面、

2012年7月16日，耿宝昌、杨新先生与郑欣淼
在故宫御史衙门

影响最大的出版物。在他任职期间完成的故宫业务部门的改革工作，将保管部和陈列部合并，按照文物类别重组，实践证明这是更有利于保管、展览工作以及业务人员学习进步、加强学术研究的重大举措。

这里谈谈我与杨新先生的一些往事。我与他相识不算早，来往也不算多，但却印象深刻。

我们的相识与来往，还是20多年前我在国家文物局工作的时候。2000年初，受主管故宫博物院业务工作的杨新之邀，我曾在故宫斋宫观看"清代宫廷包装艺术展"。这次展览引起我对"文物"概念以及故宫文物藏品的一些思考，曾写过专文发表，此后我便对故宫产生了很大兴趣，持续关注着这个举世闻名的博物馆。不久我调到故宫博物院工作，开展为期七年的文物清理，从根本上来说，就与观看这个展览有关。正因为如此，我也常常记起杨新先生。

我到故宫博物院工作时，杨新已退休，像许多故宫老专家一样，他仍然积极参加院里的学术活动及有关工作。特别是1997年开启的故宫与香港商务印书馆合作出版的《故宫博物院藏文物珍品全集》，他作为主持者与总主编，继续认真负责，前后十余年，直到2010年方才完成这项跨世纪的文化工程。

杨新先生曾嘱我为他的两本书作序。

一本是2006年的《故宫联匾导读》（此书因故至2011年始由故宫出版社出版）。在有些人看来，杨新作为一个严谨的学者，这似乎只是随手拈来的一本普及性小册子。我不这样看。我认为这也可见作者的才、学、识，书小，但内含不小。其实同是普及读物，即有层次之分，有时其间高下之别，真的不知凡几。有的大家的"小书"甚至成为经典，就是这个道理。杨新翻阅大量典籍资料，对这些联匾认真地加以注释，除过弄清成句及典故的来历外，又结合宫殿特点或作者情况，对联匾的深层或多重意义加以阐发，而对一些相关背景材料的介绍，更有裨对联匾的理解。他的笔触，既有注释时的严谨准确，在叙述中亦不乏轻松灵活，例如养心殿后殿东里间门楣上，有光绪帝载湉所书"毋不敬"三字，而在东次间门楣上则有慈禧太后那拉氏所书"又日新"三字。杨新这样评说，"又日新"与"毋不敬"，好像是慈禧与光绪母子的对话，一个说"你要天天悔过自新"，另一个说"我没有什么不孝顺的"。相信读到此处，读者当会有深切的体会。我为本书写的序言也下了功夫，竟然写成一篇4600多字的文章。

另一本是《杨新诗书画集》（文物出版社，2007年）。杨新在诗、书、画创作上俱有成就。通过对杨新诗书画创作的考察与学习，使我对他本人有了进一步的认识。

杨新先生幼好绘画，曾以木炭于粉墙作人物树屋，父母不以为过，乡人多所夸奖。后就读于广州美术学院附中，打下了较好的绘画基础。中央美术学院的深造，使他得到更大的提高。就是说，他是以绘画起家的，且受过严格的专业训练。他是中国美术家协会会员及中国书法家协会会员。他的画既不保守，也不追求时尚。画风写实，格调清新，富于诗意。书法擅长行书，不专学哪家哪法，尚意、唯美而已。至于写作旧体诗，遵守格律，感事抒怀，寄情山水，以诗论画、评画，均能传情达意。杨新先生的画，是传统的文人画精神的继承，可以说是新文人画。文人画讲求自娱、高雅、适意、纵情、放逸。生活在今天时代的杨新先生，虽受传统文人画影响，尚意、自娱、唯美，但又在创作中自觉地注入新时代的内容，反映着特有的感受，寄托着自

《隋石斋论画》书影

己的情感和理想，因此又在继承中有所发展。这些都是我们在欣赏中不能不注意的。

有人把杨新的诗书画仅看作是他的技艺、爱好；我认为，诗书画是杨新文化艺术素养的重要组成部分，与其学术活动有着密切的不可分割的关系。杨新说："作为中国古书画鉴定家，必须兼善书画创作，这是中国书画鉴定工作的优良传统。"（引自杨新《书画鉴定三感》一文）他认为，鉴定中国古书画，主要依据是古书画的本身，特别是其中笔墨所表现出来的艺术技巧和个性特征。鉴定者如果自己也去尝试绘画，懂得中国书画用笔的奥秘，就能够深入了解他人作品中用笔的特点，在鉴定中就比不会画的人要"占便宜"（张

珩语）。这是前贤的教诲，也是杨新的夫子自道。

我还感到，对杨新来说，诗书画不只是一种技艺，更是一种修养，一种人生的境界，对他的人格形成产生过相当大的影响。他的许多朋友都说，杨新的"文人气"浓，这温文尔雅的"文人气"当然与诗书画的长期浸润有关。

追求诗歌、书法、绘画兼擅的艺术活动，是中国传统文人的生活方式、艺术素养和审美情趣，也是中国艺术特有的奇葩。在当代中国，诗、书、画兼擅者当不在少数，但既事艺术创作又攻艺术研究者则不多，成就斐然者更是寥寥，启功、谢稚柳、徐邦达诸先生卓成一家，堪为此中代表。我认为，在这种情况下，杨新的诗书画成就就值得关注。

杨新先生还多次向院里提出工作建议，这些建议一般也很重大。记得有一次，他提议把现在神武门门洞上的"故宫博物院"匾额，恢复成原来李煜瀛先生所书，并写有书面材料。后来虽然没有实行，但他的这种认真精神，令我感动，记忆犹深。

杨新先生晚年古书画鉴定研究不辍，时有新成果问世。但不幸的是2010年突发脑出血，愈后又未注意保护，及2013年复发，遂长年辗转病榻，并多次告危。2015年2月17日晚上，我依约去家里看望杨新。他这天精神很好，坐在轮椅上，与我长谈一个多小时，主要是他谈，谈他的经历，谈故宫，特别谈到他对"雍正十二美人图"的考证。这套美人画像中的部分画稿，曾经到我国台湾及日本等地展出过，久已名声在外，是故宫博物院的"明星"藏品，但很少有人对此作进一步的研究。杨新首先发现"美人图"后的题诗和书法

此图为雍正《美人图·读书》，画中托名米元章（米芾）的诗，经杨新先生考证，其实是雍正帝自己的作品，也是他所书写。

都是胤禛所为，署名却是米元章或董其昌，便通过多方缜密的考证，指出这套画像是胤禛和画家一起构思并亲自参与制作创造出来的，其用意是借传统的"香草美人"的象征寓意手法，以抒发心中的郁闷；并认为这套画像题为《雍正十二美人图》不妥，应当正名为《胤禛围屏美人图》。这个研究是他在第一次与第二次脑出血之间完成的，是他最后留下的重要成果。我分享着他的快乐。

这个晚上他兴致颇高，送了我好多本他的著作，包括《胤禛美人图揭秘》，并挥毫签名，使我再一次感受到他所流露出的童心和率性。我也很有感触，赠他一首《浣溪沙》：

谁解紫垣一种痴？烟云早染鬓边丝。潇湘山水总依依。　　　回味世间儒释道，展舒笔底画书诗。勃然劫后傲霜枝。

2017年春，杨新先生的女公子杨丽丽在微信上发来她父亲给我画的一幅画的照片，是墨笔勾皴的老梅树，花朵怒放，是他自己"烈士暮年，壮心不已"的心境写照。虽是病中所作，带有斜构图的特点，但笔法苍劲，风韵宛然，仍可见其功力。右下方题写着"郑欣淼院长请指导　杨新病中丁酉年"。我万分感动。苏轼词作刻意追求一种豪放的风格。杨新先生还给我绘过一幅《东坡词意》图，吐露了他虽卧病在床但未曾消沉的一腔豪气。

而我所期望的"傲霜枝"，杨新先生自己期望的老梅吐艳，终于没能抵御住肆虐的病魔，在庚子年之初，永远离开了我们，离开了他所挚爱的故宫和事业。

最近，由杨丽丽编选的《杨新美术史论文选》告讫。丽丽女士是故宫博物院研究馆员，是在故宫院子里长大的一代故宫人，又曾是故宫博物院为其父所配的专职助手。这本书汇集了杨新关于中国古代书画研究鉴定的精要，是一份重要的学术遗产。丽丽女士请序于我，虽然书画鉴定有其专业性，但我认为自己不能推辞。

丽丽曾告我，她父亲患病期间的2016年，为了让他锻炼脑子，也想考考他的记忆力，就让他给同事和朋友写新年寄语。他写给我的是"继承传统，把书画鉴定延续下去，郑欣淼院长。丙申年杨新"，并且写了两幅。丽丽说，这是她父亲的愿望。后来我拿到这两幅墨色浓重、笔法凝练老辣、但行笔已有不稳的字，就好像捧着一团火。我感到，我们心有灵犀；这是他的愿望，也是我的愿望。我也认真读过他的著作，对他的素养、情怀深有感受，因此不揣浅陋，写了以上的认识和感想，以就教于方家。

（杨新著，杨丽丽编《陑石斋论画：杨新古书画鉴定与美术史文集》序言，生活·读书·新知三联书店，2023年）

后　记

数十年来，我因工作与爱好的关系，在鲁迅思想、政策理论、文化建设等方面均有所涉猎和探讨，并积累了一些体会。但说来惭愧，自己在这些方面的成就，实在是"如鱼饮水，冷暖自知"，常不由得想起《荀子·劝学》中"鼯鼠五技而穷"的话。因此，我有着清醒的自知之明，知道自己的不足。

20世纪末我进入国家文物管理部门工作，即着力于文物博物馆研究。21世纪初又到故宫博物院工作，于2003年首倡故宫学，2012年离开工作岗位后，心无旁骛，更是倾情于故宫学的探索，至今已整整20年。

我认为，故宫学是以故宫及其历史文化内涵为研究对象，集保护、整理、研究与展示为一体的综合性学问和开拓性学科。故宫学的提出有其丰厚而坚实的基础与依据。它的研究对象不仅丰富深邃，而且研究对象之间存在着不可分割的紧密关系，即故宫是一个文化整体，或者说故宫遗产的价值是完整的。正是基于对故宫是个文化整体的认识，故宫学的学术概念才有了更为丰富、厚重与特殊的内涵。这也是故宫学的要义。

这部书稿悉为故宫与故宫学的内容。分为三辑：

第一辑13篇文章，为我的故宫学探索的介绍，并结合了故宫博物院的有关工作实际。其中《探索故宫学的几点体会》，是故宫学提出第三年即2005年的讲座内容，交流了我当时的一些认识、思路，文章虽然长了点，我以为还是有意义的。《我看"清代宫廷包装艺术展"》，是引起我对故宫关注的文章，或者说与故宫结缘的开始。《故宫文学史：激活明清宫廷文化遗产的新视角》，是我与南京晓庄学院张耀宗副教授合作的成果。

第二辑15篇文章，介绍了13位多与我有过来往的海内外专家、学者、艺术家、收藏家等，反映了他们对于故宫保护与博物院发展做出的贡献，或与我的交往等。这13位人物，按年齿排列介绍。

第三辑13篇文章，介绍了我为之写序的13本（套）书。这些书中，有关于故宫文物收藏、古建筑保护的，有向故宫捐献书画珍品的艺术家创作评赏的，也有介绍一些专家学者成就的。这13本书，按出版时间先后排列。

以上文章，主要载于《光明日报》《文汇报》《中国文物报》等报纸，以及《故宫博物院院刊》《中国文化》《国家人文历史》等刊物，有的为节选，个别的有增补。

我常常感到人生的偶然性。当然在哲学家看来，这个偶然性后面肯定存在着一定的必然性。我曾经从地方到中央工作，又从中央到地方任职。1998年的岁末，当我离开青藏高原，再次回到京城，却走进了老北大红楼，开始了此后的文博生涯。国家文物局当时就在这座具有历史文化标志意义又充满沧桑感的老建筑办公。不久后我又到了中国最大的文博机构——故宫博物院工作。我未曾想到自己的人生之路会走到这里，但分明觉得这应该是我的归宿；甚至觉得几十年来的经历似乎都是为最后我到故宫在做着准备，或者说有着某种关联。我与故宫有缘。因此，我把这本小书起名为《故宫缘》。

其实，我与刘进宝先生也是有缘分的。大约四五年前，我们同在深圳大学参加一个故宫学的会议。短暂的邂逅也使我们有了交流，并互相赠送了敦煌学与故宫学的著作。两年前，我写一本书，曾经向他请教有关敦煌石窟的知识，也蒙他慨然相赠有关照片。2023年10月，故宫博物院召开纪念故宫学20周年座谈会，刘进宝先生应邀光临，自有精彩发言，还赠我"雅学堂丛书"中他的大作——《从陇上到吴越》。又过了不久，刘先生通过微信问我，可否为"雅学堂"编一本书？他是这套丛书的主编。承刘先生邀约，我有幸能登上"雅学堂"，这不是一种缘分吗？

人生易老，珍惜缘分！

郑欣淼
2023年岁末于北京